中国工程科技知识中心建设成果

中国工程科技知识中心元数据规范(Ⅱ)

赵瑞雪　鲜国建　罗婷婷　寇远涛　主编

中国农业科学技术出版社

图书在版编目（CIP）数据

中国工程科技知识中心元数据规范．Ⅱ／赵瑞雪等主编．—北京：中国农业科学技术出版社，2019．6
ISBN 978-7-5116-4230-1

Ⅰ．①中…　Ⅱ．①赵…　Ⅲ．①科技情报-数据管理-元数据-规范-中国
Ⅳ．①G255．364

中国版本图书馆 CIP 数据核字（2019）第 104584 号

责任编辑　李　雪
责任校对　贾海霞

出 版 者　中国农业科学技术出版社
北京市中关村南大街 12 号　邮编：100081
电　　话　（010）82109707（编辑室）
（010）82109702（发行部）　（010）82109709（读者服务部）
传　　真　（010）82109707
网　　址　http：//www.castp.cn
经 销 者　各地新华书店
印 刷 者　北京建宏印刷有限公司
开　　本　787mm×1 092mm　1/16
印　　张　26．75
字　　数　668 千字
版　　次　2019 年 6 月第 1 版　2019 年 6 月第 1 次印刷
定　　价　158．00 元

《中国工程科技知识中心元数据规范（Ⅱ）》

编　委　会

序

由中国工程院承担建设的中国工程科技知识中心，是经国家批准建设的国家工程科技领域公益性、开放式的知识资源集成和服务平台建设项目，是国家信息化建设的重要组成部分，旨在为国家工程科技领域重大决策、重大工程科技活动、企业创新与人才培养等提供科技大数据支撑和专业化知识服务，助推国家科技创新驱动发展战略。

自2012年该项目启动建设7年多来，中国工程科技知识中心已建立化工、农业、医药、能源和卫生等近30个专业知识服务分中心系统，通过自建、联盟、采购、网络开放获取等方式，汇聚了二十多个主题领域的资源，包括文献、数值数据、工具（事实）、行业报告和政策法规等，资源规模持续提升，截至2018年，数据资源建设总量为68亿条，体量达到100TB，实现了工程科技领域各类数据汇集的重大突破。

为建成中国工程科技领域的“元数据海”，元数据标准规范至关重要。为此，项目组提出要在参考借鉴国内外标准规范基础上，研究构建一套与知识中心建设目标相一致的元数据标准规范，以此指导和规范中国工程科技知识中心各类数字资源元数据汇交、元搜索服务和系统互操作，从根本上实现工程科技全领域资源的汇聚打通和互联互通，实现海量资源一站式、全方位搜索和发现服务。

本书编写组于2017年制定并出版了“中国工程科技知识中心元数据规范（Ⅰ）”，研究建立了中国工程科技知识中心领域资源元数据描述框架和关联模型，抽象、归纳了管理、主题、责任者、责任机构、基金项目、成果产出等12类通用容器，详尽描述了数据集元素集和期刊、图书、期刊论文、会议论文、学位论文、专家学者、科技机构、科研项目、科技成果、专利、标准、产业政策等 14 类资源元素集的元数据描述规范细则。

2018 年以来，为更加有力推动中国工程科技知识中心建设过程中各类型资源的描述、交换、复用、转换、整合和打通，规范编广泛听取了各单位在数据汇交和互操作过程中对第一版元数据规范的使用反馈意见和建议，对参建分中心新的科技信息资源开展了深入调研，并经过多层次、多方面的需求调研、专题研讨和专家咨询，新增制定了 1 类空间信息通用容器，以及地理信息数据、科技（咨询、行业）报告、音频、视频、统计数据、课件、技术工具、知识应用、百科和学术活动等 10 种类型科技信息资源元素集的元数据描述规范细则。上述新建元数据标准规范有序支撑了各参建分中心大规模元数据汇交，证明了其有效性和合理性，具有较好的推广应用价值。

在此基础上，编写组将其与“中国工程科技知识中心元数据规范（Ⅰ）”进行整合，并综合各方面意见进行了大量修订完善，最终形成了“中国工程科技知识中心元数据规范（Ⅱ）”，共包括 13 类通用容器、1 类数据集元素集及 24 类资源元素集的元数据描述规范细则，建立了一套具有较好适用性、实用性和可扩展性的中国工程科技知识中心元数据标准规范，为实现数据的深度融合与深度利用提供了规范指导和重要保障。

本书是一本较全面论述中国工程院知识中心资源元数据标准规范编制的著作。该书的再次出版，可喜可贺，希望能进一步指导和支撑知识中心各参建单位科学、高质、高效汇聚各类数字资源。尽管本书元数据规范是面向中国工程科技知识中心建设项目而研制，但在大数据环境下，对其他相关机构开展多源异构数据的汇聚融合、开放共享和互操作也具有重要参考价值和借鉴意义。

刘旭

编制说明

本规范是中国工程科技知识中心为分中心汇交资源制定的元数据标准规范。

本规范由中国工程科技知识中心提出并归口。

编制小组：

负责人： 宋德雄　中国工程院办公厅主任、知识中心项目办主任

潘　刚　中国工程院一局咨询处处长

傅智杰　中国工程院办公厅信息化建设处副处长

专家组：

韩　伟　中国钢研科技集团公司总经理助理

乔晓东　万方数据股份有限公司副总经理

蔡志勇　中国化工信息中心情报资讯事业部知识产权及政府项目总监

焦　艺　工业和信息化部电子科学技术情报研究所教授级高工

李春萌　冶金工业信息标准研究院信息所副所长

胡志民　中国医学科学院医学信息研究所副书记

王忠明　中国林业科学研究院林业科技信息研究所副所长

茅益明　中国钢研科技集团公司信息中心主任

执笔组长：

赵瑞雪　中国农业科学院农业信息研究所副所长、研究员

执笔组成员：

鲜国建　中国农业科学院农业信息研究所副研究馆员

罗婷婷　中国农业科学院农业信息研究所助理研究员

寇远涛　中国农业科学院农业信息研究所副研究馆员

朱　亮　中国农业科学院农业信息研究所副研究馆员

李　娇　中国农业科学院农业信息研究所

黄永文　中国农业科学院农业信息研究所

赵　华　中国农业科学院农业信息研究所

武丽丽　中国工程院战略咨询中心

顾亮亮　中国农业科学院农业信息研究所

张　洁　中国农业科学院农业信息研究所

杜若鹏　中国农业科学院农业信息研究所

陈　岩　中国工程院战略咨询中心

目　录

1 引 言

为指导和规范中国工程科技知识中心（以下简称：知识中心）各类数字资源元数据汇交、元搜索服务、资源集成整合和系统间互操作，从根本上实现知识中心资源的汇聚打通，迫切需要建立一系列与知识中心建设目标相适应的元数据标准规范。

元数据（Metadata）是描述数据的数据，即根据特定的目的定义描述规则来描述特定类型的资源，是对数据进行组织和管理的基础。利用元数据对数字化信息资源进行描述、管理、交换和共享，已成为当前数字信息资源建设的重要手段。元数据的开发与应用，倡导遵循标准化、规范化和开放性原则，从而为各类信息管理系统和知识服务系统的互操作和开放性奠定基础。

知识中心标准规范工作组在充分借鉴国际上相关元数据研究应用成果基础上，根据知识中心的应用需求，研究制订了用于知识中心和各分中心相关资源描述、交换、复用、转换、整合和打通要求的元数据规范，有助于进一步规范各类资源的揭示、汇聚和共享服务。

2 编制范围

知识中心元数据标准规范是描述知识中心各类资源的元数据标准，是根据各类资源特点确定的元数据集合。基于这些元素实现对各类资源的描述、定位、管理、检索、交互、集成和打通。

本标准规范将《中国工程科技知识中心元数据规范（Ⅰ）》中 12 类通用容器，1 类数据集元素集以及 14 类资源元素集与 2017 年、2018 年新制定的 1 类通用容器及 10 类资源元素集进行了整合，形成《中国工程科技知识中心元数据规范（Ⅱ）》。目前，本规范包含了管理、主题、责任者、责任机构、国家/地区/组织、会议、收录类别、基金项目、成果产出、参考文献、附件、扩展、空间信息共 13 类通用容器，并对 1 个数据集元素集和期刊、图书、期刊论文、会议论文、学位论文、专家学者、科技机构、科研项目、科技成果、专利、标准、产业政策、新闻资讯、图片、地理信息数据、科技（咨询、行业）报告、音频、视频、统计数据、课件、技术工具、知识应用、百科、学术活动共 24 类资源元素集，以及 28 个规范编码体系做了详尽的元数据规范描述和约定。

此外，还对新版进行了修订，主要包括以下几个方面。

2.1 公共字段的修改

对每类资源的唯一标识符类型、主题类型、摘要进行了必备性说明，修改的详细内容可参见每类资源的描述细则；将成果产出通用容器中的成果产出名称改为必备；在管理容器中新增了知识中心分类号；在会议论文、学位论文、期刊论文、图书、期刊中新增了语种元素；在附件通用容器中新增了附件描述元素；新增了科技成果类别、标准类型、专利类型共 3 个规范编码体系；将“国别（地区）通用容器”改为了“国家/地区/组织通用容器”，且在“国家/地区/组织编码表”中加入了欧盟等组织。

2.2 各类资源元数据规范中元素的修改

将期刊、图书中的出版商改为必备；将专家学者中“工作单位”“职称”“个人简介”改为必备；将科技机构中“机构简介”改为必备，将科技成果中“成果属性”“成果水平”改为必备，成果类别修改为枚举，新建了“科技成果类别编码表”；在专利中新增了“申请人”“专利号”“权利要求数量”元素，其中“申请人”要求必备，将“发明人”“专利状态”“申请日期”“发布日期”“申请号”“公开号”改为必备，“专利类型”改为枚举，新建了“专利类型编码表”；在标准中新增了“标准编号”“标准所属国家”元素，其中标准编码要求必备，将“标准类型”“责任机构”“标准状态”“发布日期”改为必备，新增了“标准类型编码表”；在产业政策中新增了“发文文号”“实施日期”，其中要求“实施日期”必备，将“发布日期”“发布机构”“详情地址”改为必备；将“新闻资讯”中“发布日期”“发布机构”改为必备；将“图片”中的“图片格式”元素删除，“图片描述”元素改为必备。本标准规范针对各类资源的内容和外观特征进行规定，也针对知识中心各类资源中涉及的共性通用属性进行描述，对于其他未包括在内，以及在应用发展中可能会出现的元素，可在本标准规范框架基础上进行扩展。

3 编制思路及原则

3.1 编制思路

紧密围绕知识中心总体建设目标和阶段重点建设任务，在梳理知识中心和各专业分中心亟须建设的多类型资源基础上，借鉴和参考国内外相关标准，结合知识中心建设特点进行自定义扩展，同时面向人和计算机多场景应用需求，研究制定知识中心的元数据规范体系。

3.2 编制原则

3.2.1 模块化

模块化是元数据最重要特征，其关键是根据实际使用需要，将资源对象区分为若干个实体，对资源的描述即是对多个不同实体的组合和描述。本规范是在对知识中心各类资源进行调研分析和综合对比基础上，将其分为通用容器、数据集元素集、资源元素集模块和规范编码体系四个部分。

3.2.2 可复用可扩展

支持对通用容器的组装复用，也可在本规范制定的元数据基础上，进行相关通用容器和元素集的复用、继承和扩展，支持根据专业特色资源和个性化应用需求，进行其他类型资源元数据规范的扩展。

3.2.3 计算机可识别可理解

面向计算机和网络化应用，将元数据规范文本转化为 XML Schema 形式化描述文件，并基于 XML Schema 将各类资源元数据转化、封装为 XML 文件，支持计算机对 XML 文件的自动识别、理解和验证。

注：本规范对应的 XML Schema 形式化描述文件及 XML 样例数据，将单独提供。

4 引用文件

本规范广泛借鉴和参考了《都柏林核心元数据元素集》、美国国家生物技术信息中心（NCBI）的 JATS、国家科技图书文献中心《NSTL 文献资源加工规范》、科技文献书目本体（BIBO）、研究社区语义网本体（SWRC）和可交换图像文件（EXIF）等现有国内外著名的标准规范。

引用的元数据描述标准和规范主要有：

GB/T　25100#2010 信息与文献——都柏林核心元数据元素集

DCMI 抽象模型．［DCMI］
<http://dublincore.org/documents/abstract-model>

DCMI 元数据术语集．［DCMI-TERMS］
<http://dublincore.org/documents/dcmi-terms/>

ISO 639—2 Codes for the representation of names of languages.Alpha-3code.[ISO 639—2]

［ISO 639—2］语种名称代码表：3 位代码［ISO 639—2］
<http://www/loc/gov/standards/iso639-2>

日期与时间格式，W3C 注释［W3CDTF］
www.w3.org/TR/NOTE-datetime

《NSTL 文献资源加工规范》
http://spec.nstl.gov.cn/specification/namespace

ANSI/NISO Z39.96 Journal Article Tag Suite(JATS)
http://jats.nlm.nih.gov/archiving/tag-library/1.0/

书目本体（Bibliographic Ontology，BIBO）
<http://purl.org/ontology/bibo/>

语义网研究社区本体（Semantic Web for Research Communities，SWRC）
<http://swrc.ontoware.org/ontology>

可交换图像文件元数据规范（Exchangeable Image File，EXIF）
JEITA CP-3451B, Exif Version 2.3 [S].JEITA & CIPA, 2010.

中华人民共和国文化行业标准音频资源元数据规范（WH/T 62—2014）

中华人民共和国国家标准信息与文献参考文献著录规则（GB/T 7714—2015）

视频资源元数据规范（WH/T 63—2014）

科技报告元数据规范（GB/T 30535—2014）

全国地理信息资源目录服务系统元数据规定（试行稿）

5 术语和定义

本部分内容用于描述本规范的元素属性涉及的术语和定义。

5.1 元数据

“元数据”（Metadata）是定义和描述其他数据的数据。[GB/T 1839.1—2009，术语和定义 3.2.18]。

5.2 元　素

“元素”是 XML 术语，是元数据的基本单元。

5.3 属　性

“属性”是 XML 术语，有属性名和属性值，可对元素进行描述、限定、说明。

5.4 容器类元素

“容器类元素”是包含其他元素的元素，与其他元素的关系为父子或祖先/后代的关系。

5.5 通用容器

“通用容器”是指数据集和其他类型资源元素集中涉及的共性元素，将这些共性元素提取并形成通用集合。

5.5.1 管理通用容器

“管理通用容器”是指各类资源的管理性通用信息，侧重于对数据唯一标识、追踪溯源和增量更新，如：资源类型、来源机构、唯一标识符、创建时间和修改时间等。

5.5.2 主题通用容器

“主题通用容器”用于描述各类资源中涉及的自由关键词，或经过知识标引和组织后的范畴、学科分类、主题、概念及对应编号，以及描述专家学者、科技机构的研究方向、专业领域和专利的分类号等。

5.5.3 责任者通用容器

“责任者通用容器”主要用于描述图书、期刊论文、会议论文、学位论文、标准、专利等各类资源中涉及到的作者、著者、编者、导师，以及项目参与者和成果完成人等。

5.5.4 责任机构通用容器

“责任机构通用容器”主要用于描述图书、期刊论文、会议论文、学位论文、标准、专利等资源中涉及的出版商、论文作者机构、专家学者工作单位、科技机构上级部门、科研项目资助机构、科技成果完成机构等。

5.5.5 国家/地区/组织通用容器

“国家/地区/组织通用容器”主要描述各类资源中与国家/地区/组织相关的信息，主要包括：国家信息、地区名称、联盟组织等。

5.5.6 会议通用容器

“会议通用容器”描述资源中相关联的会议名称、会议日期、会议地点等信息，主要来源于会议论文、期刊论文等资源。

5.5.7 收录类别通用容器

“收录类别通用容器”是指期刊、期刊论文、会议论文等资源被 SCI、EI、CSCD、核心期刊等收录情况。

5.5.8 基金项目通用容器

“基金项目通用容器”是指会议论文、期刊论文、科技成果等资源中接受资助的基金项目等相关信息。

5.5.9 成果产出通用容器

“成果产出通用容器”是指专家学者、科技机构、科研项目等资源中描述相关科研成果产出的相关信息。

5.5.10 参考文献通用容器

“参考文献通用容器”是描述期刊论文、学位论文、图书、专利等资源中的参考文献信息。

5.5.11 附件通用容器

“附件通用容器”是描述与数据集、期刊论文、学位论文、专家学者、专利等各类资源元数据相对应的 PDF、图片、压缩文件等附件文件的信息。

5.5.12 扩展通用容器

“扩展通用容器”是描述在数据集及各类资源元素集元数据标准中未涉及的元素描述及定义的扩展信息。

5.5.13 空间信息通用容器

“空间信息通用容器”主要描述资源的空间位置信息，包含空间名称、坐标范围、所属行政区域（省、市、县）等。

5.6 编码体系

“编码体系”是元数据修饰的一种方式，用来规范元素或属性取值范围的受控词表或规范名称列表。

5.7 数据集

“数据集”是指具有相同或相似数据结构的同类资源数据集合，可以是数据库，也可以是数据库的一个（逻辑）部分。本规范中的数据集是指知识中心中同类资源的数据集合，既包括本规范明确制定元数据规范的图书、期刊论文、专家学者、科技机构、基金项目、产业政策等类型资源，也包括其他未制定元数据标准规范的资源类型（如各类科学数据、统计数据、地图数据等）。来自于不同分中心的同类型资源属于不同数据集。

5.8 期　刊

“期刊”是指经过同行评审的期刊，发表在期刊上的文章通常涉及特定的学科。期刊展示了研究领域的成果，并起到了公示的作用，其内容主要以原创研究、综述文章、书评等形式的文章为主。

5.9 图　书

“图书”主要是指由出版社（商）出版的不包括封面和封底在内 49 页以上的印刷品，具有特定的书名和著者名，编有国际标准书号，有定价并取得版权保护。

5.10 期刊论文

“期刊论文”是发表在期刊文献上的学术文章（通常不含简介、致谢、编者按、广告等）。除论文内容以外，期刊论文还包含作者姓名、作者所属机构等信息。

5.11 会议论文

“会议论文”是指在学术会议上提交的论文，在会议上宣读或交流，而后以印刷版或电子版方式出版，典型的是以会议论文集（会议录）方式出版。

5.12 学位论文

“学位论文”是为申请学位而撰写的学术论文，是学位申请者获得学位的必要条件之一。

5.13 专家学者

“专家学者”是指取得重要学术成就和有影响力的院士、科学家和科技创新人员等。

5.14 科技机构

“科技机构”是以科学研究为目的，以技术服务为目标，有组织、有一定规模、有固定场所的，并有固定工作人员的，符合一定条件的，主要包括科研机构、高等院校、公司企业、行业学/协会等。

5.15 科研项目

“科研项目”即开展科学技术研究的一系列独特的、复杂的并相互关联的活动，这些活动有着一个明确的目标或目的，必须在特定的时间、预算、资源限定内，依据规范完成。

5.16 科技成果

“科技成果”是指由法定机关（一般指科技行政部门）认可，在一定范围内经实践证明先进、成熟、适用，能取得良好经济、社会或生态环境效益的科学技术成果，其内涵与知识产权和专有技术基本相一致，是无形资产中不可缺少的重要组成部分。

5.17 专　利

“专利”是指一项获得专利机构批准的发明创造。它是由专利机构依据发明申请所颁发的一种文件。这种文件叙述发明的内容，并且产生一种法律状态，即该获得专利的发明在一般情况下只有得到专利所有人的许可才能利用（包括制造、使用、销售和进口等），专利的保护有时间和地域的限制。

5.18 标　准

“标准”是为了在一定范围内获得最佳秩序，经协商一致制定并由公认机构批准，共同使用和重复使用的一种规范性文件。它以科学、技术和实践经验的综合成果为基础，经有关方面协商一致，由主管机构批准，以特定形式发布，作为共同遵守的准则和依据。

5.19 产业政策

“产业政策”是政府为了实现一定的经济和社会目标而对产业的形成和发展进行干预的

各种规划、纲要、政策等。

5.20 新闻资讯

“新闻资讯”是指权威机构、组织和企业等在互联网上即时、动态发布的有价值的新闻资讯等网络信息资源。

5.21 图 片

“图片”是指一般性的图形、图像等，如数码相机拍的照片，如 BMP、JPG、PNG、GIF 等常规资源，此标准暂不对专业性的工程制图等进行描述。

5.22 地理信息数据

“地理信息数据”主要是指为便于交流、解释或处理，对地理信息的可再解释的形式化表示，本规范主要包括基础及专题地理数据。

5.23 科技（咨询、行业）报告

“科技报告”是在科研活动的各个阶段，由科技人员按照有关规定和格式撰写的，以积累、传播和交流为目的，能完整而真实地反映其所从事科研活动的技术内容和经验的特种文献。

“咨询报告”是咨询人员对某类问题进行咨询后所撰写的报告。

“行业报告”是商业信息、竞争情报，具有很强的时效性，一般都是通过国家政府机构及专业市调组织的一些最新统计数据及调研数据，根据合作机构专业的研究模型和特定的分析方法，经过行业资深人士的分析和研究，做出的对当前行业、市场的研究分析和预测。

5.24 音 频

“音频”是用于存储载有声音的媒体，所记录的音频需用特定的回放设备播放。

5.25 视 频

“视频”是用于存储活动或静止图像的媒体，所记录的视频需用特定的回放设备播放。

5.26 统计数据

“统计数据”是表示某一地理区域自然经济要素特征、规模，结构、水平等指标的数据，是定性、定位和定量统计分析的基础数据。比如我们通常所说的统计年鉴等。

5.27 课 件

“课件”是具有共同教学目标的可在计算机上展现的文字、声音、图像、视频等素材的集合。

5.28 技术工具

“技术工具”是指为支持计算机软件的开发、维护、模拟、移植或管理而研制的各种程序工具，如：开发、测试、评估、维护工具等。技术工具通常可脱离数据，不需要专业数据的支撑，一般面向技术开发人员。

5.29 知识应用

“知识应用”是指知识中心基于相关的数据资源依据各种技术工具开发的应用软件，如：农业区划分析应用、专题数据快速空间化应用等。知识应用通常需要专业数据支撑，一般面向终端用户。

5.30 百 科

“百科”是指知识中心各领域学科的科学知识的总称，如：科技百科、医学百科、农业百科、设计百科等。

5.31 学术活动

“学术活动”是指与学术研究、学术交流有关的社会活动，包括专题讲座、学术研讨会、学术年会、发明比赛、论坛等。

6　领域资源关联模型

在对知识中心各类资源抽象和归纳基础上，建立了知识中心资源描述元数据领域模型。共设计了1个数据集元素集，管理、主题、责任者、责任机构、国家/地区/组织、会议、收录类别、基金项目、成果产出、参考文献、附件、扩展和空间信息13类通用容器，以及图书、期刊论文、专家学者、科技机构、科研项目、科技成果、专利、标准、产业政策、新闻资讯、图片、地理信息数据、科技（咨询、行业）报告、音频、视频、统计数据、课件、技术工具、知识应用等专业资源的描述关联模型，如图1所示。

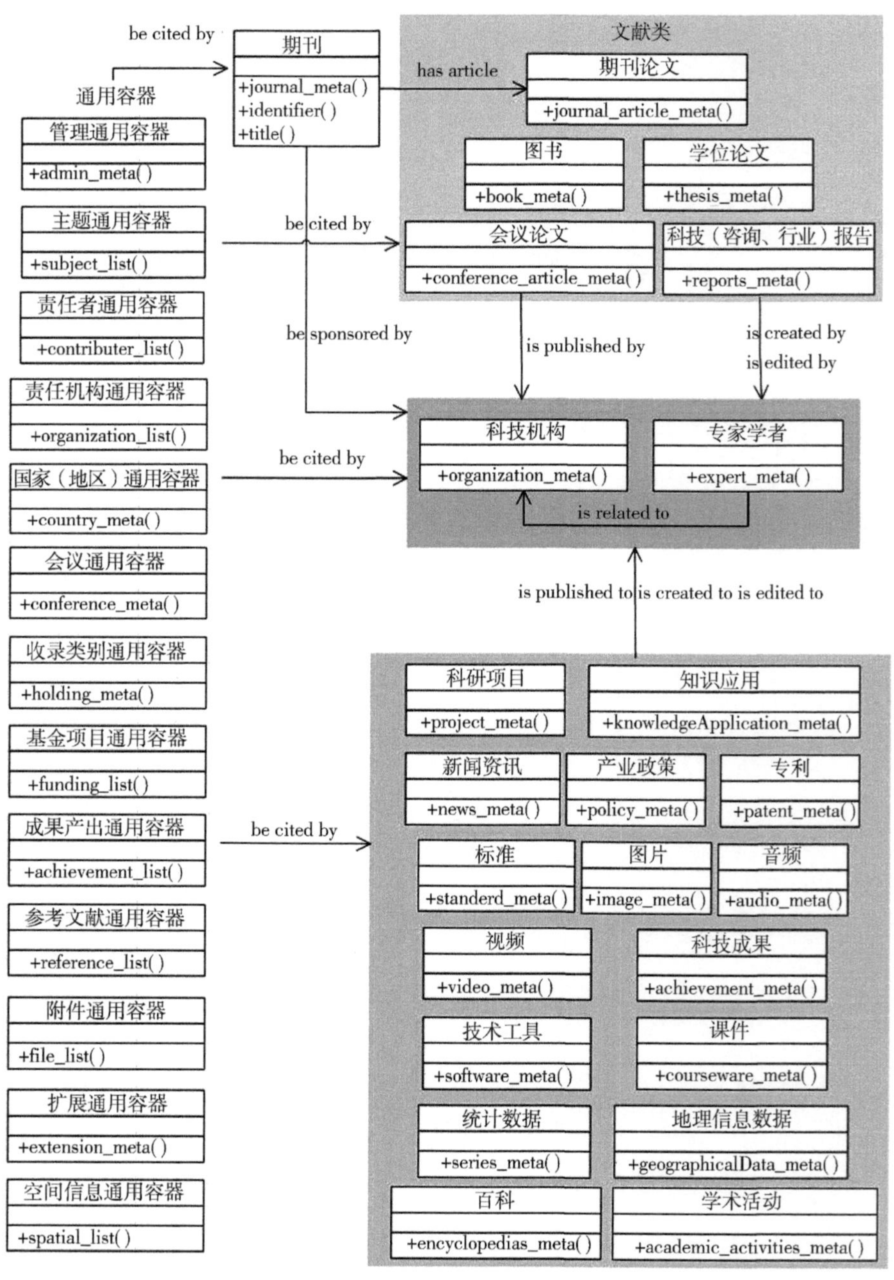

图1　知识中心领域资源关联描述模型

（1）通用容器与各类资源元素之间的关系。通用容器均可被各类资源元素引用，如：主题通用容器、责任者通用容器、国家/地区/组织通用容器、管理通用容器和参考文献通用容器均可被期刊论文元素、会议论文元素等其他资源引用。

（2）各类资源元素之间的关系。如：一篇期刊论文来源于一本期刊；一篇期刊论文、一篇学位论文、一篇会议论文、一本图书可以有一个或多个责任者（作者、作者机构）；一位专家学者可来自于一个科技机构，可获得（参与）一项或多项科技成果、科研项目、专利；一个科技机构可主办一种或多种期刊，可获得一项或多项科技成果、科研项目、专利，可发布一项或多项新闻资讯、产业政策、行业标准、视频、音频，可研制一项或多项知识应用。

7　元数据描述框架

本规范元素和属性定义借鉴了 ISO/IEC 11179-3：2013 标准“Registry metamodel and basic attributes”，具体如表 1 所示。

表 1　元数据标准规范的术语定义

序号	属性名称	属性定义	必备性
1	标识符（Item Identifier）	术语的唯一标识符，以 URI 的形式给出。知识中心元数据标准规范前缀为：http://spec.ckcest.cn/core/	必备
2	名称（Name）	赋予术语的唯一标记	必备
3	出处（Defined By）	一般给出定义术语的来源名称及来源的 URI。如无来源名称与 URI，也可以是定义术语或维护术语的机构名称	必备
4	定义（Definition）	对术语概念与内涵的说明	必备
5	数据类型（Datetype）	术语允许取值的数据类型	必备
6	最大长度（Maxlength）	元素取值的最大限度	可选
7	频次范围（Occurrence）	术语使用的频次范围。采用区间表示方法：(min，max)，同时包括了对必备性和最大使用频率的定义。如：min = 0 表示可选；min = 1 表示必备；max = ∞ 表示最大使用频次没有限制	必备
8	描述规则（Described Value Domain）	元素的取值规则、取值范围等	有则必备
9	数据样例（Data Element Example）	该元素的样例	可选

注：属性类型：取值为 String 表示字符型，最大长度为 4000；取值为 DateTime 表示时间，精确到秒；取值为 Text 表示文本类型，无最大长度限制；取值为 int 表示数值型；取值为 Date 表示日期，需符合 W3C 的 DTF 标准（YYYY-MM-DD）。

频次范围：取值为[1,1] 表示必备不可重复；取值为[0,1] 表示可选不可重复；取值为[0,∞) 表示可选可重复，取值为[1,∞) 表示必备可重复。

8　通用容器描述规范

本元数据规范定义的通用容器包括：管理通用容器、主题通用容器、责任者通用容器、责任机构通用容器、国家/地区/组织通用容器、会议通用容器、收录类别通用容器、基金项目通用容器、成果产出通用容器、参考文献通用容器、附件通用容器、扩展通用容器及空间信息通用容器。

8.1 管理通用容器描述规范

8.1.1 内容结构

管理通用容器简表见表 2。

表 2　管理通用容器简表

序号	中文名称	名称	数据类型	频次范围	最大长度	复用标准
1	管理容器	admin_meta	容器类元素	[1,1]		
2	数据集唯一标识符	dataset_id	String	[1,1]	100	
3	系统唯一标识符	guid	String	[1,1]	100	
4	资源类型	resource_type	String	[1,1]	50	
5	知识中心分类号	cae_classification_no	String	[0,1]	1000	
6	是否删除标识	is_delete	String	[0,1]	2	
7	初始创建时间	created_time	DateTime	[1,1]		
8	最新修改时间	updated_time	DateTime	[1,1]		

8.1.2 描述细则

8.1.2.1 管理容器

标识符	http://spec.ckcest.cn/core/admin_meta
名称	admin_meta
出处	中国工程科技知识中心元数据规范
定义	用来对管理元素进行封装
频次范围	[1,1]
最大长度	
描述规则	容器类元素
数据样例	

8.1.2.2 数据集唯一标识符

标识符	http://spec.ckcest.cn/core/dataset_id
名称	dataset_id
出处	中国工程科技知识中心元数据规范
定义	知识中心统一分配给各类资源数据集的唯一标识符
频次范围	[1,1]
最大长度	100
描述规则	知识中心为不同类型资源数据集分配的唯一标识符，不同分中心的同类资源的数据集标识符须不同
数据样例	<dataset_id> dbidbook201510084238767</dataset_id>

8.1.2.3 系统唯一标识符

标识符	http://spec.ckcest.cn/core/guid
名称	guid
出处	中国工程科技知识中心元数据规范
定义	各类资源单条元数据记录在分中心等来源机构内部的系统唯一标识符
频次范围	[1,1]
最大长度	100
描述规则	来源机构为数据集中的每条数据记录生成或者分配的唯一且稳定的标识符，为追踪、溯源并实现更新、删除该条数据等操作提供精确的定位标识，一般可继承数据库自动生成的唯一标识符，如 guid
数据样例	<guid>11d1def534ea1be0：-21e26ff4：14cb1dc8b86：148</guid>

8.1.2.4 资源类型

标识符	http://spec.ckcest.cn/core/resource_type
名称	resource_type
出处	中国工程科技知识中心元数据规范
定义	在知识中心系统内对各类资源类型的规范描述
频次范围	[1,1]
最大长度	50
描述规则	对不同类型的资源进行描述，具体见“附录：表 40 资源类型编码表”
数据样例	<resource_type> Dataset</resource_type>

8.1.2.5 知识中心分类号

标识符	http://spec.ckcest.cn/core/cae_classification_no
名称	cae_classification_no
出处	中国工程科技知识中心元数据规范
定义	数据资源对应的知识中心分类号
频次范围	[0,1]
最大长度	1000
描述规则	描述数据资源对应的知识中心分类号，其中带有中图分类号的资源，分中心可以直接映射到知识中心分类号，不带有中图分类号的，分中心采用中信所提供的分类标注工具进行分类标注
数据样例	

8.1.2.6 是否删除标识

标识符	http：//spec. ckcest. cn/core/is_delete
名称	is_delete
出处	中国工程科技知识中心元数据规范
定义	记录数据集中的每条数据是否被逻辑删除
频次范围	[0,1]
最大长度	2
描述规则	描述记录是否做了逻辑删除标记，若取值为 Y，则为已逻辑删除，取值为 N，为未做删除标记，如果该值为空或其他字符，则该记录为正常状态（未删除）
数据样例	<is_delete>Y</is_delete>

8.1.2.7 初始创建时间

标识符	http：//spec. ckcest. cn/core/created_time
名称	created_time
出处	中国工程科技知识中心元数据规范
定义	数据记录在系统中的初始创建时间
频次范围	[1,1]
最大长度	
描述规则	通常由系统自动生成，初始创建时间精确到秒。参照 XML Schema 中对日期时间的定义，初始创建时间定义为"YYYY-MM-DDThh: mm: ss"，如需规定一个时区，也可以通过在日期时间后加一个"Z"的方式表达，如："YYYY-MM-DDThh: mm: ssZ "
数据样例	<created_time>2002-05-30T09: 00: 00</created_time> <created_time>2002-05-30T09: 00: 00Z</created_time>

8.1.2.8 最新修改时间

标识符	http：//spec. ckcest. cn/core/updated_time
名称	updated_time
出处	中国工程科技知识中心元数据规范
定义	记录在系统中的最后更新时间
频次范围	[1,1]
最大长度	
描述规则	通常由系统自动生成，最新修改时间精确到秒，可与系统唯一标识符组合使用标识增量更新的数据。参照 XML Schema 中对日期时间的定义，最新修改时间定义为"YYYY-MM-DDThh: mm: ss"，如需规定一个时区，也可以通过在日期时间后加一个"Z"的方式表达，如："YYYY-MM-DDThh: mm: ssZ "
数据样例	<updated_time>2008-09-21T14: 30: 26</updated_time> <updated_time>2008-09-21T14: 30: 26 Z</updated_time>

8.2 主题通用容器描述规范

8.2.1 内容结构

主题通用容器简表见表 3。

表 3 主题通用容器简表

序号	中文名称	名称	数据类型	频次范围	最大长度	复用标准
1	主题列表	subject_list	容器类元素	[0,1]		
2	主题元素	subject_meta	容器类元素	[1,∞)		
3	主题名称	subject_title	String	[0,1]	1000	
4	主题号	subject_code	String	[0,1]	50	

8.2.2 描述细则

8.2.2.1 主题列表

标识符	http://spec.ckcest.cn/core/subject_list
名称	subject_list
出处	中国工程科技知识中心元数据规范

（续表）

定义	用来对主题容器进行封装
频次范围	[0,1]
最大长度	
描述规则	容器类元素，无需描述
数据样例	<subject_list> <subject_meta type ="SubjectConcept" source="CCT"> <subject_title>麻疹</ subject_title> <subject_code>R511. 1</subject_code> </subject_meta> </subject_list>

8. 2. 2. 2 主题元素

标识符	http: //spec.ckcest.cn/core/subject_meta
名称	subject_meta
出处	中国工程科技知识中心元数据规范
定义	用来对主题信息进行封装
频次范围	[1,∞)
最大长度	
描述规则	容器类元素，用来描述主题信息，主题元素通常与主题类型属性 type 及主题来源属性 source 配合使用，属性 type 具体取值参见“附录：表 57 主题容器类型编码表”，属性 source 具体取值参见“附录：表 42 分类主题词来源编码表”
数据样例	<subject_meta type ="SubjectConcept" source="CCT"> <subject_title>麻疹</ subject_title> <subject_code> R511. 1</subject_code> </subject_meta>

8. 2. 2. 3 主题名称

标识符	http: //spec.ckcest.cn/core/subject_title
名称	subject_title
出处	中国工程科技知识中心元数据规范
定义	主题名称
频次范围	[0,1]
最大长度	1000

（续表）

描述规则	用于描述资源主题名称，可以是自由关键词，或经过知识标引和组织后的范畴、学科分类、主题、概念，以及描述专家学者、科技机构的研究方向、专业领域和专利的分类名称等
数据样例	<subject_title>麻疹</subject_title>

8.2.2.4 主题号

标识符	http://spec.ckcest.cn/core/subject_code
名称	subject_code
出处	中国工程科技知识中心元数据规范
定义	主题号
频次范围	[0,1]
最大长度	50
修饰词	
描述规则	用于描述资源主题号，通常是经过知识标引和组织后的范畴、学科分类、主题、概念代码，该代码主要来自规范的分类法、主题词表等
数据样例	<subject_code>R511. 1</subject_code>

8.3 责任者通用容器描述规范

8.3.1 内容结构

责任者通用容器简表见表 4。

表 4 责任者通用容器简表

序号	中文名称	名称	数据类型	频次范围	最大长度	复用标准
1	责任者列表	contributor_list	容器类元素	[0,1]		
2	责任者元素	contributor_meta	容器类元素	[1,∞)		
3	责任者姓名	full_name	String	[1,1]	1000	
4	责任者姓	surname	String	[0,1]	50	
5	责任者名	given_name	String	[0,1]	100	
6	责任者其他姓名	alternative_name	String	[0,∞)	1000	

（续表）

序号	中文名称	名称	数据类型	频次范围	最大长度	复用标准
7	电子邮箱	email	String	[0,∞)	200	
8	规范责任者 URI	contributor_URI	String	[0,∞)	1000	
9	责任者机构	organization_list	容器类元素	[0,∞)		参见责任机构通用容器

8.3.2 描述细则

8.3.2.1 责任者列表

标识符	http://spec.ckcest.cn/core/contributor_list
名称	contributor_list
出处	中国工程科技知识中心元数据规范
定义	用来对责任者元素进行封装
频次范围	[0,1]
最大长度	
描述规则	容器类元素，用于描述图书、期刊论文、会议论文、学位论文、标准、专利等各类资源中涉及的作者、著者、编者、导师，以及项目参与者和成果完成人等责任者元素集中元素进行封装，如：作者顺序、姓名、机构等
数据样例	<contributor_list> <contributor_metasequence="1" role="Participant"> <full_name>刘旭</full_name> <surname>刘</surname> <given_name>旭</given_name> <alternative_namelanguage="eng">liu. xu</alternative_name> <email>test@ 163. com </email> <contributor_URI contributor_URI_type="KID">EFB4BEA0689E </contributor_URI> <organization_list> <organization_metasequence="1" role="Participant"> <name>中国农业科学院</ name> <alternative_name type=" abbreviated" language="eng"> CAAS </alternative_name> <organization_URI> http://agri. ckcest. cn/searchResult. jsp? id = 5305B25A - 185A - 4C71 - 8FDD - 348E36B60F75&classtype=13 </organization_URI> <country_meta> <country_name language="eng"> China </country_name> <country_code> CN </country_code>

(续表)

数据样例	</country_meta> <city>北京</ city> <address>北京市海淀区中关村南大街 12 号</address> <postal_code> 100081 </postal_code> </organization_meta> </organization_list> </contributor_meta> </contributor_list>

8.3.2.2 责任者元素

标识符	http: //spec.ckcest.cn/core/contributor_meta
名称	contributor_meta
出处	中国工程科技知识中心元数据规范
定义	容器类元素，用来对各类论文作者、图书作者或编者、其他资源责任者元素进行封装
频次范围	[1,∞)
最大长度	描述各类论文作者、图书作者或编者、其他资源责任者等相关信息，责任者元素可与属性 sequence（顺序）、及属性 role（角色）配合使用，属性 sequence 具体取值为正整数，如 1、2、3、4 等，属性 role 具体取值参见“附录：表 56 人员（机构）角色编码表”
描述规则	本元素无需描述
数据样例	<contributor_meta sequence="1" role="Participant"> <full_name>刘旭</full_name> <surname>刘</surname> <given_name>旭</given_name> <alternative_name language=" eng">liu. xu</alternative_name> <email>test@ 163. com </email> <contributor_URI contributor_URI_type="KID"> EFB4BEA0689E </contributor_URI> <organization_list> <organization_meta sequence="1"> <name>中国农业科学院</ name> <alternative_name type="abbreviated" language="eng"> CAAS </alternative_name> <organization _URI> http: //agri. ckcest. cn/searchResult. jsp? id = 5305B25A - 185A - 4C71 - 8FDD - 348E36B60F75&classtype=13 </organization _URI> <contributor_meta> <country_name language="eng"> China </country_name> <country_code> CN </country_code> </contributor_meta> </organization_meta> </organization_list> </contributor_meta>

8.3.2.3 责任者姓名

标识符	http://spec.ckcest.cn/core/full_name
名称	full_name
出处	中国工程科技知识中心元数据规范
定义	责任者的姓名全称
频次范围	[1,1]
最大长度	1000
描述规则	用于描述各类资源的责任者姓名全称
数据样例	<full_name>刘旭</full_name>

8.3.2.4 责任者姓

标识符	http://spec.ckcest.cn/core/surname
名称	surname
出处	中国工程科技知识中心元数据规范
定义	责任者姓
频次范围	[0,1]
最大长度	50
描述规则	用于描述各类资源的责任者姓，按实际著录
数据样例	<surname>Forster</surname>

8.3.2.5 责任者名

标识符	http://spec.ckcest.cn/core/given_name
名称	given_name
出处	中国工程科技知识中心元数据规范
定义	责任者名
频次范围	[0,1]
最大长度	100
描述规则	用于描述各类资源的责任者名称，按实际著录
数据样例	<given_name>Anne</given_name>

8.3.2.6 责任者其他姓名

标识符	http: //spec.ckcest.cn/core/alternative_name
名称	alternative_name
出处	中国工程科技知识中心元数据规范
定义	其他责任者名称
频次范围	[0,∞)
最大长度	1000
描述规则	用于描述图书的其他责任者名称，责任者其他姓名元素可与属性 type 及属性 language 配合使用，属性 type 具体取值参见“附录：表 46 其他题名类型编码表”，属性 language 具体取值参见“附录：表 44 语言代码编码表”
数据样例	<alternative_name language="eng">liu. xu</alternative_name>

8.3.2.7 电子邮箱

标识符	http: //spec.ckcest.cn/core/email
名称	E-mail
出处	中国工程科技知识中心元数据规范
定义	各类资源的主要个人或团体的电子邮箱
频次范围	[0,∞)
最大长度	200
描述规则	用于描述各类资源的主要个人或团体的电子邮箱，通常指图书著者或者编译者，包括个人、组织等用于通讯联络的电子邮件地址，按实际著录
数据样例	<email>test@ 163. com </email>

8.3.2.8 规范责任者 URI

标识符	http: //spec.ckcest.cn/core/contributor_URI
名称	contributor_URI
出处	中国工程科技知识中心元数据规范
定义	个人或团体的唯一标识符
频次范围	[0,∞)
最大长度	1000

（续表）

描述规则	通常是该责任者在国际上已经取得的身份识别符，如开放研究者与贡献者身份（ORCID），也可是知识中心自建专家学者规范库中分配的唯一标识符，增加一个标识符的类型：比如 ORCID、ResearchID、KID 等，规范责任者 URI 需要与由属性 type 配合使用，属性 type 具体取值参见“附录：表 53 作者标识符类型代码表”
数据样例	<contributor_URItype="KID"> EFB4BEA0689E </contributor_URI>

8.3.2.9 责任者机构

标识符	http://spec.ckcest.cn/core/organization_list
名称	organization_list
出处	中国工程科技知识中心元数据规范
定义	容器类元素，封装责任者所在机构等信息，相关元素参见“8.4 责任机构通用容器描述规范”
频次范围	[0,∞)
最大长度	
描述规则	责任者可有多个机构
数据样例	<organization_list> <organization_meta sequence="1"> <name>中国农业科学院</name> <alternative_name type="abbreviated" language="eng"> CAAS </alternative_name> <organization _URI > http://agri. ckcest. cn/searchResult. jsp? id = 5305B25A - 185A - 4C71 - 8FDD - 348E36B60F75&classtype=13 </organization_URI> <country_meta> <country_name language="eng"> China </country_name> <country_code>CN </country_code> </country_meta> <city>北京</city> <address>北京市海淀区中关村南大街 12 号</address> <postal_code>100081 </postal_code> </organization_meta> </organization_list>

8.4 责任机构通用容器描述规范

8.4.1 内容结构

责任机构通用容器简表见表 5。

表 5 责任机构通用容器简表

序号	中文名称	名称	数据类型	频次范围	最大长度	复用标准
1	责任机构列表	organization_list	容器类元素	[0,1]		
2	责任机构元素	organization_meta	容器类元素	[1,∞)		
3	责任机构名称	name	String	[1,1]	1000	
4	责任机构其他名称	alternative_name	String	[0,∞)	1000	
5	规范机构 URI	organization_URI	String	[0,∞)	1000	
6	国家/地区/组织	country_meta	容器类元素	[0,1]		参照国家/地区/组织通用容器
7	所在省（州）	state	String	[0,1]	100	
8	所在市	city	String	[0,1]	100	
9	通讯地址	address	String	[0,1]	500	
10	邮政编码	postal_code	String	[0,1]	20	

8.4.2 描述细则

8.4.2.1 责任机构列表

标识符	http://spec.ckcest.cn/core/organization_list
名称	organization_list
出处	中国工程科技知识中心元数据规范
定义	用来对责任机构元素进行封装
频次范围	[0,1]
最大长度	
描述规则	容器类元素，用于对责任机构元素集中元素进行封装，如：机构姓名、地址等
数据样例	<organization_list> <organization_metasequence="1" role="Participant"> <name> 中国农业科学院 </name> <alternative_name type="abbreviated" language="eng"> CAAS </alternative_name> <organization_URI> http://agri. ckcest. cn/searchResult. jsp? id = 5305B25A - 185A - 4C71 - 8FDD - 348E36B60F75 &classtype=13 </organization_URI>

(续表)

数据样例	<country_meta> <country_name language="eng">China</country_name> <country_code>CN</country_code> </ country_meta> <city>北京</ city> <address>北京市海淀区中关村南大街 12 号</address> <postal_code>100081</postal_code> </organization_meta> </organization_list>

8.4.2.2 责任机构元素

标识符	http://spec.ckcest.cn/core/organization_meta
名称	organization_meta
出处	中国工程科技知识中心元数据规范
定义	用来对各类论文作者、图书作者或编者、其他资源的责任机构进行封装
频次范围	[1,∞)
最大长度	
描述规则	用于描述责任机构的相关信息，责任机构元素可与属性 sequence（顺序）及属性 role（角色）配合使用，属性 sequence 具体取值为正整数，如 1、2、3、4 等，属性 role 具体取值参见“附录：表 56 人员（机构）角色编码表”
数据样例	<organization_meta sequence="1" role="Participant"> <name> 中国农业科学院 </name> <alternative_name type="abbreviated" language="eng"> CAAS </alternative_name> <organization_URI> http://agri. ckcest. cn/searchResult. jsp? id = 5305B25A - 185A - 4C71 - 8FDD - 348E36B60F75 &classtype=13 </organization_URI> <country_meta> <country_name language="eng"> China </country_name> <country_code>CN </country_code> </ country_meta> <city>北京</ city> <address>北京市海淀区中关村南大街 12 号</address> <postal_code>10008</postal_code> </organization_meta>

8.4.2.3 责任机构名称

标识符	http://spec.ckcest.cn/core/name
名称	name
出处	中国工程科技知识中心元数据规范
定义	责任机构名称
频次范围	[1,1]
最大长度	1000
描述规则	用于描述各类资源的责任机构名称
数据样例	<name>中国农业科学院农业信息研究所</name>

8.4.2.4 责任机构其他名称

标识符	http://spec.ckcest.cn/core/alternative_name
名称	alternative_name
出处	中国工程科技知识中心元数据规范
定义	其他语种责任者名称
频次范围	[0,∞)
最大长度	1000
描述规则	用于描述各类资源的责任机构其他名称，责任机构其他名称元素可与属性 type 及属性 language 配合使用，属性 type 具体取值参见“附录：表 46 其他题名类型编码表”，属性 language 具体取值参见“附录：表 44 语言代码编码表”
数据样例	<alternative_nametype="abbreviated" language="eng"> CAAS </alternative_name>

8.4.2.5 规范机构 URI

标识符	http://spec.ckcest.cn/core/ organization_URI
名称	organization_URI
出处	中国工程科技知识中心元数据规范
定义	责任机构的唯一标识符
频次范围	[0,∞)

（续表）

最大长度	1000
描述规则	通常是该责任机构的唯一标识符
数据样例	<organization_URI> http://agri. ckcest. cn/searchResult. jsp? id = 5305B25A - 185A - 4C71 - 8FDD - 348E36B60F75&classtype=13 </organization_URI>

8.4.2.6 国家/地区/组织

标识符	http://spec.ckcest.cn/core/country_meta
名称	country_meta
出处	中国工程科技知识中心元数据规范
定义	容器类元素，描述责任机构所在国家的信息
频次范围	[0,1]
最大长度	
描述规则	描述责任机构所在国家的信息，可以包括国家（地区）名称，缩写等，参照“8.5 国家/地区/组织通用容器描述规范”
数据样例	<country_meta> <country_name language="eng">UnitedKingdom </country_name> <country_code>UK </country_code> </country_meta>

8.4.2.7 所在省（州）

标识符	http://spec.ckcest.cn/core/ state
名称	state
出处	中国工程科技知识中心元数据规范
定义	责任机构所在省（州）的名称
频次范围	[0,1]
最大长度	100
描述规则	用于描述责任机构所在省（州）的名称
数据样例	<state>湖北省</state>

8.4.2.8 所在市

标识符	http: //spec.ckcest.cn/core/ city
名称	city
出处	中国工程科技知识中心元数据规范
定义	责任机构所在城市的名称
频次范围	[0,1]
最大长度	100
描述规则	用于描述责任机构所在城市的名称
数据样例	<city>武汉</city>

8.4.2.9 通信地址

标识符	http: //spec.ckcest.cn/core/ address
名称	address
出处	中国工程科技知识中心元数据规范
定义	科技机构的通讯地址
频次范围	[0,1]
最大长度	500
描述规则	描述责任机构的通讯地址，按照实际著录
数据样例	<address>北京市中关村南大街 12 号</address>

8.4.2.10 邮政编码

标识符	http: //spec.ckcest.cn/core/ postal_code
名称	postal_code
出处	中国工程科技知识中心元数据规范
定义	责任机构联系地址的邮政编码
频次范围	[0,1]
最大长度	20
描述规则	描述责任机构联系地址的邮政编码，按照实际著录
数据样例	<postal_code>100081</postal_code>

8.5 国家/地区/组织通用容器描述规范

8.5.1 内容结构

国家/地区/组织通用容器元素简表见表6。

表6 国家/地区/组织通用容器简表

序号	中文名称	名称	数据类型	频次范围	最大长度	复用标准
1	国家/地区/组织信息	country_meta	容器类元素	[0,1]		
2	国家/地区/组织名称	country_name	String	[0,1]	100	
3	国家/地区/组织代码	country_code	String	[0,1]	10	

8.5.2 描述细则

8.5.2.1 国家/地区/组织信息

标识符	http://spec.ckcest.cn/core/country_meta
名称	country_meta
出处	中国工程科技知识中心元数据规范
定义	用来对各类资源中涉及的国家/地区/组织名称和代码信息进行封装
频次范围	[0,1]
最大长度	
描述规则	本元素无需描述
数据样例	<country_meta> <country_name language="eng">UnitedKingdom </country_name> <country_code>UK </country_code> </country_meta>

8.5.2.2 国家/地区/组织名称

标识符	http://spec.ckcest.cn/core/country_name
名称	country_name
出处	中国工程科技知识中心元数据规范

（续表）

定义	各类资源中涉及的国家或地区的名称
频次范围	[0,1]
最大长度	100
描述规则	国家/地区/组织名称可与属性 language 配合使用，属性 language 具体取值参见“附录：表 44 语言代码编码表”
数据样例	<country_name language=" eng" >United Kingdom</country_name>

8.5.2.3 国家/地区/组织代码

标识符	http://spec.ckcest.cn/core/country_code
名称	country_code
出处	中国工程科技知识中心元数据规范
定义	各类资源中涉及的国家或地区的国际标准 ISO3166 的两位字母代码
频次范围	[0,1]
最大长度	10
描述规则	国家/地区/组织代码具体取值参见“附录：表 51 国家/地区/组织代码表”，其中国家/地区代码参考国家代码对照表 ISO3166
数据样例	<country_code> UK </country_code>

8.6 会议通用容器描述规范

8.6.1 内容结构

会议通用容器元素简表见表 7。

表 7 会议通用容器简表

序号	中文名称	名称	数据类型	频次范围	最大长度	复用标准
1	会议信息	conference_meta	容器类元素	[0,1]		
2	会议日期	conference_date	String	[1,1]	50	
3	会议举办国家	country_meta	容器类元素	[0,1]		参照国家/地区/组织通用容器
4	会议举办地点	conference_place	String	[0,1]	200	

（续表）

序号	中文名称	名称	数据类型	频次范围	最大长度	复用标准
5	会议名称	title	String	[1,1]	1000	
6	会议其他名称	alternative	String	[0,∞)	1000	
7	会议届次	conference_no	String	[0,1]	50	
8	会议组织单位	organization_list	容器类元素	[0,1]		参照责任机构通用容器

8.6.2 描述细则

8.6.2.1 会议信息

标识符	http://spec.ckcest.cn/core/conference_meta
名称	conference_meta
出处	中国工程科技知识中心元数据规范
定义	用来对会议论文等资源中涉及的会议信息进行封装描述
频次范围	[0,1]
最大长度	
描述规则	本元素无需描述
数据样例	<conference_meta> <conference_date>2015-12-02</conference_date> <title language="eng">International Meeting on Biological Effects of Low Dose Radiation</title> </conference_meta>

8.6.2.2 会议日期

标识符	http://spec.ckcest.cn/core/conference_date
名称	conference_date
出处	中国工程科技知识中心元数据规范
定义	会议举办的日期
频次范围	[1,1]
最大长度	50
描述规则	描述会议举办的日期，若无月日信息，录入年份即可，按实际录入
数据样例	<conference_date>2015-12-02</conference_date> <conference_date>2015. 12. 02</conference_date> <conference_date>2015 </conference_date>

8.6.2.3 会议举办国家

标识符	http: //spec.ckcest.cn/core/ country_meta
名称	country_meta
出处	中国工程科技知识中心元数据规范
定义	容器类元素，描述会议举办国家或地区的信息
频次范围	[0,1]
最大长度	
描述规则	描述会议举办的国家/地区/组织信息，可以包括国家/地区/组织名称，缩写等，参照“8.5 国家/地区/组织通用容器描述规范”
数据样例	<country_meta> <country_name language="eng"> UnitedKingdom </country_name> <country_code> UK </country_code> </country_meta>

8.6.2.4 会议举办地点

标识符	http: //spec.ckcest.cn/core/conference_place
名称	conference_place
出处	中国工程科技知识中心元数据规范
定义	会议举办的省、市（州）的名称
频次范围	[0,1]
最大长度	200
描述规则	描述会议举办的省、市（州）的名称
数据样例	<conference_place>南京</conference_place>

8.6.2.5 会议名称

标识符	http: //spec.ckcest.cn/core/title
名称	title
出处	中国工程科技知识中心元数据规范
定义	会议的名称
频次范围	[1,1]
最大长度	1000

（续表）

描述规则	描述会议的名称，会议名称元素可与属性 language 配合使用，属性 language 具体取值参见“附录：表 44 语言代码编码表”
数据样例	<title language="eng">International Meeting on Biological Effects of Low Dose Radiation</title>

8.6.2.6 会议其他名称

标识符	http://spec.ckcest.cn/core/alternative
名称	alternative
出处	中国工程科技知识中心元数据规范
定义	会议的其他名称，如副题名、缩写等
频次范围	[0,∞)
最大长度	1000
描述规则	描述会议的其他名称，如副题名、缩写等。会议其他名称元素需要与属性 type 及属性 language 配合使用，属性 type 具体取值参见“附录：表 46 其他题名类型编码表”，属性 language 具体取值参见“附录：表 44 语言代码编码表”
数据样例	<alternative type="abbreviated" language="eng"> SPIE conference </alternative>

8.6.2.7 会议届次

标识符	http://spec.ckcest.cn/core/conference_no
名称	conference_no
出处	中国工程科技知识中心元数据规范
定义	连续召开会议的序号
频次范围	[0,1]
最大长度	50
描述规则	以序数词的缩写形式表示，英文字母、数字采用 ASCII 码字符集，如 1st，2nd，20th 等
数据样例	<conference_no>5th</conference_no>

8.6.2.8 会议组织单位

标识符	http://spec.ckcest.cn/core/ organization_list
名称	organization_list

（续表）

出处	中国工程科技知识中心元数据规范
定义	容器类元素，会议的组织单位
频次范围	[0,1]
最大长度	
描述规则	封装组织单位信息，相关元素参见“8.4 责任机构通用容器描述规范”，一般还需要参见“附录：表 56 人员（机构）角色编码表”，进行组织单位角色的描述
数据样例	

8.7 收录类别通用容器描述规范

8.7.1 内容结构

收录类别通用容器元素简表见表 8。

表 8 收录类别通用容器简表

序号	中文名称	名称	数据类型	频次范围	最大长度	复用标准
1	收录信息	holding_meta	容器类元素	[0,1]		
2	收录类别代码	holding_code	String	[1,∞)	500	

8.7.2 描述细则

8.7.2.1 收录信息

标识符	http://spec.ckcest.cn/core/holding_meta
名称	holding_meta
出处	中国工程科技知识中心元数据规范
定义	用来对期刊论文等收录情况进行封装
频次范围	[0,1]
最大长度	
描述规则	本元素无需描述
数据样例	

8.7.2.2 收录类别代码

标识符	http://spec.ckcest.cn/core/holding_code
名称	holding_code
出处	中国工程科技知识中心元数据规范
定义	期刊论文等收录的类别代码
频次范围	[1,∞)
最大长度	500
描述规则	描述期刊论文等收录的类别代码，可参考“附录：表 55 收录类别编码表”
数据样例	<holding_code>SCI</holding_code>

8.8 基金项目通用容器描述规范

8.8.1 内容结构

基金项目通用容器简表见表 9。

表 9 基金项目通用容器简表

序号	中文名称	名称	数据类型	频次范围	最大长度	复用标准
1	基金项目列表	funding_list	容器类元素	[0,1]		
2	基金项目描述	funding_description	Text	[0,1]		
3	基金项目元素	funding_meta	容器类元素	[0,∞)		
4	基金项目名称	title	String	[1,1]	1000	
5	基金项目 URI	funding_URI	String	[0,1]	1000	

8.8.2 描述细则

8.8.2.1 基金项目列表

标识符	http://spec.ckcest.cn/core/funding_list
名称	funding_list

（续表）

出处	中国工程科技知识中心元数据规范
定义	用来对基金项目进行封装
频次范围	[0,1]
最大长度	
描述规则	
数据样例	<funding_list> <funding_description> “农业生物种质资源价值评估研究”(2005DIB4J037)是科技部科研院所社会公益研究专项 </funding_description> <funding_meta> <title> 科技部科研院所社会公益研究专项“农业生物种质资源价值评估研究”（2005DIB4J037） </title> <funding_URI> http://npd. nsfc. gov. cn/projectDetail. action?pid=40371063 </funding_URI> </funding_meta> <funding_meta> <title> 科技部科研院所社会公益研究专项“农业生物种质资源” </title> <funding_URI> http://npd. nsfc. gov. cn/projectDetail. action?pid=40371064 </funding_URI> </funding_meta> </funding_list>

8.8.2.2 基金项目描述

标识符	http://spec.ckcest.cn/core/ funding_description
名称	funding_description
出处	中国工程科技知识中心元数据规范
定义	期刊论文、图书、科技成果等受到资助的基金项目信息描述
频次范围	[0,1]
最大长度	
描述规则	描述资助期刊论文、图书、科技成果等基金项目信息描述，按实际著录
数据样例	<funding_description> “农业生物种质资源价值评估研究”（2005DIB4J037）是科技部科研院所社会公益研究专项 </funding_description>

8.8.2.3 基金项目元素

标识符	http://spec.ckcest.cn/core/funding_meta
名称	funding_meta
出处	中国工程科技知识中心元数据规范
定义	容器类元素，期刊论文、图书、科技成果等受到资助的多个基金项目等信息
频次范围	[0,∞)
最大长度	
描述规则	
数据样例	<funding_meta> <title> 科技部科研院所社会公益研究专项“农业生物种质资源价值评估研究”（2005DIB4J037） </title> <funding_URI> http://npd.nsfc.gov.cn/projectDetail.action?pid=40371063 </funding_URI> </funding_meta> <funding_meta> <title> 科技部科研院所社会公益研究专项“农业生物种质资源” </title> <funding_URI> http://npd.nsfc.gov.cn/projectDetail.action?pid=40371064 </funding_URI> </funding_meta>

8.8.2.4 基金项目名称

标识符	http://spec.ckcest.cn/core/title
名称	title
出处	中国工程科技知识中心元数据规范
定义	资助期刊论文、图书、科技成果等的基金项目名称
频次范围	[1,1]
最大长度	1000
描述规则	描述资助期刊论文、图书、科技成果等的基金项目名称，按实际著录
数据样例	<title>科技部科研院所社会公益研究专项“农业生物种质资源价值评估研究”（2005DIB4J037）</title>

8.8.2.5 基金项目 URI

标识符	http: //spec.ckcest.cn/core/funding_URI
名称	funding_URI
出处	中国工程科技知识中心元数据规范
定义	期刊论文、图书、科技成果等受到资助的基金项目唯一标识符
频次范围	[0,1]
最大长度	1000
描述规则	基金项目的唯一标识符，推荐使用网络可访问的 HTTP URI，也可能是知识中心自建基金项目的 URI
数据样例	<funding_URI>http: //npd. nsfc. gov. cn/projectDetail. action?pid=40371063</funding_URI>

8.9 成果产出通用容器描述规范

8.9.1 内容结构

成果产出通用容器简表见表 10。

表 10 成果产出通用容器简表

序号	中文名称	名称	数据类型	频次范围	最大长度	复用标准
1	成果产出列表	achievement_list	容器类元素	[0,1]		
2	成果产出描述	achievement _ description	Text	[0,1]		
3	成果产出元素	achievement_meta	容器类元素	[0,∞)		
4	成果产出名称	title	String	[1,1]	1000	
5	成果产出 URI	achievement_URI	String	[0,1]	1000	

8.9.2 描述细则

8.9.2.1 成果产出列表

标识符	http: //spec.ckcest.cn/core/achievement_list
名称	achievement_list

（续表）

出处	中国工程科技知识中心元数据规范
定义	对专家学者、科技机构、科研项目等资源的多个成果产出进行封装
频次范围	[0,1]
最大长度	
描述规则	容器类元素
数据样例	<achievement_list> <achievement_description>参与及主持了中国农作物种质资源收集保存评价与利用研究，形成了作物种质资源共享利用的种质与技术基础，完善了我国作物种质资源保护与利用的研究体系，推动了种质资源深入研究，促进了种质资源学科发展；主持了中国农作物种质资源本底多样性和技术指标体系研究，该研究查清了我国作物种质资源本底，建立了作物种质资源技术规范体系，完善了资源信息系统，显著提高了资源利用效率和效益；多年来比较系统地开展了小麦及其近缘属分析、基因研究及克隆等研究，为小麦的起源和抗源研究奠定了基础；长期以来，重视农业和农村经济发展问题，对生物多样性、农业科技革命和农业可持续发展有较深入的研究。获国家科技进步一、二等奖各 1 项、省部级一等奖 2 项，组织与主持出版《中国作物及其野生近缘植物》系列专著，《中国农作物种质资源技术规范》系列 110 册。 </achievement_description> <achievement_meta type ="Article"> <title>基于多模型的农产品价格预警</title> <achievement_URI> http://www.cnki.com.cn/Article/CJFDTotal-ZNYK201208002.htm </achievement_URI> </achievement_meta> <achievement_meta type ="Article"> <title>农业经济政策研究</title> <achievement_URI> http://www.cnki.com.cn/Article/CJFDTotal-ZNYK201208003.htm </achievement_URI> </achievement_meta> </achievement_list>

8.9.2.2 成果产出描述

标识符	http://spec.ckcest.cn/core/achievement_description
名称	achievement_description
出处	中国工程科技知识中心元数据规范
定义	对专家学者、科技机构、科研项目等资源的多个成果产出的基本情况描述
频次范围	[0,1]
最大长度	
描述规则	描述专家学者、科技机构、科研项目等资源的主要学术成果，包括承担的科研项目，获得的科技奖励，发表的学术论文和著作等
数据样例	

8.9.2.3 成果产出元素

标识符	http://spec.ckcest.cn/core/achievement_meta
名称	achievement_meta
出处	中国工程科技知识中心元数据规范
定义	对专家学者、科技机构、科研项目等资源的某个成果产出进行封装
频次范围	[0,∞)
最大长度	
描述规则	容器类元素，对专家学者、科技机构、科研项目等资源的某个成果产出进行封装，成果产出类型根据元素属性 type 取值，具体取值参见“附录：表 50 学术成果类型编码表”
数据样例	<achievement_meta type ="Article"> <title>基于多模型的农产品价格预警</title> <achievement_URI> http://www.cnki.com.cn/Article/CJFDTotal-ZNYK201208002.htm </achievement_URI> </achievement_meta>

8.9.2.4 成果产出名称

标识符	http://spec.ckcest.cn/core/ title
名称	title
出处	中国工程科技知识中心元数据规范
定义	专家学者、科技机构、科研项目等资源的某个成果产出名称
频次范围	[1,1]
最大长度	1000
描述规则	描述专家学者、科技机构、科研项目等资源的某个成果产出名称
数据样例	<title>基于多模型的农产品价格预警</title>

8.9.2.5 成果产出 URI

标识符	http://spec.ckcest.cn/core/achievement_URI
名称	achievement_URI
出处	中国工程科技知识中心元数据规范
定义	专家学者、科技机构、科研项目等资源的某个成果产出的唯一标识符

（续表）

频次范围	[0,1]
最大长度	1000
描述规则	描述专家学者、科技机构、科研项目等资源的某个成果产出的唯一标识符，包括专家发表的学术论文、著作、科技成果、奖励和标准专利等成果的 URI，推荐使用网络可访问的 HTTP URI，也可能是知识中心自建资源的 URI
数据样例	<achievement_URI> http://www.cnki.com.cn/Article/CJFDTotal-ZNYK201208002.htm </achievement_URI>

8.10 参考文献通用容器描述规范

8.10.1 内容结构

参考文献通用容器简表见表 11。

表 11 参考文献通用容器简表

序号	中文名称	名称	数据类型	频次范围	最大长度	复用标准
1	参考文献列表	reference_list	容器类元素	[0,1]		
2	参考文献描述	reference_description	Text	[0,1]		
3	参考文献元素	reference_meta	容器类元素	[0,∞)		
4	单条参考文献原始信息	original_reference	Text	[0,1]		
5	唯一标识	identifier	String	[0,1]	100	
6	贡献者列表	contib_list	容器类元素	[0,1]		参见责任者通用容器和责任机构通用容器
7	参考文献类型	reference_type	String	[1,1]	50	参照参考文献类型编码表
8	题名	title	String	[0,1]	1000	
9	来源题名	source_title	String	[1,1]	1000	
10	年	year	String	[0,1]	20	
11	卷	volume	String	[0,1]	20	
12	期	issue	String	[0,1]	20	
13	起始页码	page_start	String	[0,1]	20	

（续表）

序号	中文名称	名称	数据类型	频次范围	最大长度	复用标准
14	结束页码	page_end	String	[0,1]	20	
15	页码范围	page_range	String	[0,1]	100	
16	城市	city	String	[0,1]	500	
17	国家	country_meta	容器类元素	[0,1]		参照国家/地区/组织通用容器
18	外部链接	ext_link	String	[0,1]	500	

8.10.2 描述细则

8.10.2.1 参考文献列表

标识符	http://spec.ckcest.cn/core/ reference_list
名称	reference_list
出处	中国工程科技知识中心元数据规范
定义	对期刊论文、学位论文、图书、专利等资源中的参考文献信息进行封装
频次范围	[0,1]
最大长度	
描述规则	容器类元素
数据样例	<reference_list> <reference_description> [1] 闫慧．数字鸿沟研究的未来：境外数字不平等研究进展 [J]．中国图书馆学报，2011（4）：82-94. [2] 周向红．从数字鸿沟到数字贫困：基本概念和研究框架 [J]．学海，2016（4）：154-157. </reference_description> <reference_meta sequence="1"> <original_reference> [1] 闫慧．数字鸿沟研究的未来：境外数字不平等研究进展 [J]．中国图书馆学报，2011（4）：82-94. </original_reference> <contib_list> <contributor_list> <contributor_meta sequence="1" role="Author"> <full_name>闫慧</full_name> <surname>闫</surname> <given_name>慧</given_name> </contributor_meta> </contributor_list>

(续表)

数据样例	</contib_list> <reference_type> J</ reference_type> <title>数字鸿沟研究的未来: 境外数字不平等研究进展</title> <source_title>中国图书馆学报</source_title> <year>2011</year> <issue>4</issue> <page_start>82</page_start> <page_end>94</page_end> <page_range>82-94</page_range> </reference_meta> <reference_meta sequence="2"> <original_reference> [2] 周向红．从数字鸿沟到数字贫困：基本概念和研究框架［J］. 学海，2016（4）：154-157. </original_reference> <contib_list> <contributor_list> <contributor_meta sequence="1" role="Author"> <full_name>周向红</full_name> <surname>周</surname> <given_name>向红</given_name> </contributor_meta> </contributor_list> </contib_list> <reference_type> J</ reference_type> <title>从数字鸿沟到数字贫困: 基本概念和研究框架</title> <source_title>学海</source_title> <year>2016</year> <issue>4</issue> <page_start>154</page_start> <page_end>157</page_end> <page_range>154-157</page_range> </reference_meta> </ reference_list>

8.10.2.2 参考文献描述

标识符	http://spec.ckcest.cn/core/reference_description
名称	reference_description
出处	中国工程科技知识中心元数据规范
定义	期刊论文、图书、专利引用参考文献全部内容的文本描述。多条参考文献建议用换行符分隔
频次范围	[0,1]
最大长度	
描述规则	建议参照国家标准 GB/T 7714—2016 文后参考文献著录规则

（续表）

数据样例	<reference_description> [1] 闫慧．数字鸿沟研究的未来：境外数字不平等研究进展 [J]. 中国图书馆学报，2011 (4)：82-94. [2] 周向红．从数字鸿沟到数字贫困：基本概念和研究框架 [J]. 学海，2016 (4)：154-157. </reference_description>

8.10.2.3 参考文献元素

标识符	http://spec.ckcest.cn/core/ reference_meta
名称	reference_meta
出处	中国工程科技知识中心元数据规范
定义	对期刊论文、学位论文、图书、专利等资源中的单条参考文献信息进行封装
频次范围	[0,∞)
最大长度	
描述规则	容器类元素，参考文献元素需要与属性 sequence 配合使用，属性 sequence 具体取值为正整数，如 1、2、3、4 等
数据样例	

8.10.2.4 单条参考文献原始信息

标识符	http://spec.ckcest.cn/core/ original_reference
名称	original_reference
出处	中国工程科技知识中心元数据规范
定义	对期刊论文、学位论文、图书、专利等资源中单条参考文献原始信息的描述
频次范围	[0,1]
最大长度	
描述规则	应该符合国家标准 GB/T 7714—2016 文后参考文献著录规则
数据样例	<original_reference> [1] 闫慧．数字鸿沟研究的未来：境外数字不平等研究进展 [J]. 中国图书馆学报，2011 (4)：82-94. </original_reference>

8.10.2.5 唯一标识

标识符	http://spec.ckcest.cn/core/ identifier
名称	identifier

（续表）

出处	中国工程科技知识中心元数据规范
定义	参考文献记录的唯一标识信息
频次范围	[0,1]
最大长度	100
描述规则	唯一标识元素需要与属性 type 配合使用，如 DOI、ISSN 等，属性 type 具体取值参见“附录：表 45 唯一标识符编码表”
数据样例	<identifiertype ="DOI">10. 15252/embr. 201439077</ identifier>

8. 10. 2. 6　贡献者列表

标识符	http: //spec.ckcest.cn/core/contib_list
名称	contib_list
出处	中国工程科技知识中心元数据规范
定义	参考文献中的作者、机构等信息
频次范围	[0,1]
最大长度	
描述规则	容器类元素，描述参考文献中贡献者信息，贡献者既可能为人员，也可能为单位、机构等，当贡献者为人员时，其贡献者列表元素信息参见 8. 3 责任者通用容器描述规范；当贡献者为单位、机构时，其贡献者列表元素信息参见 8. 4 责任机构通用容器描述规范。贡献者元素需要与属性 sequence 及属性 role 配合使用，属性 sequence 具体取值为数值型，如 1、2、3、4 等
数据样例	<contib_list> <contributor_list> <contributor_meta　sequence="1"　role="Author"> <full_name>闫慧</full_name> <surname>闫</surname> <given_name>慧</given_name> </contributor_meta> </contributor_list> <organization_list> <organization_metasequence="1"　role="Author"> <name>中国农业科学院</name> </organization_meta> </organization_list> </contib_list>

8. 10. 2. 7　参考文献类型

标识符	http: //spec.ckcest.cn/core/reference_type
名称	reference_type

（续表）

出处	中国工程科技知识中心元数据规范
定义	参考文献中引用的出版物的类型
频次范围	[1,1]
最大长度	50
描述规则	描述参考文献中引用的出版物的类型，取值参照表 58 参考文献类型编码表
数据样例	<reference_type>J</ identifier>

8.10.2.8 题　名

标识符	http://spec.ckcest.cn/core/title
名称	title
出处	中国工程科技知识中心元数据规范
定义	参考文献中引用的文献题名
频次范围	[0,1]
最大长度	1000
描述规则	按实际情况著录
数据样例	<title>数字鸿沟研究的未来：境外数字不平等研究进展</title>

8.10.2.9 来源题名

标识符	http://spec.ckcest.cn/core/source_title
名称	source_title
出处	中国工程科技知识中心元数据规范
定义	参考文献中引用文献的来源期刊名称、图书名称等
频次范围	[1,1]
最大长度	1000
描述规则	按实际情况著录
数据样例	<source_title>中国图书馆学报</source_title>

8.10.2.10 年

标识符	http://spec.ckcest.cn/core/year
名称	year

（续表）

出处	中国工程科技知识中心元数据规范
定义	参考文献中引用文献的出版年
频次范围	[0,1]
最大长度	20
描述规则	按实际情况著录
数据样例	<year>2011</year>

8.10.2.11 卷

标识符	http://spec.ckcest.cn/core/volume
名称	volume
出处	中国工程科技知识中心元数据规范
定义	参考文献中引用文献的卷信息
频次范围	[0,1]
最大长度	20
描述规则	按实际情况著录
数据样例	

8.10.2.12 期

标识符	http://spec.ckcest.cn/core/issue
名称	issue
出处	中国工程科技知识中心元数据规范
定义	参考文献中引用文献的期信息
频次范围	[0,1]
最大长度	20
描述规则	按实际情况著录
数据样例	<issue>4</issue>

8.10.2.13 起始页码

标识符	http://spec.ckcest.cn/core/page_start
名称	page_start

（续表）

出处	中国工程科技知识中心元数据规范
定义	参考文献中引用文献的起始页码
频次范围	[0,1]
最大长度	20
描述规则	按实际著录
数据样例	<page_start>82</page_start>

8.10.2.14 结束页码

标识符	http://spec.ckcest.cn/core/page_end
名称	page_end
出处	中国工程科技知识中心元数据规范
定义	参考文献中引用文献的结束页码
频次范围	[0,1]
最大长度	20
描述规则	按实际著录
数据样例	<page_end>94</page_end>

8.10.2.15 页码范围

标识符	http://spec.ckcest.cn/core/ page_range
名称	page_range
出处	中国工程科技知识中心元数据规范
定义	参考文献中引用文献的页码范围
频次范围	[0,1]
最大长度	100
描述规则	按实际著录
数据样例	<page_range>82-94</page_range>

8.10.2.16 城　市

标识符	http://spec.ckcest.cn/core/ city
名称	city

（续表）

出处	中国工程科技知识中心元数据规范
定义	参考文献中图书、学位论文、会议论文等文献中涉及的城市信息
频次范围	[0,1]
最大长度	500
描述规则	按照实际情况著录
数据样例	

8.10.2.17　国　家

标识符	http://spec.ckcest.cn/core/country_meta
名称	country_meta
出处	中国工程科技知识中心元数据规范
定义	参考文献中会议、报告等类型的文献中涉及的国家信息
频次范围	[0,1]
最大长度	
描述规则	容器类元素，参照 8.5 国家/地区/组织通用容器描述规范
数据样例	

8.10.2.18　外部链接

标识符	http://spec.ckcest.cn/core/ ext_link
名称	ext_link
出处	中国工程科技知识中心元数据规范
定义	参考文献中的网址等信息
频次范围	[0,1]
最大长度	500
描述规则	按照实际情况著录
数据样例	

8.11 附件通用容器描述规范

8.11.1 内容结构

附件通用容器简表见表 12。

表 12 附件通用容器简表

序号	中文名称	名称	数据类型	频次范围	最大长度	复用标准
1	附件列表	file_list	容器类元素	[0,1]		
2	附件元素	file_meta	容器类元素	[1,∞)		
3	附件文件名	file_name	String	[1,1]	1000	
4	附件题名	title	String	[1,1]	1000	
5	其他语种题名	alternative	String	[0,1]	1000	
6	附件描述	file_description	Text	[0,1]		
7	文件类型	file_type	String	[0,1]	100	
8	文件大小	file_size	String	[0,1]	100	
9	后缀名	suffix_name	String	[0,1]	50	
10	创建日期	file_date	String	[0,1]	20	
11	存放路径	path	String	[1,∞)	500	
12	开放用户类型列表	open_user_type_list	容器类元素	[0,1]		
13	开放用户类型	open_user_type	String	[0,∞)	100	

8.11.2 描述细则

8.11.2.1 附件列表

标识符	http://spec.ckcest.cn/core/file_list
名称	file_list
出处	中国工程科技知识中心元数据规范
定义	用来对知识中心各类资源中所有附件信息进行封装
频次范围	[0,1]

（续表）

最大长度	
描述规则	本元素无需描述
数据样例	<file_list> <file_meta> <file_name>调度条例 . pdf</file_name> <title>黄河水量调度条例</ title> <alternativelanguage = ”eng”> Regulations of the Yellow River Water Regulation </alternative> <file_type>pdf</file_type> <file_size> 900KB</file_size> <suffix_name>pdf</suffix_nam> <file_date> 2016-10-20</file_date> <path type="Physical">E: \ 附件 \ 病虫害 1-1. jpg</path>" <path type="Relative">. . \ 附件 \ 病虫害 1-1. jpg</path> <path type="Web">http: //agri. ckcest. cn/ass/special/NK20170515-003-68. pdf </path> </file_meta> </file_list>

8. 11. 2. 2 附件元素

标识符	http: //spec.ckcest.cn/core/file_meta
名称	file_meta
出处	中国工程科技知识中心元数据规范
定义	对各类资源中某一附件的信息进行封装
频次范围	[1,∞)
最大长度	
描述规则	容器类元素
数据样例	

8. 11. 2. 3 附件文件名

标识符	http: //spec.ckcest.cn/core/file_name
名称	file_name
出处	中国工程科技知识中心元数据规范
定义	描述存储在电脑磁盘中的附件的物理文件名称
频次范围	[1,1]

（续表）

最大长度	1000
描述规则	根据实际情况著录
数据样例	<file_name>调度条例 . pdf</file_name>

8.11.2.4 附件题名

标识符	http://spec.ckcest.cn/core/title
名称	title
出处	中国工程科技知识中心元数据规范
定义	描述用于在网站中显示的附件题名，与附件文件名可相同
频次范围	[1,1]
最大长度	1000
描述规则	根据实际情况著录
数据样例	<title>黄河水量调度条例</title>

8.11.2.5 其他语种题名

标识符	http://spec.ckcest.cn/core/ alternative
名称	alternative
出处	中国工程科技知识中心元数据规范
定义	描述用于在网站中显示的附件其他语种题名
频次范围	[0,1]
最大长度	1000
描述规则	根据实际情况著录，该元素需要与属性 type 及属性 language 配合使用，属性 type 具体取值参见“附录：表 46 其他题名类型编码表”；属性 language 具体取值参见“附录：表 44 语言代码编码表”
数据样例	<alternativelanguage="eng"> Regulations of the Yellow River Water Regulation </alternative>

8.11.2.6 附件描述

标识符	http://spec.ckcest.cn/core/file_description
名称	file_description

（续表）

出处	中国工程科技知识中心元数据规范
定义	附件基本信息的描述
频次范围	[0,1]
最大长度	
描述规则	附件基本信息的描述
数据样例	

8.11.2.7 文件类型

标识符	http：//spec. ckcest. cn/core/file_type
名称	file_type
出处	中国工程科技知识中心元数据规范
定义	描述附件的文件类型
频次范围	[0,1]
最大长度	100
描述规则	根据实际情况著录，如：execel、word、pdf、图片等类型
数据样例	<file_type>pdf</file_type>

8.11.2.8 文件大小

标识符	http://spec.ckcest.cn/core/file_size
名称	file_size
出处	中国工程科技知识中心元数据规范
定义	描述附件的文件大小
频次范围	[0,1]
最大长度	100
描述规则	根据实际情况著录，如：1G 等格式
数据样例	<file_size>900KB</file_size>

8.11.2.9 后缀名

标识符	http://spec.ckcest.cn/core/suffix_name
名称	suffix_name

（续表）

出处	中国工程科技知识中心元数据规范
定义	描述附件的文件后缀名
频次范围	[0,1]
最大长度	50
描述规则	根据实际情况著录，如：exls、csv、jpg，png 等后缀
数据样例	<suffix_name>pdf</suffix_name>

8.11.2.10 创建日期

标识符	http://spec.ckcest.cn/core/file_date
名称	file_date
出处	中国工程科技知识中心元数据规范
定义	描述附件的创建日期
频次范围	[0,1]
最大长度	20
描述规则	描述附件的创建日期
数据样例	<file_date>2016-10-20</file_date>

8.11.2.11 存放路径

标识符	http://spec.ckcest.cn/core/path
名称	path
出处	中国工程科技知识中心元数据规范
定义	描述附件存放的路径
频次范围	[1,∞)
最大长度	500
描述规则	描述附件存放的路径（包括物理路径、相对路径、网络访问路径等），该字段需要与属性 type 配合使用，type 具体取值参见表 60 附件存放路径编码表。在表示相对路径时，是以当前元数据文件为基准进行文件夹及文件路径查找，两个圆点“..”表示查找当前路径的父目录
数据样例	<path type="Physical">E:\附件\病虫害 1-1.jpg</path>" <path type="Relative">..\附件\病虫害 1-1.jpg</path> <path type="Web">http://agri.ckcest.cn/ass/special/NK20170515-003-68.pdf </path>

8.11.2.12 开放用户类型列表

标识符	http://spec.ckcest.cn/core/open_user_type_list
名称	open_user_type_list
出处	中国工程科技知识中心元数据规范
定义	封装附件的开放用户的类型
频次范围	[0,1]
最大长度	
描述规则	
数据样例	<open_user_type_list> <open_user_type>02</ open_user_type> <open_user_type>03</ open_user_type> </open_user_type_list>

8.11.2.13 开放用户类型

标识符	http://spec.ckcest.cn/core/open_user_type
名称	open_user_type
出处	中国工程科技知识中心元数据规范
定义	描述附件的开放用户的类型
频次范围	[0,∞)
最大长度	100
描述规则	开放用户类型，该字段取值请参考表 59 开放用户类型编码表
数据样例	<open_user_type>02</ open_user_type> <open_user_type>03</ open_user_type>

8.12 扩展通用容器描述规范

8.12.1 内容结构

扩展通用容器简表见表 13。

表 13 扩展通用容器简表

序号	中文名称	名称	数据类型	频次范围	最大长度	复用标准
1	扩展元素	extension_meta	容器类元素	[0,1]		

（续表）

序号	中文名称	名称	数据类型	频次范围	最大长度	复用标准
2	扩展说明	extension_specification	text	[1,1]		
3	扩展内容	extension_content	text	[1,1]		

8.12.2 描述细则

8.12.2.1 扩展元素

标识符	http://spec.ckcest.cn/core/ extension_meta
名称	extension_meta
出处	中国工程科技知识中心元数据规范
定义	容器类元素，封装在数据集及资源元素集元数据标准中未涉及的元素描述及定义的扩展信息
频次范围	[0,1]
最大长度	
描述规则	
数据样例	

8.12.2.2 扩展说明

标识符	http://spec.ckcest.cn/core/ extension_specification
名称	extension_specification
出处	中国工程科技知识中心元数据规范
定义	对在数据集及其他资源元素集元数据标准中未涉及的元素描述及定义的扩展信息的说明
频次范围	[1,1]
最大长度	
描述规则	
数据样例	

8.12.2.3 扩展内容

标识符	http://spec.ckcest.cn/core/ extension_content
名称	extension_content

（续表）

出处	中国工程科技知识中心元数据规范
定义	描述在数据集及其他资源元素集元数据标准中未涉及的元素描述及定义的具体扩展内容
频次范围	[1,1]
最大长度	
描述规则	
数据样例	

8.13 空间信息通用容器描述规范

8.13.1 内容结构

空间信息通用容器简表见表14。

表14 空间信息通用容器简表

序号	中文名称	名称	数据类型	频次范围	最大长度	复用标准
1	空间信息列表	spatial_list	容器类元素	[0,1]		
2	空间信息元素	spatial_meta	容器类元素	[1,∞)		
3	空间信息名称	spatial_name	String	[0,1]	1000	
4	坐标范围	coordinates	String	[0,1]	1000	
5	坐标参照系	mdCoRefSys	容器类元素	[0,1]		
6	大地基准	crsDatum	String	[0,1]	100	
7	高程基准	crsVertCRS	String	[0,1]	100	
8	投影	crsProjection	String	[0,1]	100	
9	行政区划代码	area_code	String	[0,∞)	100	
10	所属国家	country_meta	容器类元素	[0,1]		参照国家/地区/组织通用容器
11	所属省	province	String	[0,∞)	500	
12	所属市	city	String	[0,∞)	500	
13	所属县	county	String	[0,∞)	500	

8.13.2 描述细则

8.13.2.1 空间信息列表

标识符	http: //spec.ckcest.cn/core/spatial_list
名称	spatial_list
出处	中国工程科技知识中心元数据规范
定义	用来对知识中心各类资源中所有空间信息元素进行封装
频次范围	[0,1]
最大长度	
描述规则	本元素无需描述
数据样例	<spatial_list> <spatial_meta> <spatial_name>黄河三角洲</spatial_name> <coordinates>37.3000，38.1500，118.3000，119.2500</coordinates> <mdCoRefSys> <crsProjection>墨卡托</crsProjection> </mdCoRefSys> </spatial_meta> </spatial_list>

8.13.2.2 空间信息元素

标识符	http: //spec.ckcest.cn/core/spatial_meta
名称	spatial_meta
出处	中国工程科技知识中心元数据规范
定义	用来对知识中心各类资源中所有空间信息进行封装
频次范围	[1,∞)
最大长度	
描述规则	本元素无需描述
数据样例	

8.13.2.3 空间信息名称

标识符	http: //spec.ckcest.cn/core/spatial_name
名称	spatial_name

（续表）

出处	中国工程科技知识中心元数据规范
定义	描述资源的空间信息名称，如研究区域等
频次范围	[0,1]
最大长度	1000
描述规则	描述资源的空间信息名称，如北京市、天山山脉、四川盆地、郯庐断裂带、京津冀、北京市海淀区中关村南大街 12 号
数据样例	<spatial_name>北京市</spatial_name>

8.13.2.4 坐标范围

标识符	http://spec.ckcest.cn/core/coordinates
名称	coordinates
出处	中国工程科技知识中心元数据规范
定义	描述资源所属空间信息的坐标范围
频次范围	[0,1]
最大长度	1000
描述规则	每组经纬度用英文括号加逗号分隔，多组间用英文逗号隔开，使用 WTK 描述规则，如二维格式：(纬度 1，经度 1)，(纬度 2，经度 2)
数据样例	<coordinates>(27.8, 114.37), (28.3, 116.3), (28.5, 117.32) </coordinates>

8.13.2.5 坐标参照系

标识符	http://spec.ckcest.cn/core/mdCoRefSys
名称	mdCoRefSys
出处	中国工程科技知识中心元数据规范
定义	容器类元素
频次范围	[0,1]
最大长度	
描述规则	描述地理坐标参照系信息，包括：大地基准、高程基准、投影信息
数据样例	

8.13.2.6 大地基准

标识符	http://spec.ckcest.cn/core/crsDatum
名称	crsDatum
出处	中国工程科技知识中心元数据规范
定义	采用的大地基准、坐标系统
频次范围	[0,1]
最大长度	100
描述规则	描述参照系信息中的大地基准信息
数据样例	<crsDatum>1954 北京坐标系</crsDatum>

8.13.2.7 高程基准

标识符	http://spec.ckcest.cn/core/crsVertCRS
名称	crsVertCRS
出处	中国工程科技知识中心元数据规范
定义	采用的高程基准、坐标系统
频次范围	[0,1]
最大长度	100
描述规则	描述参照系信息中的高程基准信息
数据样例	<crsVertCRS>1985 国家高程基准</crsVertCRS>

8.13.2.8 投　影

标识符	http://spec.ckcest.cn/core/crsProjection
名称	crsProjection
出处	中国工程科技知识中心元数据规范
定义	所用投影
频次范围	[0,1]
最大长度	100
描述规则	描述参照系信息中的所用投影信息
数据样例	<crsProjection>高斯投影</crsProjection>

8.13.2.9 行政区划代码

标识符	http://spec.ckcest.cn/core/area_code
名称	area_code
出处	中国工程科技知识中心元数据规范
定义	地理位置的行政区划代码
频次范围	[0,∞)
最大长度	100
描述规则	描述地理的行政区划代码，参照国家统计局发布的“全国街道乡镇级以上行政区划代码表”最新版（截至 2017 年底的最新版是 2016 版）
数据样例	<area_code>110101003</ area_code>

8.13.2.10 所属国家

标识符	http://spec.ckcest.cn/core/country_meta
名称	country_meta
出处	中国工程科技知识中心元数据规范
定义	地理位置所属国家或地区
频次范围	[0,1]
最大长度	
描述规则	描述地理位置所属的国家/地区/组织信息，可以包括国家/地区/组织名称，缩写等，参照“8.5 国家/地区/组织通用容器描述规范”
数据样例	<country_meta> <country_name language="eng"> UnitedKingdom </country_name> <country_code> UK </country_code> </country_meta>

8.13.2.11 所属省

标识符	http://spec.ckcest.cn/core/province
名称	province
出处	中国工程科技知识中心元数据规范
定义	地理位置所属行政区域州或省份信息
频次范围	[0,∞)

（续表）

最大长度	500
描述规则	描述地理位置所属行政区域州、省、自治区或直辖市的信息，通常是普通文本描述
数据样例	<province>甘肃省</province>

8.13.2.12 所属市

标识符	http://spec.ckcest.cn/core/city
名称	city
出处	中国工程科技知识中心元数据规范
定义	地理位置所属行政区域市信息
频次范围	[0,∞)
最大长度	500
描述规则	描述地理位置所属行政区域市信息，通常是普通文本描述，为避免歧义，前面通常要补全所属省的名称
数据样例	<city>甘肃省天水市</city>

8.13.2.13 所属县

标识符	http://spec.ckcest.cn/core/county
名称	county
出处	中国工程科技知识中心元数据规范
定义	地理位置所属行政区域县信息
频次范围	[0,∞)
最大长度	500
描述规则	描述地理位置所属行政区域县信息，通常是普通文本描述，为避免歧义，前面通常要补全所属省和市的信息
数据样例	<county>甘肃省天水市清水县</county>

9　数据集元素集描述规范

9.1 内容结构

数据集元素简表见表 15。

表 15　数据集元素集简表

序号	中文名称	名称	数据类型	频次范围	最大长度	复用标准
1	数据集元素	dataset_meta	容器类元素	[1,1]		
2	唯一标识	identifier	String	[0,∞)	100	
3	数据集名称	title	String	[1,1]	1000	
4	数据集其他名称	alternative	String	[0,∞)	1000	
5	数据集类型	dataset_type	String	[1,1]	100	
6	主题	subject_list	容器类元素	[0,1]		参见主题通用容器
7	资源类型	resource_type	String	[1,1]	50	
8	格式类型	format_type	String	[0,∞)	100	
9	元数据描述	metadata_description	Text	[1,1]		
10	存储方式	storage	String	[0,∞)	100	
11	起始日期	start_date	String	[0,1]	20	
12	结束日期	end_date	String	[0,1]	20	
13	建设方式	construction_methods	String	[0,1]	100	
14	接入方式	access	String	[0,∞)	100	
15	服务模式	service_mode	String	[0,∞)	100	
16	摘要	abstract	Text	[0,1]		
17	其他语种摘要	abstract_alternative	Text	[0,∞)		
18	发布日期	release_date	String	[0,1]	20	
19	最新更新时间	update_date	DateTime	[0,1]		
20	空间范围	spatial_scope	Text	[0,∞)		
21	责任机构	organization_list	容器类元素	[1,1]		
22	来源机构代码	institute_code	String	[1,∞)	50	
23	分中心代码	subcenter_code	String	[1,1]	50	
24	联系人	contacts	String	[0,∞)	100	
25	联系电话	telephone	String	[0,∞)	20	
26	电子邮箱	email	String	[0,∞)	200	

（续表）

序号	中文名称	名称	数据类型	频次范围	最大长度	复用标准
27	记录条数	record_number	Int	[0,1]		
28	数据体量	data_volume	String	[0,1]	100	
29	更新频率	update_frequency	String	[0,1]	50	
30	更新情况说明	update_note	Text	[0,1]		
31	使用权限申明	rights	String	[0,1]	2000	
32	单条元数据详情地址	single_metadata_detail_URI	String	[1,1]	1000	
33	详情地址	detail_URI	String	[0,∞)	1000	
34	使用许可	license	String	[0,1]	1000	
35	开放用户类型列表	open_user_type_list	容器类元素	[0,1]		
36	开放用户类型	open_user_type	String	[0,∞)	100	
37	开放机构列表	open_organization_list	容器类元素	[0,1]		
38	开放机构元素	open_organization_meta	容器类元素	[1,∞)		
39	开放机构名称	open_organization_name	String	[1,1]	1000	
40	开放机构 IP 地址段	open_organization_ip	Text	[1,1]		
41	附件	file_list	容器类元素	[0,1]		参见附件通用容器
42	扩展元素	extension_meta	容器类元素	[0,1]		参见扩展通用容器

9.2 描述细则

9.2.1 数据集元素

标识符	http://spec.ckcest.cn/core/dataset_meta
名称	dataset_meta
出处	中国工程科技知识中心元数据规范
定义	容器类元素，用来对数据集元素进行封装
频次范围	[1,1]
最大长度	

（续表）

描述规则	用于描述数据集元素
数据样例	

9.2.2 唯一标识

标识符	http://spec.ckcest.cn/core/identifier
名称	identifier
出处	中国工程科技知识中心元数据规范
定义	在特定范围内给予数据集的一个明确标识
频次范围	[0,∞)
最大长度	100
描述规则	唯一标识用元素属性 type 定义，其类型编码参见“附录：表 45 唯一标识符编码表”。病虫害数据库数据集唯一标识类型为记录号 number
数据样例	<identifier type ="URI"> http://agri. ckcest. cn/searchResult. jsp? id = 5305B25A - 185A - 4C71 - 8FDD - 348E36B60F75 &classtype=13</identifier>

9.2.3 数据集名称

标识符	http://spec.ckcest.cn/core/title
名称	title
出处	中国工程科技知识中心元数据规范
定义	指数据集的正式名称
频次范围	[1,1]
最大长度	1000
描述规则	用于描述数据集的名称，数据集名称元素与属性 language 配合使用，属性 language 具体取值参见“附录：表 44 语言代码编码表”
数据样例	<title language="chi">中文专利数据库</title>

9.2.4 数据集其他名称

标识符	http://spec.ckcest.cn/core/alternative
名称	alternative

（续表）

出处	中国工程科技知识中心元数据规范
定义	除了正题名以外的其他题名
频次范围	[0,∞)
最大长度	1000
描述规则	一般指与数据集中文名称对应的其他语种名称，可以包括译名和缩略题名。数据集其他名称元素需要与属性 type 及属性 language 配合使用，属性 type 具体取值参见“附录：表 46 其他题名类型编码表”；属性 language 具体取值参见“附录：表 44 语言代码编码表”
数据样例	<alternative type="translate" language="eng"> Database of Chinese Patents </alternative>

9.2.5 数据集类型

标识符	http://spec.ckcest.cn/core/ dataset_type
名称	dataset_type
出处	中国工程科技知识中心元数据规范
定义	对数据集类型进行划分，主要有通用数据集、专有数据集和其他类型三种
频次范围	[1,1]
最大长度	100
描述规则	数据集类型具体取值参见表 61 数据集类型编码表。目前，在注册或描述数据集元数据时，有一定数据量且有对应的知识中心元数据标准规范的数据集，类型选“通用数据集”，代码“01”；目前知识中心元数据规范中暂未制定元数据规范的资源类型（如各类科学数据），则选“专有数据集”，代码“02”；其他类型暂不使用，仅供后续扩展使用
数据样例	<dataset_type>01</ dataset_type>

9.2.6 主　题

标识符	http://spec.ckcest.cn/core/subject_list
名称	subject_list
出处	中国工程科技知识中心元数据规范
定义	容器类元素，引用主题通用容器
频次范围	[0,1]
最大长度	

（续表）

描述规则	用于描述与数据集相关的主题词、关键词等内容。相关元素参见“8.2 主题通用容器描述规范”
数据样例	<subject_list> <subject_meta type ="Keyword"> <subject_title>麻疹</ subject_title> </subject_meta> </subject_list>

9.2.7 资源类型

标识符	http://spec.ckcest.cn/core/resource_type
名称	resource_type
出处	中国工程科技知识中心元数据规范
定义	各类资源的类型
频次范围	[1,1]
最大长度	50
描述规则	对不同类型的资源进行描述，具体见“附录：表 40 资源类型编码表”
数据样例	<resource_type>JournalArticle</resource_type>

9.2.8 格式类型

标识符	http://spec.ckcest.cn/core/format_type
名称	format_type
出处	中国工程科技知识中心元数据规范
定义	描述数据集的格式类型
频次范围	[0,∞)
最大长度	100
描述规则	用于描述数据集的格式类型，如：文本、其他等
数据样例	<format_type>文本</format_type>

9.2.9 元数据描述

标识符	http://spec.ckcest.cn/core/metadata_description
名称	metadata_description
出处	中国工程科技知识中心元数据规范
定义	从字段数量、名称、类型、必备性等方面描述元数据内容结构
频次范围	[1,1]
最大长度	
描述规则	从字段数量、名称、类型、必备性等方面描述元数据内容结构
数据样例	<metadata_description> 农业科技报告数据集共 13 个元素，包括：Abstract（报告摘要）、Classification（分类号）、Creator（完成人）、DatasetID（所属数据集的标识符）、DetailAddress（详情地址）、EngAbstract（英文摘要）、EngCreator（完成人英文名）、EngKeywords（英文关键词）、EngTitle（英文标题）、Keywords（关键词）、LastModified（更新时间）、PublishTime（发布时间）、Title（报告标题）等 </metadata_description>

9.2.10 存储方式

标识符	http://spec.ckcest.cn/core/storage
名称	storage
出处	中国工程科技知识中心元数据规范
定义	描述数据集的存储方式
频次范围	[0,∞)
最大长度	100
描述规则	描述数据集的存储方式，如结构化、非结构化等
数据样例	<storage>结构化</storage>

9.2.11 起始日期

标识符	http://spec.ckcest.cn/core/start_date
名称	start_date
出处	中国工程科技知识中心元数据规范

（续表）

定义	数据集中记录覆盖的最早日期
频次范围	[0,1]
最大长度	20
描述规则	描述数据集的起始日期，若无月日信息，录入年份即可
数据样例	<start_date>2015</start_date> <start_date>2015-12-02</start_date> <start_date>2015. 12</start_date>

9.2.12 结束日期

标识符	http: //spec.ckcest.cn/core/end_date
名称	end_date
出处	中国工程科技知识中心元数据规范
定义	数据集中记录的最晚日期
频次范围	[0,1]
最大长度	20
描述规则	描述数据集的结束日期，若无月日信息，录入年份即可
数据样例	<end_date>2015</end_date> <end_date>2015-12-02</end_date> <end_date>2015. 12</end_date>

9.2.13 建设方式

标识符	http: //spec.ckcest.cn/core/construction_methods
名称	construction_methods
出处	中国工程科技知识中心元数据规范
定义	数据集的建设方式
频次范围	[0,1]
最大长度	100
描述规则	描述数据集的建设方式，如：自建（非本项目资助）、采购（本项目资助）
数据样例	<construction_methods>自建(非本项目资助)</construction_methods>

9.2.14 接入方式

标识符	http://spec.ckcest.cn/core/access
名称	access
出处	中国工程科技知识中心元数据规范
定义	数据集的接入方式
频次范围	[0,∞)
最大长度	100
描述规则	描述数据集的接入方式，如：元数据+整体数据、元数据+检索接口等
数据样例	<access>元数据+整体数据</access>

9.2.15 服务模式

标识符	http://spec.ckcest.cn/core/service_mode
名称	service_mode
出处	中国工程科技知识中心元数据规范
定义	数据集的服务模式
频次范围	[0,∞)
最大长度	100
描述规则	描述数据集的服务模式，如：在线获取、特色服务（APP）等
数据样例	<service_mode>在线获取</service_mode>

9.2.16 摘　要

标识符	http://spec.ckcest.cn/core/abstract
名称	abstract
出处	中国工程科技知识中心元数据规范
定义	概括数据集内容的摘要
频次范围	[0,1]
最大长度	

（续表）

描述规则	用于描述数据集内容的摘要，一般是对数据集各方面信息的概括
数据样例	<abstract>农业科学数据导航库主要收集了作物、畜牧、渔业、农业区划、草业、热作等学科已整合完成的农业科学数据集资源信息。</abstract>

9.2.17 其他语种摘要

标识符	http://spec.ckcest.cn/core/abstract_alternative
名称	abstract_alternative
出处	中国工程科技知识中心元数据规范
定义	其他语种的数据集内容说明
频次范围	[0,∞)
最大长度	
描述规则	用于描述其他语种的数据集内容说明，其他语种摘要元素可与属性 language 配合使用，属性 language 具体取值参见“附录：表 44 语言代码编码表”
数据样例	<abstract_alternative language="eng"> The navigating database of agricultural scientific data, provides a collection of crops, livestock, fisheries, agricultural zoning, grass, heat for other disciplines have successfully integrated the agricultural scientific data set of resource information. </abstract_alternative>

9.2.18 发布日期

标识符	http://spec.ckcest.cn/core/release_date
名称	release_date
出处	中国工程科技知识中心元数据规范
定义	数据集的发布时间
频次范围	[0,1]
最大长度	20
描述规则	用于描述数据集的发布时间，若无月日信息，录入年份即可
数据样例	<release_date>2015-02-20</release_date> <release_date>2015</release_date>

9.2.19 最新更新时间

标识符	http://spec.ckcest.cn/core/update_date
名称	update_date

（续表）

出处	中国工程科技知识中心元数据规范
定义	数据集的最新更新时间
频次范围	[0,1]
最大长度	
描述规则	用于描述数据集的最新更新时间，精确度到秒。参照 XML Schema 中对日期时间的定义，最新更新时间定义为"YYYY-MM-DDThh: mm: ss"，如需规定一个时区，也可以通过在日期时间后加一个"Z"的方式表达，如："YYYY-MM-DDThh: mm: ssZ "
数据样例	<update_date>2008-09-21T14：30：26</update_date> <update_date>2008-09-21T14：30：26Z</update_date>

9.2.20 空间范围

标识符	http://spec.ckcest.cn/core/spatial_scope
名称	spatial_scope
出处	中国工程科技知识中心元数据规范
定义	数据集中数据内容涵盖的地理位置区域
频次范围	[0,∞)
最大长度	
描述规则	描述数据集的地理位置区域
数据样例	

9.2.21 责任机构

标识符	http://spec.ckcest.cn/core/ organization_list
名称	organization_list
出处	中国工程科技知识中心元数据规范
定义	容器类元素，数据集的责任机构
频次范围	[1,1]
最大长度	
描述规则	封装负责数据集的机构，相关元素参见“8.4 责任机构通用容器描述规范”
数据样例	

9.2.22 来源机构代码

标识符	http://spec.ckcest.cn/core/institute_code
名称	institute_code
出处	中国工程科技知识中心元数据规范
定义	提交资源数据的专业分中心或组织机构
频次范围	[1,∞)
最大长度	50
描述规则	知识中心统一分配给承担分中心建设的来源机构的稳定唯一的代码。单位代码参见“附录：表41 来源机构编码表”，一个数据集可由多个来源机构提供数据
数据样例	<institute_code>011</institute_code>

9.2.23 分中心代码

标识符	http://spec.ckcest.cn/core/subcenter_code
名称	subcenter_code
出处	中国工程科技知识中心元数据规范
定义	提交资源数据的专业分中心或组织机构
频次范围	[1,1]
最大长度	50
描述规则	知识中心统一分配给知识中心分中心的稳定唯一的代码。单位代码参见“附录：表62 分中心编码表”
数据样例	<subcenter_code>011</subcenter_code>

9.2.24 联系人

标识符	http://spec.ckcest.cn/core/contacts
名称	contacts
出处	中国工程科技知识中心元数据规范
定义	数据集管理人员姓名
频次范围	[0,∞)

（续表）

最大长度	100
描述规则	描述数据集管理人员姓名，按照实际著录
数据样例	<contacts>张三</contacts>

9.2.25 联系电话

标识符	http://spec.ckcest.cn/core/telephone
名称	telephone
出处	中国工程科技知识中心元数据规范
定义	数据集管理人员的电话
频次范围	[0,∞)
最大长度	20
描述规则	描述数据集管理人员的电话，按照实际著录
数据样例	<telephone>13987628690</telephone>

9.2.26 电子邮箱

标识符	http://spec.ckcest.cn/core/email
名称	E-mail
出处	中国工程科技知识中心元数据规范
定义	数据集管理人员的电子邮箱
频次范围	[0,∞)
最大长度	200
描述规则	描述数据集管理人员的电子邮箱，按照实际著录
数据样例	<email> example@ caas. cn </email>

9.2.27 记录条数

标识符	http://spec.ckcest.cn/core/record_number
名称	record_number

（续表）

出处	中国工程科技知识中心元数据规范
定义	各类资源数据集中记录的条数
频次范围	[0,1]
最大长度	
描述规则	描述各类资源数据库的记录数
数据样例	<record_number>30000 </record_number>

9.2.28 数据体量

标识符	http: //spec.ckcest.cn/core/data_volume
名称	data_volume
出处	中国工程科技知识中心元数据规范
定义	各类资源数据的容量大小
频次范围	[0,1]
最大长度	100
描述规则	描述各类资源数据的容量大小，如 8GB
数据样例	<data_volume>8GB</data_volume>

9.2.29 更新频率

标识符	http: //spec.ckcest.cn/core/update_frequency
名称	update_frequency
出处	中国工程科技知识中心元数据规范
定义	各类资源数据的更新频率
频次范围	[0,1]
最大长度	50
描述规则	描述各类资源数据的更新频率，代码可参见“附录：表 47 资源更新频率编码表”
数据样例	<update_frequency>Daily</update_frequency>

9.2.30 更新情况说明

标识符	http://spec.ckcest.cn/core/update_note
名称	update_note
出处	中国工程科技知识中心元数据规范
定义	描述数据集数据更新情况
频次范围	[0,1]
最大长度	
描述规则	可累积描述每一次数据更新情况
数据样例	<update_note>2015 年学位论文新增 1000 篇; 2016 年学位论文新增 1100 篇 </update_note>

9.2.31 使用权限申明

标识符	http://spec.ckcest.cn/core/rights
名称	rights
出处	中国工程科技知识中心元数据规范
定义	数据集在知识中心中的应用权限信息
频次范围	[0,1]
最大长度	2000
描述规则	描述数据集在知识中心中的应用权限信息，建议根据知识中心的权限模型，采用使用权限的规范说明
数据样例	

9.2.32 单条元数据详情地址

标识符	http://spec.ckcest.cn/core/single_metadata_detail_URI
名称	single_metadata_detail_URI
出处	中国工程科技知识中心元数据规范
定义	单条元数据详情地址
频次范围	[1,1]

（续表）

最大长度	1000
描述规则	单条元数据详情地址有以下几种类型： 1. http：//agri. ckcest. cn/expertdetails/ {guid} /list-4-1. html；guid 为系统唯一标识符，在管理通用容器中存储； 2. http：//agri. ckcest. cn/unifieds/literature_details. html? zy = casdd&yj = {guid}；guid 为系统唯一标识符，在管理通用容器中存储； 3. 当单条元数据为统计数据、监测数据等资源时，无法提供单条元数据详情地址，或单条元数据详情地址没有实际意义，将提供该应用或数据集的详情地址，如：http://agri. ckcest. cn/appcenter/proapp/1. html；
数据样例	<single_metadata_detail_URI>http://agri. ckcest. cn/expertdetails/6CBD0008-7265-4B53-86A1-C6D1571DE9E0/list-4-1. html </single_metadata_detail_URI> <single_metadata_detail_URI>http://agri. ckcest. cn/unifieds/literature_details. html?zy=casdd&yj=fa70dab5-8cba-11e8-9e3e-e04f439b60f2 </single_metadata_detail_URI> <single_metadata_detail_URI> http://agri. ckcest. cn/appcenter/proapp/1. html </single_metadata_detail_URI>

9.2.33 详情地址

标识符	http://spec.ckcest.cn/core/detail_URI
名称	detail_URI
出处	中国工程科技知识中心元数据规范
定义	可获取数据集更多详情的 URI
频次范围	[0,∞)
最大长度	1000
描述规则	如可获取数据集的网址，或者知识中心详情页面网址
数据样例	<detail_URI> http://agri. ckcest. cn/searchResult. jsp? id = 5305B25A-185A-4C71-8FDD-348E36B60F75&classtype=13 </detail_URI>

9.2.34 使用许可

标识符	http://spec.ckcest.cn/core/license
名称	license
出处	中国工程科技知识中心元数据规范

（续表）

定义	数据集使用许可描述
频次范围	[0,1]
最大长度	1000
描述规则	数据集使用许可描述，使用许可元素需要与属性 type 配合使用，属性 type 具体取值见“附件：表 54 使用许可类型编码表”
数据样例	<license type="CC BY"> This is an open access article distributed under the Creative Commons Attribution License </license>

9.2.35 开放用户类型列表

标识符	http://spec.ckcest.cn/core/open_user_type_list
名称	open_user_type_list
出处	中国工程科技知识中心元数据规范
定义	封装数据集的开放用户的类型
频次范围	[0,1]
最大长度	
描述规则	
数据样例	<open_user_type_list> <open_user_type>02</ open_user_type> <open_user_type>03</ open_user_type> </open_user_type_list>

9.2.36 开放用户类型

标识符	http://spec.ckcest.cn/core/open_user_type
名称	open_user_type
出处	中国工程科技知识中心元数据规范
定义	描述数据集的开放用户的类型
频次范围	[0,∞)
最大长度	100
描述规则	开放用户类型，该字段取值请参考表 59 开放用户类型编码表
数据样例	<open_user_type>02</open_user_type>

9.2.37 开放机构列表

标识符	http://spec.ckcest.cn/core/open_organization_list
名称	open_organization_list
出处	中国工程科技知识中心元数据规范
定义	描述数据集的所有开放机构信息
频次范围	[0,1]
最大长度	
描述规则	容器类元素
数据样例	<open_organization_list> <open_organization_meta> <open_organization_name> 中国农业科学院农业信息研究所 </open_organization_name> <open_organization_ip> 192. 168. 1. 1-192. 168. 1. 255; ; 10. 168. 1. 1-10. 168. 1. 255 </open_organization_ip> </open_organization_meta> <open_organization_meta> <open_organization_name> 中国化工信息中心 </open_organization_name> <open_organization_ip> 11. 168. 1. 11 </open_organization_ip> </open_organization_meta> </open_organization_list>

9.2.38 开放机构元素

标识符	http://spec.ckcest.cn/core/open_organization_meta
名称	open_organization_meta
出处	中国工程科技知识中心元数据规范
定义	描述数据集的某个开放机构信息
频次范围	[1,∞)
最大长度	
描述规则	容器类元素

（续表）

数据样例	<open_organization_meta> <open_organization_name> 中国农业科学院农业信息研究所 </open_organization_name> <open_organization_ip> 192. 168. 1. 1-192. 168. 1. 255; ; 10. 168. 1. 1--10. 168. 1. 255 </open_organization_ip> </open_organization_meta>

9.2.39 开放机构名称

标识符	http: //spec.ckcest.cn/core/ open_organization_name
名称	open_organization_name
出处	中国工程科技知识中心元数据规范
定义	描述数据集开放机构的名称
频次范围	[1,1]
最大长度	1000
描述规则	开放机构名称与开放机构 IP 地址段是对应关系
数据样例	<open_organization_name> 中国农业科学院农业信息研究所 </open_organization_name>

9.2.40 开放机构 IP 地址段

标识符	http: //spec.ckcest.cn/core/ open_organization_ip
名称	open_organization_ip
出处	中国工程科技知识中心元数据规范
定义	描述数据集开放机构的 IP 地址段
频次范围	[1,1]
最大长度	
描述规则	开放机构名称与开放机构 IP 地址段是对应关系，一个开放机构必须有对应的 IP 地址段，其中 IP 地址段可以为多个，每个之间请用双分号（;;）分隔开
数据样例	<open_organization_ip> 192. 168. 1. 1-192. 168. 1. 255; ; 10. 168. 1. 1--10. 168. 1. 255 </open_organization_ip>

9.2.41 附 件

标识符	http://spec.ckcest.cn/core/file_list
名称	file_list
出处	中国工程科技知识中心元数据规范
定义	对元数据集中所有附件信息进行封装
频次范围	[0,1]
最大长度	
描述规则	容器类元素，具体参考 8.11 附件通用容器描述规范
数据样例	

9.2.42 扩展元素

标识符	http://spec.ckcest.cn/core/ extension_meta
名称	extension_meta
出处	中国工程科技知识中心元数据规范
定义	容器类元素，封装数据集元素集中未涉及的元素描述及定义的扩展信息，具体参见 8.12 扩展通用容器描述规范
频次范围	[0,1]
最大长度	
描述规则	本元素无需描述
数据样例	

10　资源元素集描述规范

10.1 期刊元素集描述规范

10.1.1 内容结构

期刊元素集元素简表见表 16。

表 16 期刊元素集元素简表

序号	中文名称	名称	数据类型	频次范围	最大长度	复用标准
1	期刊元素集	journal_meta	容器类元素	[1,1]		
2	唯一标识	identifier	String	[0,∞)	100	
3	题名	title	String	[1,1]	1000	
4	其他题名	alternative	String	[0,∞)	1000	
5	正文语种	language	String	[1,1]	50	
6	其他语种	alternative_language	String	[0,1]	50	
7	主题	subject_list	容器类元素	[0,1]		参见主题通用容器
8	出版频次	pub_frequence	String	[0,1]	20	
9	简介	introduction	Text	[1,1]		
10	其他语种简介	introduction _ alternative	Text	[0,∞)		
11	出版商	organization_list	容器类元素	[1,1]		参见责任机构通用容器
12	出版地	publish_address	String	[0,1]	500	
13	创刊日期	start_date	String	[0,1]	20	
14	停刊日期	stop_date	String	[0,1]	20	
15	规范期刊 URI	journal_URI	String	[0,1]	1000	
16	期刊封面 URI	cover_URI	String	[0,∞)	1000	
17	收录信息	holding_meta	容器类元素	[0,1]		参见收录类别通用容器
18	期刊主页	homepage	String	[0,1]	1000	
19	详情地址	detail_URI	String	[1,∞)	1000	
20	管理信息	admin_meta	容器类元素	[1,1]		参见管理通用容器

（续表）

序号	中文名称	名称	数据类型	频次范围	最大长度	复用标准
21	附件	file_list	容器类元素	[0,1]		参见附件通用容器
22	扩展元素	extension_meta	容器类元素	[0,1]		参见扩展通用容器

10.1.2 描述细则

10.1.2.1 期刊元素集

标识符	http://spec.ckcest.cn/core/journal_meta
名称	journal_meta
出处	中国工程科技知识中心元数据规范
定义	容器类元素，用来对期刊元素进行封装
频次范围	[1,1]
最大长度	
描述规则	本元素为容器类元素，按数据模型描述
数据样例	

10.1.2.2 唯一标识

标识符	http://spec.ckcest.cn/core/identifier
名称	identifier
出处	中国工程科技知识中心元数据规范
定义	期刊的唯一标识符，如 ISSN、EISSN 等
频次范围	[0,∞)
最大长度	100
描述规则	描述期刊的唯一标识符，唯一标识元素需要与属性 type 配合使用，属性 type 具体取值参见“附录：表 45 唯一标识符编码表”。一般情况下，中文期刊的 type 取值为 ISSN 或 CN，其中要求 CN 必备，英文期刊的 type 取值为 ISSN 或 EISSN，其中 ISSN 必备；以上必备性均通过汇交工具控制
数据样例	<identifier type="SSN">0324-6731</identifier> <identifier type="EISSN">0324-5660</identifier>

10.1.2.3 题　名

标识符	http://spec.ckcest.cn/core/title
名称	title
出处	中国工程科技知识中心元数据规范
定义	期刊的正文语种题名
频次范围	[1,1]
最大长度	1000
描述规则	通常指期刊的正题名。题名元素可与属性 language 配合使用，属性 language 具体取值参见“附录：表 44 语言代码编码表”
数据样例	<title language="chi">中国农业科学</title>

10.1.2.4 其他题名

标识符	http://spec.ckcest.cn/core/alternative
名称	alternative
出处	中国工程科技知识中心元数据规范
定义	期刊中正题名的其他表现形式，以及与正题名相关的其他题名形式
频次范围	[0,∞)
最大长度	1000
描述规则	描述期刊中正题名的其他表现形式，以及与正题名相关的其他题名形式。其他题名元素与属性 type 及属性 language 配合使用，属性 type 具体取值参见“附录：表 46 其他题名类型编码表”；属性 language 具体取值参见“附录：表 44 语言代码编码表”
数据样例	<alternative type="translate" language="eng"> Scientia Agricultura Sinica </alternative>

10.1.2.5 正文语种

标识符	http://spec.ckcest.cn/core/language
名称	language
出处	中国工程科技知识中心元数据规范
定义	描述期刊的正文语种信息
频次范围	[1,1]

（续表）

最大长度	50
描述规则	描述期刊的正文语种信息，具体取值参见“附录：表 44 语言代码编码表”
数据样例	<language>chi</language>

10.1.2.6 其他语种

标识符	http://spec.ckcest.cn/core/ alternative_language
名称	alternative_language
出处	中国工程科技知识中心元数据规范
定义	描述期刊的其他语种信息
频次范围	[0,1]
最大长度	50
描述规则	描述期刊的其他语种信息，具体取值参见“附录：表 44 语言代码编码表”
数据样例	<alternative_language>eng</alternative_language>

10.1.2.7 主 题

标识符	http://spec.ckcest.cn/core/subject_list
名称	subject_list
出处	中国工程科技知识中心元数据规范
定义	容器类元素，引用主题容器。其内容包括主题词、关键词、分类号等内容
频次范围	[0,1]
最大长度	
描述规则	用于描述与期刊相关的主题词、关键词、分类号等内容。其中主题信息需要通过主题类型属性 type 及主题来源属性 source 配合使用，期刊的主题类型 type 可取值：SubjectConcept 主题概念（叙词表、术语表等）；Classification（分类表、范畴体系等）；Keyword（关键词），不必备，相关元素参见 8.2 主题通用容器描述规范
数据样例	

10.1.2.8 出版频次

标识符	http://spec.ckcest.cn/core/pub_frequence
名称	pub_frequence

（续表）

出处	中国工程科技知识中心元数据规范
定义	期刊的出版频率
频次范围	[0,1]
最大长度	20
描述规则	描述出版频率，如日刊（Daily）、月刊（Monthly）、季刊（Quarterly）等。出版周期语种与正文语种相同 代码参见“附录：表 47 资源更新频率编码表” 出版周期不详，用“NO.”表示 出版不定期、不规则情况，且用“Irregular” 停止出版或发布用 Closed
数据样例	<pub_frequence>Monthly</pub_frequence>

10.1.2.9 简　介

标识符	http://spec.ckcest.cn/core/introduction
名称	introduction
出处	中国工程科技知识中心元数据规范
定义	期刊的内容提要，使用语种与正文相同
频次范围	[1,1]
最大长度	
描述规则	用正文语种描述，简介元素可与属性 language 配合使用，属性 language 具体参见“附录：表 44 语言代码编码表”
数据样例	<introduction language="eng">Directed at oncology specialists, health policy makers, educators, insurers, health planners, researchers and their sponsors and consumer advocates, this collection of eight articles focuses on psychological and social problems that come with the disease. Contributors describe the reach of cancer and obstacles to managing psychosocial stressors, the consequences of unmet psychosocial needs, including their effects on healing and the family, key psychosocial health services, a unified model for psychosocial care delivery (including recommended standards of care), implementation of standards of care, policy support in public and private sectors, preparation of the workforce to provide whole_patient care, and avenues of further research. Includes recommendations from prior reports. </introduction>

10.1.2.10 其他语种简介

标识符	http://spec.ckcest.cn/core/introduction_alternative
名称	introduction_alternative
出处	中国工程科技知识中心元数据规范

（续表）

定义	期刊的其他语种简介
频次范围	[0,∞)
最大长度	
描述规则	用其他语种描述期刊的简介，其他语种简介元素与属性 language 配合使用，属性 language 具体参见“附录：表 44 语言代码编码表”
数据样例	<introduction_alternative language="eng"> Directed at oncology specialists, health policy makers, educators, insurers, health planners, researchers and their sponsors and consumer advocates, this collection of eight articles focuses on psychological and social problems that come with the disease. Contributors describe the reach of cancer and obstacles to managing psychosocial stressors, the consequences of unmet psychosocial needs, including their effects on healing and the family, key psychosocial health services, a unified model for psychosocial care delivery (including recommended standards of care), implementation of standards of care, policy support in public and private sectors, preparation of the workforce to provide whole_patient care, and avenues of further research. Includes recommendations from prior reports. </introduction_alternative>

10.1.2.11 出版商

标识符	http://spec.ckcest.cn/core/organization_list
名称	organization_list
出处	中国工程科技知识中心元数据规范
定义	容器类元素，对期刊的出版商相关信息进行封装，具体元素取值参见 8.4 责任机构通用容器描述规范
频次范围	[1,1]
最大长度	
描述规则	对期刊的出版商相关信息进行封装，该元素需要与属性 role 配合使用，属性 role 具体取值参见“附录：表 56 人员（机构）角色编码表”
数据样例	<organization_list> <organization_meta role="Publisher"> <name> 电子工业出版社 </name> </organization_meta> </organization_list>

10.1.2.12 出版地

标识符	http://spec.ckcest.cn/core/publish_address
名称	publish_address
出处	中国工程科技知识中心元数据规范

（续表）

定义	期刊出版商的地址
频次范围	[0,1]
最大长度	500
描述规则	期刊出版商的地址，按照实际情况著录即可
数据样例	<publish_address>北京</publish_address>

10.1.2.13 创刊日期

标识符	http://spec.ckcest.cn/core/start_date
名称	start_date
出处	中国工程科技知识中心元数据规范
定义	期刊的创刊日期
频次范围	[0,1]
最大长度	20
描述规则	描述期刊的创刊日期，若无月日信息，录入年份即可
数据样例	<start_date>2015-07-05</start_date> <start_date>2015</start_date>

10.1.2.14 停刊日期

标识符	http://spec.ckcest.cn/core/stop_date
名称	stop_date
出处	中国工程科技知识中心元数据规范
定义	期刊的停刊日期
频次范围	[0,1]
最大长度	20
描述规则	描述期刊的停刊日期，若无月或日信息，录入年份即可
数据样例	<stop_date>2015-07-05</stop_date> <stop_date>2015</stop_date>

10.1.2.15 规范期刊 URI

标识符	http://spec.ckcest.cn/core/journal_URI
名称	journal_URI

（续表）

出处	中国工程科技知识中心元数据规范
定义	期刊品种的唯一标识符
频次范围	[0,1]
最大长度	1000
描述规则	描述期刊品种的唯一标识符，一般是可网络解析的 HTTP URI 或 URL
数据样例	<detail _ URI > http: //epub. cnki. net/kns/oldNavi/Bridge. aspx? LinkType = BaseLink&DBCode = cjfq&TableName = cjfqbaseinfo&Field = BaseID&Value = SKYK </detail_URI>

10. 1. 2. 16 期刊封面 URI

标识符	http: //spec.ckcest.cn/core/cover_URI
名称	cover_URI
出处	中国工程科技知识中心元数据规范
定义	期刊的封面的唯一标识符
频次范围	[0,∞)
最大长度	1000
描述规则	描述期刊封面的唯一标识符，一般是可网络解析的 HTTP URI 或 URL
数据样例	<cover_URI>http: //c61. cnki. net/CJFD/big/SKYK. jpg </cover_URI>

10. 1. 2. 17 收录信息

标识符	http: //spec.ckcest.cn/core/holding_meta
名称	holding_meta
出处	中国工程科技知识中心元数据规范
定义	容器类元素，期刊收录情况
频次范围	[0,1]
最大长度	
描述规则	描述期刊收录情况，参见 8. 7 收录类别通用容器描述规范
数据样例	<holding_meta> <holding_name>SCI </holding_name> <holding_name>SCI E</holding_name> </holding_meta>

10.1.2.18 期刊主页

标识符	http://spec.ckcest.cn/core/homepage
名称	homepage
出处	中国工程科技知识中心元数据规范
定义	期刊的主页网址
频次范围	[0,1]
最大长度	1000
描述规则	按实际描述
数据样例	<homepage>http://www.chinaagrisci.com/CN/volumn/home.shtml </homepage>

10.1.2.19 详情地址

标识符	http://spec.ckcest.cn/core/detail_URI
名称	detail_URI
出处	中国工程科技知识中心元数据规范
定义	可获取学术期刊更多详情的 URI，如全文地址，或者知识中心详情页面网址
频次范围	[1,∞)
最大长度	1000
描述规则	按实际描述期刊的详情网址
数据样例	<detail_URI> http://www.cnki.com.cn/Article/CJFDTotal_ZNYK201208002.htm </detail_URI>

10.1.2.20 管理信息

标识符	http://spec.ckcest.cn/core/admin_meta
名称	admin_meta
出处	中国工程科技知识中心元数据规范
定义	在知识中心范围内与期刊相关的各类管理信息
频次范围	[1,1]
最大长度	
描述规则	容器类元素，包括期刊的系统唯一标识符，提供数据的分中心等机构代码，以及数据的创建时间、修改时间、删除标识、使用权限等，参见 8.1 管理通用容器描述规范
数据样例	

10.1.2.21 附 件

标识符	http: //spec.ckcest.cn/core/ file_list
名称	file_list
出处	中国工程科技知识中心元数据规范
定义	对期刊元素集中所有附件信息进行封装
频次范围	[0,1]
最大长度	
描述规则	容器类元素，具体参考 8.11 附件通用容器描述规范
数据样例	

10.1.2.22 扩展元素

标识符	http: //spec.ckcest.cn/core/ extension_meta
名称	extension_meta
出处	中国工程科技知识中心元数据规范
定义	容器类元素，封装期刊元素集中未涉及的元素描述及定义的扩展信息，具体参见 8.12 扩展通用容器描述规范
频次范围	[0,1]
最大长度	
描述规则	本元素无需描述
数据样例	

10.2 图书元素集描述规范

10.2.1 内容结构

图书元素集元素简表见表 17。

表 17 图书元素集元素简表

序号	中文名称	名称	数据类型	频次范围	最大长度	复用标准
1	图书元素集	book_meta	容器类元素	[1,1]		
2	唯一标识	identifier	String	[0,∞)	100	参见唯一标识符编码表

（续表）

序号	中文名称	名称	数据类型	频次范围	最大长度	复用标准
3	题名	title	String	[1,1]	1000	
4	其他题名	alternative	String	[0,∞)	1000	
5	正文语种	language	String	[1,1]	50	
6	其他语种	alternative_language	String	[0,1]	50	
7	主题	subject_list	容器类元素	[0,1]		参见主题通用容器
8	责任者	contributor_list	容器类元素	[0,1]		参见责任者通用容器
9	摘要	abstract	Text	[1,1]		
10	其他语种摘要	abstract_alternative	Text	[0,∞)		
11	版次	publish_number	String	[0,1]	10	
12	出版商	organization_list	容器类元素	[1,1]		参见责任机构通用容器
13	出版地	publish_address	String	[0,1]	500	
14	总页数	page_count	Int	[0,1]		
15	基金项目	funding_list	容器类元素	[0,1]		参见基金项目通用容器
16	出版日期	publication_date	String	[0,1]	20	
17	图书封面 URI	cover_URI	String	[0,∞)	1000	
18	参考文献	reference_list	容器类元素	[0,1]		参见参考文献通用容器
19	详情地址	detail_URI	String	[1,∞)	1000	
20	管理信息	admin_meta	容器类元素	[1,1]		参见管理通用容器
21	附件	file_list	容器类元素	[0,1]		参见附件通用容器
22	扩展元素	extension_meta	容器类元素	[0,1]		参见扩展通用容器

10.2.2 描述细则

10.2.2.1 图书元素集

标识符	http://spec.ckcest.cn/core/book_meta
名称	book_meta

（续表）

出处	中国工程科技知识中心元数据规范
定义	容器类元素，用来对图书元素进行封装
频次范围	[1,1]
最大长度	
描述规则	
数据样例	

10.2.2.2 唯一标识

标识符	http://spec.ckcest.cn/core/identifier
名称	identifier
出处	中国工程科技知识中心元数据规范
定义	图书的唯一标识符
频次范围	[0,∞)
最大长度	100
描述规则	唯一标识用元素需与属性 type 配合使用，属性 type 具体取值参见“附录：表 45 唯一标识符编码表”。一般情况下，图书的 type 取值为 ISBN，且必备，其必备性通过汇交工具控制
数据样例	<identifier type="ISBN">978-7-107-18618-5</identifier>

10.2.2.3 题 名

标识符	http://spec.ckcest.cn/core/title
名称	title
出处	中国工程科技知识中心元数据规范
定义	图书的题名
频次范围	[1,1]
最大长度	1000
描述规则	描述图书的正题名，包括对正题名的解释性题名。题名元素可与属性 language 配合使用，默认为中文，属性 language 定义具体取值参见“附录：表 44 语言代码编码表”
数据样例	<title>现代化农业的模式选择</title>

10.2.2.4 其他题名

标识符	http://spec.ckcest.cn/core/alternative
名称	alternative
出处	中国工程科技知识中心元数据规范
定义	图书中正题名的其他表现形式，以及与正题名相关的其他题名形式
频次范围	[0,∞)
最大长度	1000
描述规则	其他题名元素需要与属性 type 和属性 language 配合使用，属性 type 具体取值参见“附录：表 46 其他题名类型编码表”；属性 language 具体取值参见“附录：表 44 语言代码编码表”
数据样例	<alternativetype="translate" language="eng"> SCIENTIA AGRICULTURA SINICA </alternative>

10.2.2.5 正文语种

标识符	http://spec.ckcest.cn/core/language
名称	language
出处	中国工程科技知识中心元数据规范
定义	描述图书的正文语种信息
频次范围	[1,1]
最大长度	50
描述规则	描述图书的正文语种信息，具体取值参见“附录：表 44 语言代码编码表”
数据样例	<language>chi</language>

10.2.2.6 其他语种

标识符	http://spec.ckcest.cn/core/ alternative_language
名称	alternative_language
出处	中国工程科技知识中心元数据规范
定义	描述图书的其他语种信息
频次范围	[0,1]
最大长度	50
描述规则	描述图书的其他语种信息，具体取值参见“附录：表 44 语言代码编码表”
数据样例	<alternative_language>eng</alternative_language>

10.2.2.7 主 题

标识符	http://spec.ckcest.cn/core/subject_list
名称	subject_list
出处	中国工程科技知识中心元数据规范
定义	容器类元素，引用主题容器。其内容包括主题词、关键词、分类号等内容
频次范围	[0,1]
最大长度	
描述规则	用于描述与图书相关的主题词、关键词、分类号等内容。其中主题信息需要通过主题类型属性 type 及主题来源属性 source 配合使用，图书的主题类型 type 可取值：SubjectConcept 主题概念（叙词表、术语表等）；Classification（分类表、范畴体系等）；Keyword（关键词），不必备，相关元素参见 8.2 主题通用容器描述规范
数据样例	

10.2.2.8 责任者

标识符	http://spec.ckcest.cn/core/contributor_list
名称	contributor_list
出处	中国工程科技知识中心元数据规范
定义	容器类元素，内容包括责任者姓名、责任者 URI、责任者机构、责任者机构 URI 等元素
频次范围	[0,1]
最大长度	
描述规则	描述责任者相关信息，具体参见 8.3 责任者通用容器描述规范。责任者元素可与属性 sequence 及属性 role 配合使用，属性 sequence 具体取值为正整数，如 1、2、3、4 等，属性 role 的取值具体参见表 56 人员（机构）角色编码表
数据样例	<contributor_list> <contributor_metasequence="1" role="Author"> <full_name>刘旭</full_name> <surname>刘</surname> <given_name>旭</given_name> <alternative_name language=" eng"> liu. xu </alternative_name> <email>test@ 163. com </email> <contributor_URI type="KID"> EFB4BEA0689E </contributor_URI> </contributor_meta> </contributor_list>

10.2.2.9 摘 要

标识符	http://spec.ckcest.cn/core/abstract
名称	abstract
出处	中国工程科技知识中心元数据规范
定义	图书内容说明的摘要
频次范围	[1,1]
最大长度	
描述规则	描述正文语种的图书摘要，是对文章内容的概括，按实际著录。摘要元素可与属性 language 配合使用，属性 language 具体取值参见“附录：表 44 语言代码编码表”
数据样例	<abstractlanguage="chi">蔬菜反季节栽培是蔬菜生产中一类重要的栽培方式，是当今蔬菜生产发展的方向。要发展蔬菜反季节栽培，则必须了解和研究蔬菜反季节栽培的基本理论和实用技术：蔬菜反季节栽培主要包括以大、中、小棚为主的保护地秋冬春早熟及延后增温栽培、夏季降温栽培、夏季高山栽培、南菜北移和北菜南移栽培等。其主要特点是技术先进，品种新颖，供应及时，品质可靠，效益显著。采用这类方式栽培蔬菜，对协调蔬菜市场，稳定菜价，丰富菜篮子，起到了非常重要的作用。近几年，反季节蔬菜栽培发展很快，技术不断提高，品种不断更新，为推广这些新技术、新品种，把多年来在科研试验和生产实践中取得的成果、撰写的论文和推广的技术措施系统地进行整理，同时参考了国内外的有关文献编写成书，作为基层农业技术人员和广大农民的实用性科普书籍，也可作为农业院校师生参考用书，内容实用，操作性强，并尽可能把推广应用的新技术、新品种详细地介绍给读者。本书共分 6 大部分，主要内容为茄果类、瓜类、豆类、结球菜类。特菜类和野生菜类。共介绍品种 100 多个，技术 60 多项。</abstract>

10.2.2.10 其他语种摘要

标识符	http://spec.ckcest.cn/core/abstract_alternative
名称	abstract_alternative
出处	中国工程科技知识中心元数据规范
定义	论文摘要，与正文语种摘要对应的其他语种摘要
频次范围	[0,∞)
最大长度	
描述规则	用于描述非正文语种的图书摘要，是对文章内容的概括，按实际著录。其他语种摘要元素可与属性 language 配合使用，属性 language 具体取值参见“附录：表 44 语言代码编码表”
数据样例	<abstract_alternativelanguage="eng">How does a Venus flytrap know when to snap shut? Can an orchid get jet lag? Does a tomato plant feel pain when you pluck a fruit from its vines? And does your favourite fern care whether you play Bach or the Beatles? Combining cutting-edge research with lively storytelling, biologist Daniel Chamovitz explores how plants experience our shared Earth - through sight, smell, touch, hearing, memory, and even awareness. Whether you are a green thumb, a science buff, a vegetarian, or simply a nature lover, this rare inside look at the life of plants will surprise and delight. </abstract_alternative>

10.2.2.11 版 次

标识符	http://spec.ckcest.cn/core/publish_number
名称	publish_number
出处	中国工程科技知识中心元数据规范
定义	图书出版的次数
频次范围	[0,1]
最大长度	10
描述规则	用于描述图书出版的次数
数据样例	<publish_number>10</publish_number>

10.2.2.12 出版商

标识符	http://spec.ckcest.cn/core/organization_list
名称	organization_list
出处	中国工程科技知识中心元数据规范
定义	容器类元素，对图书的出版商相关信息进行封装。具体元素取值参见 8.4 责任机构通用容器描述规范
频次范围	[1,1]
最大长度	
描述规则	对图书的出版商相关信息进行封装，该元素需要与属性 role 配合使用，属性 role 具体取值参见“附录：表 56 人员（机构）角色编码表”
数据样例	<organization_list> <organization_meta role="Publisher"> <name> 电子工业出版社 </name> </organization_meta> </organization_list>

10.2.2.13 出版地

标识符	http://spec.ckcest.cn/core/publish_address
名称	publish_address
出处	中国工程科技知识中心元数据规范
定义	图书出版商的地址

（续表）

频次范围	[0,1]
最大长度	500
描述规则	图书出版商的地址，按照实际情况著录即可
数据样例	<publish_address>北京</publish_address>

10.2.2.14 总页数

标识符	http://spec.ckcest.cn/core/page_count
名称	page_count
出处	中国工程科技知识中心元数据规范
定义	图书的总页数
频次范围	[0,1]
最大长度	
描述规则	图书总页数，按实际情况著录即可
数据样例	<page_count>150</page_count>

10.2.2.15 基金项目

标识符	http://spec.ckcest.cn/core/funding_list
名称	funding_list
出处	中国工程科技知识中心元数据规范
定义	容器类元素，引用基金项目容器，封装图书受到资助的基金项目相关信息
频次范围	[0,1]
最大长度	
描述规则	对图书受到资助的基金项目相关信息进行封装，相关元素参见8.8基金项目通用容器描述规范
数据样例	

10.2.2.16 出版日期

标识符	http://spec.ckcest.cn/core/publication_date
名称	publication_date

（续表）

出处	中国工程科技知识中心元数据规范
定义	图书的出版时间
频次范围	[0,1]
最大长度	20
描述规则	描述图书的出版时间，可以是出版年，也可是具体的年、月、日，建议采用 W3CDTF 标准（YYYY-MM-DD）
数据样例	<publication_date>2015-12-02</publication_date>

10.2.2.17 图书封面 URI

标识符	http://spec.ckcest.cn/core/cover_URI
名称	cover_URI
出处	中国工程科技知识中心元数据规范
定义	图书的封面
频次范围	[0,∞)
最大长度	1000
描述规则	容器类元素，描述图书封面信息的 HTTP URI 或 URL
数据样例	<cover_URI>http://c61. cnki. net/CJFD/big/SKYK. jpg </cover_URI>

10.2.2.18 参考文献

标识符	http://spec.ckcest.cn/core/reference_list
名称	reference_list
出处	中国工程科技知识中心元数据规范
定义	图书所附参考文献
频次范围	[0,1]
最大长度	
描述规则	容器类元素，参见 8.10 参考文献通用容器描述规范
数据样例	

10.2.2.19 详情地址

标识符	http://spec.ckcest.cn/core/detail_URI
名称	detail_URI
出处	中国工程科技知识中心元数据规范
定义	可获取图书更多详情的 URI，如全文地址，或者知识中心详情页面网址
频次范围	[1,∞)
最大长度	1000
描述规则	按实际描述，如可获取论文全文的网址，或者知识中心详情页面网址
数据样例	<detail_URI>http://www.cnki.com.cn/Article/CJFDTotal-ZNYK201208002.htm</detail_URI>

10.2.2.20 管理信息

标识符	http://spec.ckcest.cn/core/admin_meta
名称	admin_meta
出处	中国工程科技知识中心元数据规范
定义	在知识中心范围内与图书相关的各类管理信息
频次范围	[1,1]
最大长度	
描述规则	容器类元素，包括图书的系统唯一标识符，提供数据的分中心等机构代码，以及数据的创建时间、修改时间、删除标识、使用权限等，参见 8.1 管理通用容器描述规范
数据样例	

10.2.2.21 附　件

标识符	http://spec.ckcest.cn/core/ file_list
名称	file_list
出处	中国工程科技知识中心元数据规范
定义	对图书元素集中所有附件信息进行封装
频次范围	[0,1]
最大长度	
描述规则	容器类元素，具体参考 8.11 附件通用容器描述规范
数据样例	

10.2.2.22 扩展元素

标识符	http://spec.ckcest.cn/core/ extension_meta
名称	extension_meta
出处	中国工程科技知识中心元数据规范
定义	容器类元素，封装图书元素集中未涉及的元素描述及定义的扩展信息，具体参见 8.12 扩展通用容器描述规范
频次范围	[0,1]
最大长度	
描述规则	本元素无需描述
数据样例	

10.3 期刊论文元素集描述规范

10.3.1 内容结构

期刊论文元素集元素简表见表 18。

表 18 期刊论文元素集元素简表

序号	中文名称	名称	数据类型	频次范围	最大长度	复用标准
1	期刊论文元素	journal_article_meta	容器类元素	[1,1]		
2	唯一标识	identifier	String	[0,∞)	100	
3	题名	title	String	[1,1]	1000	
4	其他题名	alternative	String	[0,∞)	1000	
5	正文语种	language	String	[1,1]	50	
6	其他语种	alternative_language	String	[0,1]	50	
7	责任者	contributor_list	容器类元素	[0,1]		参见责任者通用容器
8	主题	subject_list	容器类元素	[1,1]		参见主题通用容器
9	摘要	abstract	Text	[1,1]		
10	其他语种摘要	abstract_alternative	Text	[0,∞)		
11	基金项目	funding_list	容器类元素	[0,1]		参见基金项目通用容器

（续表）

序号	中文名称	名称	数据类型	频次范围	最大长度	复用标准
12	期刊名称	journal_title	String	[1,1]	1000	
13	出版日期	publication_date	Date	[0,1]		
14	出版年	publication_year	String	[1,1]	10	
15	卷	volume	String	[0,1]	200	
16	期	issue	String	[0,1]	200	
17	规范期刊 URI	journal_URI	String	[0,1]	1000	
18	页码	pages	String	[0,1]	100	
19	总页数	page_count	Int	[0,1]		
20	起始页码	page_start	String	[0,1]	20	
21	结束页码	page_end	String	[0,1]	20	
22	参考文献	reference_list	容器类元素	[0,1]		参见参考文献通用容器
23	详情地址	detail_URI	String	[1,∞)	1000	
24	收录信息	holding_meta	容器类元素	[0,1]		参见收录类别通用容器
25	会议信息	conference_meta	容器类元素	[0,1]		参见会议通用容器
26	管理信息	admin_meta	容器类元素	[1,1]		参见管理通用容器
27	附件	file_list	容器类元素	[0,1]		参见附件通用容器
28	扩展元素	extension_meta	容器类元素	[0,1]		参见扩展通用容器

10.3.2 描述细则

10.3.2.1 期刊论文元素

标识符	http://spec.ckcest.cn/core/journal_article_meta
名称	journal_article_meta
出处	中国工程科技知识中心元数据规范
定义	容器类元素，用来对期刊论文元素进行封装
频次范围	[1,1]

（续表）

最大长度	
描述规则	本元素为容器类元素
数据样例	

10.3.2.2 唯一标识

标识符	http://spec.ckcest.cn/core/identifier
名称	identifier
出处	中国工程科技知识中心元数据规范
定义	期刊论文的唯一标识符
频次范围	[0,∞)
最大长度	100
描述规则	唯一标识用元素属性 type 定义，其类型编码参见“附录：表 45 唯一标识符编码表”。期刊论文的 type 取值为 DOI，不必备
数据样例	<identifier type="DOI"> 10.1007/s11767-005-0060-7 </identifier>

10.3.2.3 题　名

标识符	http://spec.ckcest.cn/core/title
名称	title
出处	中国工程科技知识中心元数据规范
定义	期刊论文的题名
频次范围	[1,1]
最大长度	1000
描述规则	通常指期刊论文的正题名，包括对正题名的解释性题名。正文语种根据元素属性 language 定义，具体取值参见“附录：表 44 语言代码编码表”
数据样例	<title>纳米技术在石油勘探开发领域的应用</title>

10.3.2.4 其他题名

标识符	http://spec.ckcest.cn/core/alternative
名称	alternative

（续表）

出处	中国工程科技知识中心元数据规范
定义	图书中正题名的其他表现形式，以及与正题名相关的其他题名形式
频次范围	[0,∞)
最大长度	1000
描述规则	其他题名用元素属性 type 定义，其取值有： translate（翻译题名） subtitle（副题名） trans-subtitle（副题名译名） abbreviated（缩略题名） alt-title（交替题名），具体取值参见“附录：表 46 其他题名类型编码表”； 其他语种信息用元素属性 language 定义，具体取值参见“附录：表 44 语言代码编码表”
数据样例	<alternative type="translate" language="eng"> Application of nanotechnology in petroleum exploration and development </alternative>

10.3.2.5 正文语种

标识符	http://spec.ckcest.cn/core/language
名称	language
出处	中国工程科技知识中心元数据规范
定义	描述期刊论文的正文语种信息
频次范围	[1,1]
最大长度	50
描述规则	描述期刊论文的正文语种信息，具体取值参见“附录：表 44 语言代码编码表”
数据样例	<language>chi</language>

10.3.2.6 其他语种

标识符	http://spec.ckcest.cn/core/ alternative_language
名称	alternative_language
出处	中国工程科技知识中心元数据规范
定义	描述期刊论文的其他语种信息
频次范围	[0,1]

（续表）

最大长度	50
描述规则	描述期刊论文的其他语种信息，具体取值参见“附录：表 44 语言代码编码表”
数据样例	<alternative_language>eng</alternative_language>

10.3.2.7 责任者

标识符	http://spec.ckcest.cn/core/contributor_list
名称	contributor_list
出处	中国工程科技知识中心元数据规范
定义	容器类元素，内容包括期刊论文的作者姓名、作者 URI、作者机构、作者机构 URI 等元素
频次范围	[0,1]
最大长度	
描述规则	用于描述期刊论文的作者姓名、作者 URI、作者机构、作者机构 URI 等元素，具体参见 8.3 责任者通用容器描述规范。责任者元素需要与属性 sequence 及属性 role 配合使用，属性 sequence 具体取值为正整数，如 1、2、3、4 等，属性 role 的取值具体参见表 56 人员（机构）角色编码表
数据样例	<contributor_list> <contributor_metasequence="1" role="Author"> <full_name>刘旭</full_name> <surname>刘</surname> <given_name>旭</given_name> <alternative_name language="eng"> liu. xu </alternative_name> <email>test@ 163. com </email> <contributor_URI type="KID"> EFB4BEA0689E </contributor_URI> <organization_list> <organization_meta sequence="1" role="Participant"> <name> 中国农业科学院 </name> <alternative_name type="abbreviated" language="eng"> CAAS </alternative_name> <organization _URI> http://agri. ckcest. cn/searchResult. jsp? id = 5305B25A - 185A - 4C71 - 8FDD - 348E36B60F75&classtype=13 </organization _URI> <country_meta> <country_name language="eng"> China </country_name>

（续表）

数据样例	<country_code> CN </country_code> </country_meta> <city>北京</ city> <address>北京市海淀区中关村南大街 12 号</address> <postal_code> 100081 </postal_code> </organization_meta> </organization_list> </contributor_meta> <contributor_meta sequence="2" role="CorrespondingAuthor"> <full_name>张三</full_name> <surname>张</surname> <given_name>三</given_name> <alternative_name language=" eng"> Zhangsan </alternative_name> <email>test@ 163. com </email> <contributor_URI type="KID"> EFB4BEA0689E </contributor_URI> </contributor_meta> </contributor_list>

10. 3. 2. 8 主　题

标识符	http: //spec.ckcest.cn/core/subject_list
名称	subject_list
出处	中国工程科技知识中心元数据规范
定义	容器类元素，引用主题容器。其内容包括主题词、关键词、分类号等内容
频次范围	[1,1]
最大长度	
描述规则	用于描述与期刊论文相关的主题词、关键词、分类号等内容。其中主题信息需要通过主题类型属性 type 及主题来源属性 source 配合使用，期刊论文的主题类型 type 可取值：SubjectConcept 主题概念（叙词表、术语表等）；Classification（分类表、范畴体系等）；ResearchTopic（研究方向）；ResearchDomain（专业领域）；Keyword（关键词），其中 Keyword（关键词）必备，必备性通过汇交工具控制，相关元素参见 8. 2 主题通用容器描述规范
数据样例	

10. 3. 2. 9 摘　要

标识符	http: //spec.ckcest.cn/core/abstract
名称	abstract

（续表）

出处	中国工程科技知识中心元数据规范
定义	期刊论文内容说明的摘要
频次范围	[1,1]
最大长度	
描述规则	采用正文语种描述期刊论文摘要，是对文章内容的概括，按实际著录。语种信息用元素属性 language 定义，具体取值参见“附录：表 44 语言代码编码表”
数据样例	<abstract language="chi">【目的】明确新中国成立以来中国常规水稻品种的更替趋势和核心骨干亲本。【方法】追踪、分析中国育成并推广的 3 656 份常规水稻品种的种植面积和血缘。【结果】新中国成立 60 年来，中国常规水稻品种经历了矮化育种，出现了 8 次新品种更新换代，其中，1953—1977 年发生了 3 次，1978—2010 年发生了 5 次。对中国常规新品种育成和产量提高作出重大贡献的核心骨干亲本 35 个，其中，籼稻 19 个，粳稻 16 个。【结论】60 年来中国育成和推广的 4 000 余份优良常规水稻品种及其 8 次品种更新换代，是提高中国常规水稻单产和总产的主因。加强优异种质的发掘、引进和创新，克服资源瓶颈是水稻育种目前面临的挑战 </abstract>

10.3.2.10 其他语种摘要

标识符	http://spec.ckcest.cn/core/abstract_alternative
名称	abstract_alternative
出处	中国工程科技知识中心元数据规范
定义	期刊论文摘要，与正文语种摘要对应的其他语种摘要
频次范围	[0,∞)
最大长度	
描述规则	用于描述非正文语种的期刊论文摘要，是对文章内容的概括，按实际著录。其他语种信息用元素属性 language 定义，具体取值参见“附录：表 44 语言代码编码表”
数据样例	<abstract_alternative language="eng">【Objective】The objective of the study is to explicit and understand the renewed tendency and key backbone-parents of inbred rice varieties(O. sativa L.) since 1949.【Method】The present study tracked and analyzed the blood relationship of 3 656 inbred rice varieties bred and extended in China.【Result】The study indicated that during the latest period of 60 years, by dwarf breeding, inbred rice varieties have been renewed in mass scale for 8 times, among which 3 times appeared in the years of 1953-1977 and another 5 times in 1978-2010.【Conclusion】The release and mass extension of more than 4 000 modern inbred rice varieties as well as varieties renewed for 8 times in mass scale during 1949-2010 are the major factors in increase of inbred rice production in China. However, challenges will be faced in rice breeding programs: how to strengthen exploration, introduction and utilization of excellent rice germplasm, and how to overcome germplasm bottleneck for continuously releasing new rice varieties. </abstract_alternative>

10.3.2.11 基金项目

标识符	http: //spec.ckcest.cn/core/funding_list
名称	funding_list
出处	中国工程科技知识中心元数据规范
定义	容器类元素，引用基金项目容器，封装期刊论文受到资助的基金项目相关信息
频次范围	[0,1]
最大长度	
描述规则	对期刊论文受到资助的基金项目相关信息进行封装，相关元素参见 8.8 基金项目通用容器描述规范
数据样例	

10.3.2.12 期刊名称

标识符	http: //spec.ckcest.cn/core/journal_title
名称	journal_title
出处	中国工程科技知识中心元数据规范
定义	期刊论文的期刊名称
频次范围	[1,1]
最大长度	1000
描述规则	描述期刊论文的期刊名称
数据样例	

10.3.2.13 出版日期

标识符	http: //spec.ckcest.cn/core/publication_date
名称	publication_date
出处	中国工程科技知识中心元数据规范
定义	期刊论文的出版时间
频次范围	[0,1]
最大长度	
描述规则	描述期刊论文的出版时间，需符合 W3C 的 DTF 标准（YYYY-MM-DD）
数据样例	<publication_date>2015-12-02</publication_date>

10.3.2.14 出版年

标识符	http://spec.ckcest.cn/core/publication_year
名称	publication_year
出处	中国工程科技知识中心元数据规范
定义	论文发表期刊的出版年份
频次范围	[1,1]
最大长度	10
描述规则	描述论文发表期刊的出版年份
数据样例	<publication_year>2014</publication_year>

10.3.2.15 卷

标识符	http://spec.ckcest.cn/core/volume
名称	volume
出处	中国工程科技知识中心元数据规范
定义	论文发表期刊的卷信息
频次范围	[0,1]
最大长度	200
描述规则	描述论文发表期刊的卷信息
数据样例	<volume>4</volume>

10.3.2.16 期

标识符	http://spec.ckcest.cn/core/issue
名称	issue
出处	中国工程科技知识中心元数据规范
定义	论文发表期刊的期信息
频次范围	[0,1]
最大长度	200
描述规则	论文发表期刊的期信息
数据样例	<issue>12</issue>

10.3.2.17 规范期刊 URI

标识符	http: //spec.ckcest.cn/core/journal_URI
名称	journal_URI
出处	中国工程科技知识中心元数据规范
定义	期刊品种的唯一标识符
频次范围	[0,1]
最大长度	1000
描述规则	描述期刊品种的唯一标识符
数据样例	<detail_URI>http: //epub. cnki. net/kns/oldNavi/Bridge. aspx? LinkType = BaseLink&DBCode = cjfq&TableName=cjfqbaseinfo&Field=BaseID&Value=SKYK</detail_URI>

10.3.2.18 页　码

标识符	http: //spec.ckcest.cn/core/pages
名称	pages
出处	中国工程科技知识中心元数据规范
定义	论文起始页、跳转页面信息
频次范围	[0,1]
最大长度	100
描述规则	描述论文的页码
数据样例	<pages>4-12, 54</pages>

10.3.2.19 总页数

标识符	http: //spec.ckcest.cn/core/page_count
名称	page_count
出处	中国工程科技知识中心元数据规范
定义	期刊论文的篇幅，及总页数
频次范围	[0,1]
最大长度	
描述规则	描述论文的页数，取值为正整数
数据样例	<page_count>4</page_count>

10.3.2.20 起始页码

标识符	http://spec.ckcest.cn/core/page_start
名称	page_start
出处	中国工程科技知识中心元数据规范
定义	期刊论文的起始页码
频次范围	[0,1]
最大长度	20
描述规则	描述期刊论文的起始页码，按实际著录
数据样例	<page_start>198</page_start>

10.3.2.21 结束页码

标识符	http://spec.ckcest.cn/core/page_end
名称	page_end
出处	中国工程科技知识中心元数据规范
定义	期刊论文的结束页码
频次范围	[0,1]
最大长度	20
描述规则	描述期刊论文的结束页码，按实际著录
数据样例	<page_end>300</page_end>

10.3.2.22 参考文献

标识符	http://spec.ckcest.cn/core/reference_list
名称	reference_list
出处	中国工程科技知识中心元数据规范
定义	期刊论文正文后或页脚所附参考文献
频次范围	[0,1]
最大长度	
描述规则	容器类元素，参见 8.10 参考文献通用容器描述规范
数据样例	

10.3.2.23 详情地址

标识符	http://spec.ckcest.cn/core/detail_URI
名称	detail_URI
出处	中国工程科技知识中心元数据规范
定义	可获取期刊论文更多详情的 URI，如全文地址，或者知识中心详情页面网址
频次范围	[1,∞)
最大长度	1000
描述规则	如可获取论文全文的网址，或者知识中心详情页面网址
数据样例	<detail_URI>http://www.cnki.com.cn/Article/CJFDTotal-ZNYK201208002.htm</detail_URI>

10.3.2.24 收录信息

标识符	http://spec.ckcest.cn/core/holding_meta
名称	holding_meta
出处	中国工程科技知识中心元数据规范
定义	容器类元素，期刊论文收录情况
频次范围	[0,1]
最大长度	
描述规则	描述期刊论文收录情况，参见 8.7 收录类别通用容器描述规范
数据样例	

10.3.2.25 会议信息

标识符	http://spec.ckcest.cn/core/conference_meta
名称	conference_meta
出处	中国工程科技知识中心元数据规范
定义	描述期刊中发表的某些会议论文的相关会议信息，如举办日期、举办地点等
频次范围	[0,1]
最大长度	
描述规则	容器类元素，描述期刊中发表的某些会议论文的相关会议信息，如举办日期、举办地点等，参见 8.6 会议通用容器描述规范
数据样例	

10. 3. 2. 26 管理信息

标识符	http: //spec.ckcest.cn/core/admin_meta
名称	admin_meta
出处	中国工程科技知识中心元数据规范
定义	在知识中心范围内与期刊论文相关的各类管理信息
频次范围	[1,1]
最大长度	
描述规则	容器类元素，包括期刊论文的系统唯一标识符，提供数据的分中心等机构代码，以及数据的创建时间、修改时间、删除标识、使用权限等，参见 8. 1 管理通用容器描述规范
数据样例	

10. 3. 2. 27 附　件

标识符	http: //spec.ckcest.cn/core/ file_list
名称	file_list
出处	中国工程科技知识中心元数据规范
定义	对期刊论文元素集中所有附件信息进行封装
频次范围	[0,1]
最大长度	
描述规则	容器类元素，具体参考 8. 11 附件通用容器描述规范
数据样例	

10. 3. 2. 28 扩展元素

标识符	http：//spec. ckcest. cn/core/ extension_meta
名称	extension_meta
出处	中国工程科技知识中心元数据规范
定义	容器类元素，封装期刊论文元素集中未涉及的元素描述及定义的扩展信息，具体参见 8. 12 扩展通用容器描述规范
频次范围	[0,1]
最大长度	
描述规则	本元素无需描述
数据样例	

10.4 会议论文元素集描述规范

10.4.1 内容结构

会议论文元素集元素简表见表 19。

表 19 会议论文元素集元素简表

序号	中文名称	名称	数据类型	频次范围	最大长度	复用标准
1	会议论文元素	conference_article_meta	容器类元素	[1,1]		
2	唯一标识	identifier	String	[0,∞)	100	
3	题名	title	String	[1,1]	1000	
4	其他题名	alternative	String	[0,∞)	1000	
5	正文语种	language	String	[1,1]	50	
6	其他语种	alternative_language	String	[0,1]	50	
7	责任者	contributor_list	容器类元素	[0,1]		参见责任者通用容器
8	主题	subject_list	容器类元素	[1,1]		参见主题通用容器
9	摘要	abstract	Text	[1,1]		
10	其他语种摘要	abstract_alternative	Text	[0,∞)		
11	基金项目	funding_list	容器类元素	[0,1]		参见基金项目通用容器
12	页码	pages	String	[0,1]	100	
13	总页数	page_count	Int	[0,1]		
14	起始页码	page_start	String	[0,1]	20	
15	结束页码	page_end	String	[0,1]	20	
16	收录信息	holding_meta	容器类元素	[0,1]		参见收录类别通用容器
17	会议信息	conference_meta	容器类元素	[0,1]		参见会议通用容器
18	会议录名称	proceeding_title	String	[0,1]	1000	
19	出版商	organization_list	容器类元素	[0,1]		参见责任机构通用容器
20	出版地	publish_address	String	[0,∞)	500	
21	出版日期	publication_date	Date	[0,1]		

（续表）

序号	中文名称	名称	数据类型	频次范围	最大长度	复用标准
22	参考文献	reference_list	容器类元素	[0,1]		参见参考文献通用容器
23	详情地址	detail_URI	String	[1,∞)	1000	
24	管理信息	admin_meta	容器类元素	[1,1]		参见管理通用容器
25	附件	file_list	容器类元素	[0,1]		参见附件通用容器
26	扩展元素	extension_meta	容器类元素	[0,1]		参见扩展通用容器

10.4.2 描述细则

10.4.2.1 会议论文元素

标识符	http://spec.ckcest.cn/core/conference_article_meta
名称	conference_article_meta
出处	中国工程科技知识中心元数据规范
定义	容器类元素，用来对会议论文元素进行封装
频次范围	[1,1]
最大长度	
描述规则	本元素为容器类元素，按数据模型描述
数据样例	

10.4.2.2 唯一标识

标识符	http://spec.ckcest.cn/core/identifier
名称	identifier
出处	中国工程科技知识中心元数据规范
定义	会议论文的唯一标识符
频次范围	[0,∞)
最大长度	100
描述规则	唯一标识用元素属性 type 定义，其类型编码参见“附录：表 45 唯一标识符编码表”。会议论文的 type 取值为 DOI，不必备
数据样例	<identifier type="DOI"> 10.1007/s11767-005-0060-7</identifier>

10.4.2.3 题　名

标识符	http://spec.ckcest.cn/core/title
名称	title
出处	中国工程科技知识中心元数据规范
定义	会议论文的题名
频次范围	[1,1]
最大长度	1000
描述规则	通常指会议论文的正题名，包括对正题名的解释性题名。正文语种根据元素属性 language 定义，具体取值参见“附录：表 44 语言代码编码表”
数据样例	<title>重质正构烷烃-二氧化碳体系的相变边界变化规律</title>

10.4.2.4 其他题名

标识符	http://spec.ckcest.cn/core/alternative
名称	alternative
出处	中国工程科技知识中心元数据规范
定义	会议论文中正题名的其他表现形式，以及与正题名相关的其他题名形式
频次范围	[0,∞)
最大长度	1000
描述规则	其他题名用元素属性 type 定义，其取值有： translate（翻译题名） subtitle（副题名） trans-subtitle（副题名译名） abbreviated（缩略题名） alt-title（交替题名），具体取值参见“附录：表 46 其他题名类型编码表”； 其他语种信息用元素属性 language 定义，具体取值参见“附录：表 44 语言代码编码表”
数据样例	<alternative type="translate" language="eng">Study on multiphase boundary of heavy n-alkanes and CO2 systems</alternative>

10.4.2.5 正文语种

标识符	http://spec.ckcest.cn/core/language
名称	language
出处	中国工程科技知识中心元数据规范

（续表）

定义	描述会议论文的正文语种信息
频次范围	[1,1]
最大长度	50
描述规则	描述会议论文的正文语种信息，具体取值参见“附录：表 44 语言代码编码表”
数据样例	<language>chi</language>

10.4.2.6　其他语种

标识符	http://spec.ckcest.cn/core/ alternative_language
名称	alternative_language
出处	中国工程科技知识中心元数据规范
定义	描述会议论文的其他语种信息
频次范围	[0,1]
最大长度	50
描述规则	描述会议论文的其他语种信息，具体取值参见“附录：表 44 语言代码编码表”
数据样例	<alternative_language>eng</alternative_language>

10.4.2.7　责任者

标识符	http://spec.ckcest.cn/core/contributor_list
名称	contributor_list
出处	中国工程科技知识中心元数据规范
定义	容器类元素，内容包括会议论文的责任者姓名、责任者 URI、责任者机构、责任者机构 URI 等元素
频次范围	[0,1]
最大长度	
描述规则	用于描述会议论文的责任者姓名、责任者 URI、责任者机构、责任者机构 URI 等元素，具体参见 8.3 责任者通用容器描述规范。责任者元素需要与属性 sequence 及属性 role 配合使用，属性 sequence 具体取值为正整数，如 1、2、3、4 等，属性 role 的取值具体参见表 56 人员（机构）角色编码表

（续表）

数据样例	<contributor_list> <contributor_meta sequence="1" role="Author"> <full_name>刘旭</full_name> <surname>刘</surname> <given_name>旭</given_name> <alternative_name language=" eng"> liu. xu </alternative_name> <email>test@ 163. com </email> <contributor_URI type="KID"> EFB4BEA0689E </contributor_URI> <organization_list> <organization_meta sequence="1" role="Participant"> <name> 中国农业科学院 </name> <alternative_name type="abbreviated" language="eng"> CAAS </alternative_name> <organization _URI> http: //agri. ckcest. cn/searchResult. jsp? id = 5305B25A - 185A - 4C71 - 8FDD - 348E36B60F75&classtype=13 </organization _URI> <country_meta> <country_name language="eng"> China </country_name> <country_code> CN </country_code> </country_meta> <city>北京</ city> <address>北京市海淀区中关村南大街 12 号</address> <postal_code> 100081 </postal_code> </organization_meta> </organization_list> </contributor_meta> <contributor_meta sequence="2" role="CorrespondingAuthor"> <full_name>张三</full_name> <surname>张</surname> <given_name>三</given_name> <alternative_name language=" eng"> Zhangsan </alternative_name> <email>test@ 163. com </email> <contributor_URI type="KID"> EFB4BEA0689E </contributor_URI> </contributor_meta> </contributor_list>

10.4.2.8 主 题

标识符	http://spec.ckcest.cn/core/subject_list
名称	subject_list
出处	中国工程科技知识中心元数据规范
定义	容器类元素，引用主题容器。其内容包括主题词、关键词、分类号、研究领域等内容
频次范围	[1,1]
最大长度	
描述规则	用于描述与会议论文相关的主题词、关键词、分类号、研究领域等内容。其中主题信息需要通过主题类型属性 type 及主题来源属性 source 配合使用，会议论文的主题类型 type 可取值：SubjectConcept 主题概念（叙词表、术语表等）；Classification（分类表、范畴体系等）；ResearchTopic（研究方向）；ResearchDomain（专业领域）；Keyword（关键词），其中 Keyword（关键词）必备，必备性通过汇交工具控制，相关元素参见 8.2 主题通用容器描述规范
数据样例	

10.4.2.9 摘 要

标识符	http://spec.ckcest.cn/core/abstract
名称	abstract
出处	中国工程科技知识中心元数据规范
定义	会议论文内容说明的摘要
频次范围	[1,1]
最大长度	
描述规则	采用正文语种描述的会议论文摘要，是对文章内容的概括，按实际著录。语种信息用元素属性 language 定义，具体取值参见"附录：表 44 语言代码编码表"
数据样例	<abstract language=" chi" >【目的】明确新中国成立以来中国常规水稻品种的更替趋势和核心骨干亲本。【方法】追踪、分析中国育成并推广的 3 656 份常规水稻品种的种植面积和血缘。【结果】新中国成立 60 年来，中国常规水稻品种经历了矮化育种，出现了 8 次新品种更新换代，其中，1953—1977 年发生了 3 次，1978—2010 年发生了 5 次。对中国常规新品种育成和产量提高作出重大贡献的核心骨干亲本 35 个，其中，籼稻 19 个，粳稻 16 个。【结论】60 年来中国育成和推广的 4 000 余份优良常规水稻品种及其 8 次品种更新换代，是提高中国常规水稻单产和总产的主因。加强优异种质的发掘、引进和创新，克服资源瓶颈是水稻育种目前面临的挑战。</abstract>

10.4.2.10 其他语种摘要

标识符	http://spec.ckcest.cn/core/abstract_alternative
名称	abstract_alternative

（续表）

出处	中国工程科技知识中心元数据规范
定义	会议论文摘要，与正文语种摘要对应的其他语种摘要
频次范围	[0,∞)
最大长度	
描述规则	用于描述非正文语种的会议论文摘要，是对文章内容的概括，按实际著录。其他语种信息用元素属性 language 定义，具体取值参见“附录：表 44 语言代码编码表”
数据样例	<abstract_alternative language="eng">【Objective】The objective of the study is to explicit and understand the renewed tendency and key backbone-parents of inbred rice varieties(O. sativa L.) since 1949.【Method】The present study tracked and analyzed the blood relationship of 3 656 inbred rice varieties bred and extended in China.【Result】The study indicated that during the latest period of 60 years, by dwarf breeding, inbred rice varieties have been renewed in mass scale for 8 times, among which 3 times appeared in the years of 1953-1977 and another 5 times in 1978-2010.【Conclusion】The release and mass extension of more than 4 000 modern inbred rice varieties as well as varieties renewed for 8 times in mass scale during 1949-2010 are the major factors in increase of inbred rice production in China. However, challenges will be faced in rice breeding programs: how to strengthen exploration, introduction and utilization of excellent rice germplasm, and how to overcome germplasm bottleneck for continuously releasing new rice varieties. </abstract_alternative>

10.4.2.11 基金项目

标识符	http://spec.ckcest.cn/core/funding_list
名称	funding_list
出处	中国工程科技知识中心元数据规范
定义	容器类元素，引用基金项目容器，封装会议论文受到资助的基金项目相关信息
频次范围	[0,1]
最大长度	
描述规则	对会议论文受到资助的基金项目相关信息进行封装，相关元素参见 8.8 基金项目通用容器描述规范
数据样例	

10.4.2.12 页　码

标识符	http://spec.ckcest.cn/core/pages
名称	pages
出处	中国工程科技知识中心元数据规范
定义	论文起始页、跳转页面信息

（续表）

频次范围	[0,1]
最大长度	100
描述规则	描述论文的页码
数据样例	<pages>4-12, 54</pages>

10.4.2.13 总页数

标识符	http://spec.ckcest.cn/core/page_count
名称	page_count
出处	中国工程科技知识中心元数据规范
定义	会议论文的篇幅，及总页数
频次范围	[0,1]
最大长度	
描述规则	描述会议论文的页数，用阿拉伯数字表示
数据样例	<page_count>4</page_count>

10.4.2.14 起始页码

标识符	http://spec.ckcest.cn/core/page_start
名称	page_start
出处	中国工程科技知识中心元数据规范
定义	会议论文的起始页码
频次范围	[0,1]
最大长度	20
描述规则	描述会议论文的起始页码，按实际著录
数据样例	<page_start>198</page_start>

10.4.2.15 结束页码

标识符	http://spec.ckcest.cn/core/page_end
名称	page_end

（续表）

出处	中国工程科技知识中心元数据规范
定义	会议论文的结束页码
频次范围	[0,1]
最大长度	20
描述规则	描述会议论文的结束页码，按实际著录
数据样例	<page_end>300</page_end>

10.4.2.16 收录信息

标识符	http://spec.ckcest.cn/core/holding_meta
名称	holding_meta
出处	中国工程科技知识中心元数据规范
定义	容器类元素，会议论文收录情况
频次范围	[0,1]
最大长度	
描述规则	描述会议论文收录情况，参见 8.7 收录类别通用容器描述规范
数据样例	

10.4.2.17 会议信息

标识符	http://spec.ckcest.cn/core/conference_meta
名称	conference_meta
出处	中国工程科技知识中心元数据规范
定义	描述会议论文的会议信息，如举办日期、举办地点等
频次范围	[0,1]
最大长度	
描述规则	容器类元素，描述会议论文的会议信息，如举办日期、举办地点等，参见 8.6 会议通用容器描述规范
数据样例	

10.4.2.18 会议录名称

标识符	http://spec.ckcest.cn/core/proceeding_title
名称	proceeding_title
出处	中国工程科技知识中心元数据规范
定义	会议录名称
频次范围	[0,1]
最大长度	1000
描述规则	描述会议录的名称，按实际著录
数据样例	

10.4.2.19 出版商

标识符	http://spec.ckcest.cn/core/ organization_list
名称	organization_list
出处	中国工程科技知识中心元数据规范
定义	容器类元素，对会议论文的出版商相关信息进行封装，具体元素取值参见 8.4 责任机构通用容器描述规范
频次范围	[0,1]
最大长度	
描述规则	对会议论文的出版商相关信息进行封装，该元素需要与属性 role 配合使用，属性 role 具体取值参见“附录：表 56 人员（机构）角色编码表”
数据样例	<organization_list> <organization _meta role="Publisher"> <name> 电子工业出版社 </name> </organization_meta></organization_list>

10.4.2.20 出版地

标识符	http://spec.ckcest.cn/core/publish_address
名称	publish_address
出处	中国工程科技知识中心元数据规范
定义	会议录的出版地址

（续表）

频次范围	[0,∞)
最大长度	500
描述规则	按实际著录会议录的出版地址
数据样例	

10.4.2.21 出版日期

标识符	http://spec.ckcest.cn/core/publication_date
名称	publication_date
出处	中国工程科技知识中心元数据规范
定义	会议论文的出版时间
频次范围	[0,1]
最大长度	
描述规则	描述会议论文的出版时间，需符合 W3C 的 DTF 标准（YYYY-MM-DD）
数据样例	<publication_date>2015-12-02</publication_date>

10.4.2.22 参考文献

标识符	http://spec.ckcest.cn/core/reference_list
名称	reference_list
出处	中国工程科技知识中心元数据规范
定义	会议论文正文后或页脚所附参考文献
频次范围	[0,1]
最大长度	
描述规则	容器类元素，参见 8.10 参考文献通用容器描述规范
数据样例	

10.4.2.23 详情地址

标识符	http://spec.ckcest.cn/core/detail_URI
名称	detail_URI

（续表）

出处	中国工程科技知识中心元数据规范
定义	可获取会议论文更多详情的 URI，如全文地址，或者知识中心详情页面网址
频次范围	[1,∞)
最大长度	1000
描述规则	如可获取论文全文的网址，或者知识中心详情页面网址
数据样例	<detail_URI>http://www.cnki.com.cn/Article/CJFDTotal-ZNYK201208002.htm</detail_URI>

10.4.2.24 管理信息

标识符	http://spec.ckcest.cn/core/admin_meta
名称	admin_meta
出处	中国工程科技知识中心元数据规范
定义	在知识中心范围内与会议论文相关的各类管理信息
频次范围	[1,1]
最大长度	
描述规则	容器类元素，包括会议论文的系统唯一标识符，提供数据的分中心等机构代码，以及数据的创建时间、修改时间、删除标识、使用权限等，参见 8.1 管理通用容器描述规范
数据样例	

10.4.2.25 附　件

标识符	http://spec.ckcest.cn/core/ file_list
名称	file_list
出处	中国工程科技知识中心元数据规范
定义	对会议论文元素集中所有附件信息进行封装
频次范围	[0,1]
最大长度	
描述规则	容器类元素，具体参考 8.11 附件通用容器描述规范
数据样例	

10.4.2.26 扩展元素

标识符	http://spec.ckcest.cn/core/ extension_meta
名称	extension_meta
出处	中国工程科技知识中心元数据规范
定义	容器类元素，封装会议论文元素集中未涉及的元素描述及定义的扩展信息，具体参见 8.12 扩展通用容器描述规范
频次范围	[0,1]
最大长度	
描述规则	本元素无需描述
数据样例	

10.5 学位论文元素集描述规范

10.5.1 内容结构

学位论文元素集元素简表见表 20。

表 20 学位论文元素集元素简表

序号	中文名称	名称	数据类型	频次范围	最大长度	复用标准
1	学位论文元素	thesis_meta	容器类元素	[1,1]		
2	唯一标识	identifier	String	[0,∞)	100	
3	题名	title	String	[1,1]	1000	
4	其他题名	alternative	String	[0,∞)	1000	
5	正文语种	language	String	[1,1]	50	
6	其他语种	alternative_language	String	[0,1]	50	
7	责任者	contributor_list	容器类元素	[1,1]		参见责任者通用容器
8	主题	subject_list	容器类元素	[1,1]		参见主题通用容器
9	摘要	abstract	Text	[1,1]		
10	其他语种摘要	abstract_alternative	Text	[0,∞)		
11	目次	catalog	Text	[0,1]		

（续表）

序号	中文名称	名称	数据类型	频次范围	最大长度	复用标准
12	基金项目	funding_list	容器类元素	[0,1]		参见基金项目通用容器
13	答辩日期	argue_date	Date	[0,1]		
14	学位授予日期	degree_granting_date	Date	[0,1]		
15	提交日期	submitted_date	Date	[0,1]		
16	全文可获得日期	available_date	Date	[0,1]		
17	学科专业	major	String	[0,1]	100	
18	学位授予单位	organization_list	容器类元素	[1,1]		参见责任机构通用容器
19	学位	degree	String	[1,1]	20	参见学位代码编码表
20	参考文献	reference_list	容器类元素	[0,1]		参见参考文献通用容器
21	详情地址	detail_URI	String	[1,∞)	1000	
22	管理信息	admin_meta	容器类元素	[1,1]		参见管理通用容器
23	附件	file_list	容器类元素	[0,1]		参见附件通用容器
24	扩展元素	extension_meta	容器类元素	[0,1]		参见扩展通用容器

10.5.2 描述细则

10.5.2.1 学位论文元素

标识符	http://spec.ckcest.cn/core/thesis_meta
名称	thesis_meta
出处	中国工程科技知识中心元数据规范
定义	容器类元素，用来对学位论文元素进行封装
频次范围	[1,1]
最大长度	
描述规则	本元素为容器类元素，按数据模型描述
数据样例	

10.5.2.2 唯一标识

标识符	http://spec.ckcest.cn/core/identifier
名称	identifier
出处	中国工程科技知识中心元数据规范
定义	学位论文的唯一标识符
频次范围	[0,∞)
最大长度	100
描述规则	唯一标识用元素属性 type 定义，其类型编码参见“附录：表 45 唯一标识符编码表”。学位论文的 type 取值为 DOI，不必备
数据样例	<identifier type="DOI">10.1007/s11274-015-1798-1</identifier>

10.5.2.3 题　名

标识符	http://spec.ckcest.cn/core/title
名称	title
出处	中国工程科技知识中心元数据规范
定义	学位论文的题名
频次范围	[1,1]
最大长度	1000
描述规则	通常指学位论文的正题名，包括对正题名的解释性题名。正文语种根据元素属性 language 定义，具体取值参见“附录：表 44 语言代码编码表”
数据样例	<title>汉语句子框架语义结构分析技术研究</title>

10.5.2.4 其他题名

标识符	http://spec.ckcest.cn/core/alternative
名称	alternative
出处	中国工程科技知识中心元数据规范
定义	学位论文中正题名的其他表现形式，以及与正题名相关的其他题名形式
频次范围	[0,∞)
最大长度	1000

（续表）

描述规则	其他题名用元素属性 type 定义，其取值有： translate（翻译题名） subtitle（副题名） trans-subtitle（副题名译名） abbreviated（缩略题名） alt-title（交替题名），具体取值参见“附录：表 46 其他题名类型编码表”； 其他语种信息用元素属性 language 定义，具体取值参见“附录：表 44 语言代码编码表”
数据样例	<alternative type="translate" language="eng">Study on multiphase boundary of heavy n-alkanes and CO2 systems</alternative>

10.5.2.5 正文语种

标识符	http://spec.ckcest.cn/core/language
名称	language
出处	中国工程科技知识中心元数据规范
定义	描述学位论文的正文语种信息
频次范围	[1,1]
最大长度	50
描述规则	描述学位论文的正文语种信息，具体取值参见“附录：表 44 语言代码编码表”
数据样例	<language>chi</language>

10.5.2.6 其他语种

标识符	http://spec.ckcest.cn/core/ alternative_language
名称	alternative_language
出处	中国工程科技知识中心元数据规范
定义	描述学位论文的其他语种信息
频次范围	[0,1]
最大长度	50
描述规则	描述学位论文的其他语种信息，具体取值参见“附录：表 44 语言代码编码表”
数据样例	<alternative_language>eng</alternative_language>

10.5.2.7 责任者

标识符	http://spec.ckcest.cn/core/contributor_list
名称	contributor_list

（续表）

出处	中国工程科技知识中心元数据规范
定义	容器类元素，内容包括学位论文的作者姓名、作者 URI、作者机构、作者机构 URI 等元素，还包括导师相关信息
频次范围	[1,1]
最大长度	
描述规则	用于描述学位论文的作者（role 取值 Author）、导师（role 取值 Supervisor）等相关信息，参见 8.3 责任者通用容器描述规范。责任者元素需要与属性 role 配合使用，属性 role 的取值具体参见表 56 人员（机构）角色编码表
数据样例	<contributor_list> <contributor_meta role="Author"> <full_name>张三</full_name> <surname>张</surname> <given_name>三</given_name> <alternative_name language="eng"> Zhangsan </alternative_name> <email>test@ 163. com </email> <contributor_URI type="KID"> EFB4BEA0689E </contributor_URI> </contributor_meta> <contributor_meta role="Supervisor"> <full_name>刘旭</full_name> <surname>刘</surname> <given_name>旭</given_name> <alternative_name language="eng"> liu. xu </alternative_name> <email>test@ 163. com </email> <contributor_URI type="KID"> EFB4BEA0689E </contributor_URI> </contributor_meta> </contributor_list>

10.5.2.8 主 题

标识符	http://spec.ckcest.cn/core/subject_list
名称	subject_list
出处	中国工程科技知识中心元数据规范
定义	容器类元素，引用主题容器。其内容包括主题词、关键词、分类号、研究领域等内容
频次范围	[1,1]
最大长度	

（续表）

描述规则	用于描述与学位论文相关的主题词、关键词、分类号、研究领域等内容，其中主题信息需要通过主题类型属性 type 及主题来源属性 source 配合使用，学位论文的主题类型 type 可取值：SubjectConcept 主题概念（叙词表、术语表等）；Classification（分类表、范畴体系等）；ResearchTopic（研究方向）；ResearchDomain（专业领域）；Keyword（关键词），其中 Keyword（关键词）必备，必备性通过汇交工具控制，相关元素参见 8.2 主题通用容器描述规范
数据样例	

10.5.2.9 摘　要

标识符	http://spec.ckcest.cn/core/abstract
名称	abstract
出处	中国工程科技知识中心元数据规范
定义	学位论文内容说明的摘要
频次范围	[1,1]
最大长度	
描述规则	用于描述正文语种的学位论文摘要，是对文章内容的概括，按实际著录。语种信息用元素属性 language 定义，具体取值参见“附录：表 44 语言代码编码表”
数据样例	<abstract language=" chi" >适宜的抽穗期是保证作物高产稳产的重要前提，因此挖掘抽穗期相关基因并对其功能进行解析，不但可以为培育具有适应不同生态环境的小麦新品种提供候选基因，而且可以增加对小麦抽穗调控机理的理解和认识。小麦抽穗期突变体 M605 是从小麦偃展 4110（YZ4110）EMS 突变体库中筛选出的一个特晚抽穗的突变体，其携带一隐性基因 Ta Hd M605。我们前期的研究已将 Ta Hd M605 定位于小麦 3DL 染色体上。基因的精细作图是基因图位克隆的基石。本文利用小麦基因组序列信息及比较基因组学的原理对小麦抽穗期基因 Ta Hd M605 所在区段进行了共线性分析，利用序列比对分析的结果开发了大量新的分子标记，绘制了小麦抽穗期基因 Ta Hd M605 精细遗传图谱。</abstract>

10.5.2.10 其他语种摘要

标识符	http://spec.ckcest.cn/core/abstract_alternative
名称	abstract_alternative
出处	中国工程科技知识中心元数据规范
定义	学位论文摘要，与正文语种摘要对应的其他语种摘要
频次范围	[0,∞)
最大长度	
描述规则	用于描述非正文语种的学位论文摘要，是对文章内容的概括，按实际著录。其他语种信息用元素属性 language 定义，具体取值参见“附录：表 44 语言代码编码表”
数据样例	

10.5.2.11 目　次

标识符	http://spec.ckcest.cn/core/catalog
名称	catalog
出处	中国工程科技知识中心元数据规范
定义	学位论文的章节目次
频次范围	[0,1]
最大长度	
描述规则	用于描述学位论文框架，一般为章节目次，按实际著录
数据样例	

10.5.2.12 基金项目

标识符	http://spec.ckcest.cn/core/funding_list
名称	funding_list
出处	中国工程科技知识中心元数据规范
定义	容器类元素，引用基金项目容器，封装学位论文受到资助的基金项目相关信息
频次范围	[0,1]
最大长度	
描述规则	对学位论文受到资助的基金项目相关信息进行封装，相关元素参见8.8基金项目通用容器描述规范
数据样例	

10.5.2.13 答辩日期

标识符	http://spec.ckcest.cn/core/argue_date
名称	argue_date
出处	中国工程科技知识中心元数据规范
定义	学位论文的答辩日期
频次范围	[0,1]
最大长度	
描述规则	描述学位论文的答辩日期，需符合W3C的DTF标准（YYYY-MM-DD）
数据样例	<argue_date>2015-12-02</argue_date>

10.5.2.14 学位授予日期

标识符	http://spec.ckcest.cn/core/degree_granting_date
名称	degree_granting_date
出处	中国工程科技知识中心元数据规范
定义	学位论文的授予日期
频次范围	[0,1]
最大长度	
描述规则	描述学位论文的授予日期，需符合 W3C 的 DTF 标准（YYYY-MM-DD）
数据样例	<degree_granting_date>2015-12-02</degree_granting_date>

10.5.2.15 提交日期

标识符	http://spec.ckcest.cn/core/submitted_date
名称	submitted_date
出处	中国工程科技知识中心元数据规范
定义	学位论文的提交日期
频次范围	[0,1]
最大长度	
描述规则	描述学位论文的提交日期，需符合 W3C 的 DTF 标准（YYYY-MM-DD）
数据样例	<submitted_date>2015-12-02</submitted_date>

10.5.2.16 全文可获得日期

标识符	http://spec.ckcest.cn/core/available_date
名称	available_date
出处	中国工程科技知识中心元数据规范
定义	学位论文全文可获取的日期
频次范围	[0,1]
最大长度	
描述规则	描述学位论文全文可获取的日期，需符合 W3C 的 DTF 标准（YYYY-MM-DD）
数据样例	<available_date>2015-12-02</available_date>

10.5.2.17 学科专业

标识符	http://spec.ckcest.cn/core/major
名称	major
出处	中国工程科技知识中心元数据规范
定义	学位所属的学科专业名称
频次范围	[0,1]
最大长度	100
描述规则	描述学位所属的学科专业名称
数据样例	<major>信息管理</major>

10.5.2.18 学位授予单位

标识符	http://spec.ckcest.cn/core/granting_organization_list
名称	organization_list
出处	中国工程科技知识中心元数据规范
定义	容器类元素，描述学位授予单位相关信息
频次范围	[1,1]
最大长度	
描述规则	描述学位授予单位相关信息，具体元素信息参见 8.4 责任机构通用容器描述规范。学位授予单位元素需要与属性 role（role 取值为 GrantingOrganization 表示学位授予单位）配合使用，属性 role 的取值具体参见表 56 人员（机构）角色编码表
数据样例	<organization_list> <organization_meta sequence="1" role="GrantingOrganization"> <name> 中国农业科学院 </name> <alternative_name type="abbreviated" language=" eng"> CAAS </alternative_name> <organization _URI> http://agri. ckcest. cn/searchResult. jsp? id = 5305B25A - 185A - 4C71 - 8FDD - 348E36B60F75&classtype=13 </organization _URI> <country_meta> <country_name language="eng"> China </country_name> <country_code> CN </country_code> </country_meta> <city>北京</ city> <address>北京市海淀区中关村南大街 12 号</address> <postal_code> 100081 </postal_code> </organization_meta> </organization_list>

10.5.2.19 学 位

标识符	http://spec.ckcest.cn/core/degree
名称	degree
出处	中国工程科技知识中心元数据规范
定义	学位名称
频次范围	[1,1]
最大长度	20
描述规则	描述学位名称，参见表 48 学历学位编码表
数据样例	<degree>博士</degree>

10.5.2.20 参考文献

标识符	http://spec.ckcest.cn/core/reference_list
名称	reference_list
出处	中国工程科技知识中心元数据规范
定义	学位论文正文后或页脚所附参考文献
频次范围	[0,1]
最大长度	
描述规则	容器类元素，参见 8.10 参考文献通用容器描述规范
数据样例	

10.5.2.21 详情地址

标识符	http://spec.ckcest.cn/core/detail_URI
名称	detail_URI
出处	中国工程科技知识中心元数据规范
定义	可获取学位论文更多详情的 URI，如全文地址，或者知识中心详情页面网址
频次范围	[1,∞)
最大长度	1000
描述规则	如可获取论文全文的网址，或者知识中心详情页面网址
数据样例	<detail_URI>http://www.cnki.com.cn/Article/CJFDTotal-ZNYK201208002.htm</detail_URI>

10.5.2.22　管理信息

标识符	http://spec.ckcest.cn/core/admin_meta
名称	admin_meta
出处	中国工程科技知识中心元数据规范
定义	在知识中心范围内与学位论文相关的各类管理信息
频次范围	[1,1]
最大长度	
描述规则	容器类元素，包括学位论文的系统唯一标识符，提供数据的分中心等机构代码，以及数据的创建时间、修改时间、删除标识、使用权限等，参见 8.1 管理通用容器描述规范
数据样例	

10.5.2.23　附　件

标识符	http://spec.ckcest.cn/core/ file_list
名称	file_list
出处	中国工程科技知识中心元数据规范
定义	对学位论文元素集中所有附件信息进行封装
频次范围	[0,1]
最大长度	
描述规则	容器类元素，具体参考 8.11 附件通用容器描述规范
数据样例	

10.5.2.24　扩展元素

标识符	http://spec.ckcest.cn/core/ extension_meta
名称	extension_meta
出处	中国工程科技知识中心元数据规范
定义	容器类元素，封装学位论文元素集中未涉及的元素描述及定义的扩展信息，具体参见 8.12 扩展通用容器描述规范
频次范围	[0,1]
最大长度	
描述规则	本元素无需描述
数据样例	

10.6 专家学者元素集描述规范

10.6.1 内容结构

专家学者元素集元素简表见表 21。

表 21 专家学者元素集元素简表

序号	中文名称	名称	数据类型	频次范围	最大长度	复用标准
1	专家学者元素	expert_meta	容器类元素	[1,1]		
2	唯一标识	identifier	String	[0,∞)	100	
3	姓名	full_name	String	[1,1]	100	
4	姓	surname	String	[0,1]	50	
5	名	given_name	String	[0,1]	50	
6	其他姓名	alternative_name	String	[0,∞)	100	
7	专家姓名规范 URI	expert_URI	String	[0,1]	1000	
8	性别	gender	String	[0,1]	10	
9	国家/地区/组织	country_meta	容器类元素	[0,1]		参见国家/地区/组织通用容器
10	学历	degree	String	[0,1]	20	
11	工作单位	organization_list	容器类元素	[1,1]		参见责任机构通用容器
12	职称	academic_title	String	[1,1]	20	
13	职务	position	String	[0,1]	100	
14	教育背景	educational _ back-ground	Text	[0,1]		
15	个人简介	introduction	Text	[1,1]		
16	学术成果列表	achievement_list	容器类元素	[0,1]		参见学术成果通用容器
17	社会兼职	social_position	Text	[0,1]		
18	联系地址	address	String	[0,∞)	500	
19	邮政编码	postal_code	String	[0,1]	20	
20	联系电话	telephone	String	[0,∞)	50	
21	电子邮箱	email	String	[0,∞)	200	
22	出生日期	birthday	String	[0,1]	20	

（续表）

序号	中文名称	名称	数据类型	频次范围	最大长度	复用标准
23	专家主页	homepage	String	[0,∞)	1000	
24	专家照片 URI	photo_URI	String	[0,∞)	1000	
25	基金项目	funding_list	容器类元素	[0,1]		参见基金项目通用容器
26	详情地址	detail_URI	String	[0,∞)	1000	
27	主题	subject_list	容器类元素	[1,1]		参见主题通用容器
28	管理信息	admin_meta	容器类元素	[1,1]		参见管理通用容器
29	附件	file_list	容器类元素	[0,1]		参见附件通用容器
30	扩展元素	extension_meta	容器类元素	[0,1]		参见扩展通用容器

10.6.2 描述细则

10.6.2.1 专家学者元素

标识符	http://spec.ckcest.cn/core/expert_meta
名称	expert_meta
出处	中国工程科技知识中心元数据规范
定义	容器类元素，用来对专家学者元素进行封装
频次范围	[1,1]
最大长度	
描述规则	本元素为容器类元素
数据样例	

10.6.2.2 唯一标识

标识符	http://spec.ckcest.cn/core/identifier
名称	identifier
出处	中国工程科技知识中心元数据规范

（续表）

定义	在特定范围内给予专家学者的一个明确标识
频次范围	[0,∞)
最大长度	100
描述规则	通常是专家学者在国际上已经取得的身份识别符，也可是知识中心自建的专家学者规范库中分配的唯一标识符，如 ORCID、ResearchID、KID、ScopusID、ACID、CKCEST、ISNI 等，唯一标识用元素属性 type 定义，其类型编码参见“附录：表 53 作者标识符类型代码表”，不必备
数据样例	<identifier type="KID"> EFB4BEA0689E</identifier>

10.6.2.3 姓　名

标识符	http://spec.ckcest.cn/core/full_name
名称	full_name
出处	中国工程科技知识中心元数据规范
定义	专家学者的姓名
频次范围	[1,1]
最大长度	100
描述规则	用于描述专家学者的姓名
数据样例	

10.6.2.4 姓

标识符	http://spec.ckcest.cn/core/surname
名称	surname
出处	中国工程科技知识中心元数据规范
定义	描述专家学者的姓
频次范围	[0,1]
最大长度	50
描述规则	用于描述描述专家学者的姓，按实际著录
数据样例	<surname>Forster</surname>

10.6.2.5 名

标识符	http://spec.ckcest.cn/core/given_name
名称	given_name
出处	中国工程科技知识中心元数据规范
定义	描述专家学者的名
频次范围	[0,1]
最大长度	50
描述规则	用于描述专家学者的名，按实际著录
数据样例	<given_name>Anne</given_name>

10.6.2.6 其他姓名

标识符	http://spec.ckcest.cn/core/ alternative_name
名称	alternative_name
出处	中国工程科技知识中心元数据规范
定义	专家学者的其他姓名
频次范围	[0,∞)
最大长度	100
描述规则	用于描述专家学者的其他姓名
数据样例	<alternative_name> Liu Xu</alternative_name> <alternative_name> Liu X</alternative_name> <alternative_name> X Liu </alternative_name>

10.6.2.7 专家姓名规范 URI

标识符	http://spec.ckcest.cn/core/ expert_URI
名称	expert_URI
出处	中国工程科技知识中心元数据规范
定义	专家姓名的唯一标识符
频次范围	[0,1]
最大长度	1000
描述规则	通常是推荐使用网络可访问的 HTTP URI，也可能是知识中心自建资源的 URI
数据样例	

10.6.2.8 性别

标识符	http://spec.ckcest.cn/core/gender
名称	gender
出处	中国工程科技知识中心元数据规范
定义	专家的性别
频次范围	[0,1]
最大长度	10
描述规则	描述专家性别，取值限定为男、女、不确定三种
数据样例	<gender>男</gender>

10.6.2.9 国家/地区/组织

标识符	http://spec.ckcest.cn/core/country_meta
名称	country_meta
出处	中国工程科技知识中心元数据规范
定义	容器类元素，描述专家学者所在国家的信息
频次范围	[0,1]
最大长度	
著录规则	描述专家学者所在国家的信息，可以包括国家（地区）名称，缩写等，参照 8.5 国家/地区/组织通用容器描述规范
数据样例	<country_meta> <country_name language="eng">United Kingdom </country_name> <country_code> UK </country_code> </country_meta>

10.6.2.10 学　历

标识符	http://spec.ckcest.cn/core/degree
名称	degree
出处	中国工程科技知识中心元数据规范
定义	专家的学历
频次范围	[0,1]
最大长度	20
描述规则	描述专家的学历，取值为博士研究生、硕士研究生、本科等，见“附录：表 48 学历学位编码表”
数据样例	<degree>博士研究生</degree>

10.6.2.11 工作单位

标识符	http://spec.ckcest.cn/core/organization_list
名称	organization_list
出处	中国工程科技知识中心元数据规范
定义	容器类元素，封装专家学者的工作单位信息
频次范围	[1,1]
最大长度	
描述规则	描述专家学者的工作单位信息，具体元素信息参见8.4责任机构通用容器描述规范
数据样例	

10.6.2.12 职　称

标识符	http://spec.ckcest.cn/core/academic_title
名称	academic_title
出处	中国工程科技知识中心元数据规范
定义	专家的学术职称
频次范围	[1,1]
最大长度	20
描述规则	描述专家的学术职称。取值为院士、研究员、副研究员、高级工程师等，具体见“附录：表49职称编码表”
数据样例	<academic_title>研究员</academic_title>

10.6.2.13 职　务

标识符	http://spec.ckcest.cn/core/position
名称	position
出处	中国工程科技知识中心元数据规范
定义	描述专家的当前工作职务
频次范围	[0,1]
最大长度	100
描述规则	描述专家的最新的工作职务，需要定期进行跟踪更新
数据样例	<position>院长</position>

10.6.2.14 教育背景

标识符	http://spec.ckcest.cn/core/educational_background
名称	educational_background
出处	中国工程科技知识中心元数据规范
定义	描述专家的当前工作职务
频次范围	[0,1]
最大长度	
描述规则	描述专家的最新的工作职务，需要定期进行跟踪更新
数据样例	<educational_background>院长</educational_background>

10.6.2.15 个人简介

标识符	http://spec.ckcest.cn/core/introduction
名称	introduction
出处	中国工程科技知识中心元数据规范
定义	描述专家的个人简介
频次范围	[1,1]
最大长度	
描述规则	描述专家的各方面信息，按实际著录
数据样例	<introduction>刘旭，男，1953 年出生于河北省定县，著名植物种质资源学家。1979 年毕业于河北农业大学农学系，1983 年、1997 年在中国农业科学院研究生院作物遗传育种专业分别获硕士学位、博士学位。2009 年 12 月当选中国工程院院士。曾任中国农业科学院作物品种资源研究所所长兼党委书记。现任中国农业科学院副院长、研究员。兼任中国农学会遗传资源分会理事长、中国农业生物技术学会理事长、中国野生植物保护协会副会长。长期从事作物种质资源的研究工作。参与及主持了中国农作物种质资源收集保存评价与利用研究，形成了作物种质资源共享利用的种质与技术基础，完善了我国作物种质资源保护与利用的研究体系，推动了种质资源深入研究，促进了种质资源学科发展；主持了中国农作物种质资源本底多样性和技术指标体系研究，该研究查清了我国作物种质资源本底，建立了作物种质资源技术规范体系，完善了资源信息系统，显著提高了资源利用效率和效益；多年来比较系统地开展了小麦及其近缘属分析、基因研究及克隆等研究，为小麦的起源和抗源研究奠定了基础；长期以来，重视农业和农村经济发展问题，对生物多样性、农业科技革命和农业可持续发展有较深入的研究。获国家科技进步一、二等奖各 1 项、省部级一等奖 2 项，组织与主持出版《中国作物及其野生近缘植物》系列专著，《中国农作物种质资源技术规范》系列 110 册。他对师长有知遇之恩，对同事有手足之情，对青年有父兄之爱。但责己，不责人是其座右铭。他情系“三农”大业，潜心种质资源研究。他用自己全部心血和力量，创造种质资源新的伟业——搭建一座基因利用的“通天塔”。2014 年当选为中国工程院副院长。</introduction>

10.6.2.16 学术成果列表

标识符	http://spec.ckcest.cn/core/achievement_list
名称	achievement_list
出处	中国工程科技知识中心元数据规范
定义	对专家学者的多个学术成果进行封装
频次范围	[0,1]
最大长度	
描述规则	容器类元素，对专家学者的多个学术成果进行封装，参见 8.9 成果产出通用容器描述规范
数据样例	

10.6.2.17 社会兼职

标识符	http://spec.ckcest.cn/core/social_position
名称	social_position
出处	中国工程科技知识中心元数据规范
定义	专家学者的社会兼职
频次范围	[0,1]
最大长度	
描述规则	描述专家学者的社会兼职，按实际著录
数据样例	

10.6.2.18 联系地址

标识符	http://spec.ckcest.cn/core/address
名称	address
出处	中国工程科技知识中心元数据规范
定义	专家学者的联系地址
频次范围	[0,∞)
最大长度	500
描述规则	描述专家学者的联系地址，按照实际著录
数据样例	<address>北京市中关村南大街 12 号</address>

10.6.2.19 邮政编码

标识符	http://spec.ckcest.cn/core/postal_code
名称	postal_code
出处	中国工程科技知识中心元数据规范
定义	专家学者联系地址的邮政编码
频次范围	[0,1]
最大长度	20
描述规则	描述专家学者联系地址的邮政编码，按照实际著录
数据样例	<postal_code>100081</postal_code>

10.6.2.20 联系电话

标识符	http://spec.ckcest.cn/core/telephone
名称	telephone
出处	中国工程科技知识中心元数据规范
定义	专家学者的联系电话
频次范围	[0,∞)
最大长度	50
描述规则	描述专家学者的联系电话，按照实际著录
数据样例	<telephone>13987628690</telephone>

10.6.2.21 电子邮箱

标识符	http://spec.ckcest.cn/core/email
名称	email
出处	中国工程科技知识中心元数据规范
定义	专家学者的电子邮箱
频次范围	[0,∞)
最大长度	200
描述规则	描述专家学者的电子邮箱，按照实际著录
数据样例	<email> example@ caas. cn </email>

10.6.2.22 出生日期

标识符	http://spec.ckcest.cn/core/birthday
名称	birthday
出处	中国工程科技知识中心元数据规范
定义	专家学者的出生日期
频次范围	[0,1]
最大长度	20
描述规则	描述专家学者的出生日期，若无月日信息，录入年份即可
数据样例	<birthday>2015-12-02</birthday> <birthday>2015</birthday>

10.6.2.23 专家主页

标识符	http://spec.ckcest.cn/core/homepage
名称	homepage
出处	中国工程科技知识中心元数据规范
定义	专家个人主页、博客等
频次范围	[0,∞)
最大长度	1000
描述规则	描述专家个人主页、博客等，如可获取专家更多信息的网址，或者知识中心可查看专家详情的页面网址
数据样例	<homepage> http://www.cnki.com.cn/Article/CJFDTotal-ZNYK201208002.htm </homepage>

10.6.2.24 专家照片 URI

标识符	http://spec.ckcest.cn/core/photo_URI
名称	photo_URI
出处	中国工程科技知识中心元数据规范
定义	专家照片的唯一标识符
频次范围	[0,∞)

（续表）

最大长度	1000
描述规则	描述专家照片的唯一标识符，推荐使用网络可访问的 HTTP URI，也可能是知识中心自建资源的 URI
数据样例	

10.6.2.25　基金项目

标识符	http: //spec.ckcest.cn/core/funding_list
名称	funding_list
出处	中国工程科技知识中心元数据规范
定义	容器类元素，引用基金项目容器，封装专家学者主持的基金项目相关信息
频次范围	[0,1]
最大长度	
描述规则	对专家学者主持的基金项目相关信息进行封装，相关元素参见 8.8 基金项目通用容器描述规范
数据样例	

10.6.2.26　详情地址

标识符	http: //spec.ckcest.cn/core/detail_URI
名称	detail_URI
出处	中国工程科技知识中心元数据规范
定义	可获取专家学者更多详情的 URI，如全文地址，或者知识中心详情页面网址
频次范围	[0,∞)
最大长度	1000
描述规则	如可获取专家学者的网址，或者知识中心详情页面网址
数据样例	<detail_URI>http: //www. cnki. com. cn/Article/CJFDTotal-ZNYK201208002. htm</detail_URI>

10.6.2.27　主　题

标识符	http: //spec.ckcest.cn/core/subject_list
名称	subject_list

（续表）

出处	中国工程科技知识中心元数据规范
定义	容器类元素，引用主题容器。其内容包括主题词、关键词、分类号、研究领域等内容
频次范围	[1,1]
最大长度	
描述规则	用于描述与专家学者相关的主题词、关键词、分类号、研究领域等内容。其中主题信息需要通过主题类型属性 type 及主题来源属性 source 配合使用，专家学者的主题类型 type 可取值：SubjectConcept 主题概念（叙词表、术语表等）；Classification（分类表、范畴体系等）；ResearchTopic（研究方向）；ResearchDomain（专业领域）；Keyword（关键词），其中 ResearchDomain（专业领域）必备，必备性通过汇交工具控制，相关元素参见 8.2 主题通用容器描述规范
数据样例	

10.6.2.28 管理信息

标识符	http://spec.ckcest.cn/core/admin_meta
名称	admin_meta
出处	中国工程科技知识中心元数据规范
定义	在知识中心范围内与专家学者相关的各类管理信息
频次范围	[1,1]
最大长度	
描述规则	容器类元素，包括专家学者的系统唯一标识符，提供数据的分中心等机构代码，以及数据的创建时间、修改时间、删除标识、使用权限等，参见 8.1 管理通用容器描述规范
数据样例	

10.6.2.29 附　件

标识符	http://spec.ckcest.cn/core/ file_list
名称	file_list
出处	中国工程科技知识中心元数据规范
定义	对专家学者元素集中所有附件信息进行封装
频次范围	[0,1]
最大长度	
描述规则	容器类元素，具体参考 8.11 附件通用容器描述规范
数据样例	

10.6.2.30 扩展元素

标识符	http://spec.ckcest.cn/core/ extension_meta
名称	extension_meta
出处	中国工程科技知识中心元数据规范
定义	容器类元素，封装专家学者元素集中未涉及的元素描述及定义的扩展信息，具体参见8.12扩展通用容器描述规范
频次范围	[0,1]
最大长度	
描述规则	本元素无需描述
数据样例	

10.7 科技机构元素集描述规范

10.7.1 内容结构

科技机构元素集元素简表见表22。

表22 科技机构元素集元素简表

序号	中文名称	名称	数据类型	频次范围	最大长度	复用标准
1	科技机构元素	organization_meta	容器类元素	[1,1]		
2	唯一标识	identifier	String	[0,∞)	100	
3	机构名称	name	String	[1,1]	1000	
4	其他机构名称	alternative_name	String	[0,∞)	1000	
5	机构类型	organization_type	String	[1,1]	20	
6	上级单位	organization_list	容器类元素	[0,1]		参见责任机构通用容器
7	机构简介	introduction	Text	[1,1]		
8	其他语种简介	introduction_alternative	Text	[0,∞)		
9	人才队伍	talent_team	Text	[0,1]		
10	组织架构	organizational_structure	Text	[0,1]		
11	科技平台	technology_platform	Text	[0,1]		

（续表）

序号	中文名称	名称	数据类型	频次范围	最大长度	复用标准
12	学术成果列表	achievement_list	容器类元素	[0,1]		参见成果产出通用容器
13	主办期刊描述	sponsored_journals_description	Text	[0,∞)		
14	主办期刊列表	sponsored_journals_list	容器类元素	[0,1]		
15	主办期刊	sponsored_journals_meta	容器类元素	[1,∞)		
16	主办期刊名称	sponsored_journals_title	String	[1,1]	1000	
17	主办期刊 URI	sponsored_journals_URI	String	[0,1]	1000	
18	所在国家	country_meta	容器类元素	[0,1]		参照国家/地区/组织通用容器
19	所在省（州）	state	String	[0,1]	20	
20	所在市	city	String	[0,1]	20	
21	通信地址	address	String	[0,1]	500	
22	邮政编码	postal_code	String	[0,1]	20	
23	联系电话	telephone	String	[0,∞)	50	
24	电子邮箱	email	String	[0,∞)	200	
25	成立日期	establishment_date	String	[0,1]	20	
26	主题	subject_list	容器类元素	[1,1]		参见主题通用容器
27	基金项目	funding_list	容器类元素	[0,1]		参见基金项目通用容器
28	机构主页	homepage	String	[0,1]	1000	
29	机构照片 URI	photo_URI	String	[0,∞)	1000	
30	详情地址	detail_URI	String	[1,∞)	1000	
31	管理信息	admin_meta	容器类元素	[1,1]		参见管理通用容器
32	附件	file_list	容器类元素	[0,1]		参见附件通用容器
33	扩展元素	extension_meta	容器类元素	[0,1]		参见扩展通用容器

10.7.2 描述细则

10.7.2.1 科技机构元素

标识符	http://spec.ckcest.cn/core/organization_meta
名称	organization_meta
出处	中国工程科技知识中心元数据规范
定义	容器类元素，用来对科技机构元素进行封装
频次范围	[1,1]
最大长度	
描述规则	本元素为容器类元素，按数据模型描述
数据样例	

10.7.2.2 唯一标识

标识符	http://spec.ckcest.cn/core/identifier
名称	identifier
出处	中国工程科技知识中心元数据规范
定义	在特定范围内给予科技机构的一个明确标识
频次范围	[0,∞)
最大长度	100
描述规则	采用符合正式标识符体系的字符串进行标识，如全国组织机构代码（NACAO）和国际标准名称标识（ISNI）等，不必备，其类型编码参见“附录：表 45 唯一标识符编码表”
数据样例	<identifier type="NACAO"> 400001950</identifier>

10.7.2.3 机构名称

标识符	http://spec.ckcest.cn/core/name
名称	name
出处	中国工程科技知识中心元数据规范
定义	机构的名称
频次范围	[1,1]
最大长度	1000

（续表）

描述规则	用于描述机构的名称，按实际著录，语种根据元素属性 language 定义，具体取值参见“附录：表 44 语言代码编码表”
数据样例	

10.7.2.4 其他机构名称

标识符	http://spec.ckcest.cn/core/alternative_name
名称	alternative_name
出处	中国工程科技知识中心元数据规范
定义	机构的其他名称
频次范围	[0,∞)
最大长度	1000
描述规则	用于描述机构的其他名称，用元素属性 type 定义，其取值有： translate（译名） abbreviated（缩略名）等，按照实际著录。具体参见“附录：表 46 其他题名类型编码表”。 语种根据元素属性 language 定义，具体取值参见“附录：表 44 语言代码编码表”
数据样例	

10.7.2.5 机构类型

标识符	http://spec.ckcest.cn/core/organization_type
名称	organization_type
出处	中国工程科技知识中心元数据规范
定义	机构的类型
频次范围	[1,1]
最大长度	20
描述规则	用于描述机构的类型，具体取值参见“附录：表 52 机构类型代码表
数据样例	

10.7.2.6 上级单位

标识符	http://spec.ckcest.cn/core/ organization _list
名称	organization _list

（续表）

出处	中国工程科技知识中心元数据规范
定义	容器类元素，该机构所属上级单位相关信息
频次范围	[0,1]
最大长度	
描述规则	描述该机构所属上级单位相关信息，具体元素信息参见 8.4 责任机构通用容器描述规范，需要与属性 role（取值为 HigherUnit 表示上级单位）配合使用，属性 role 的取值具体参见表 56 人员（机构）角色编码表
数据样例	<organization _list> <organization_meta role="SuperiorUnit"> <name> 中国农业科学院 </name> <alternative_name type="abbreviated" language="eng"> CAAS </alternative_name> <organization _URI> http://agri. ckcest. cn/searchResult. jsp? id = 5305B25A - 185A - 4C71 - 8FDD - 348E36B60F75 &classtype=13 </organization _URI> <country_meta> <country_name language="eng"> China </country_name> <country_code> CN </country_code> </country_meta> <city>北京</ city> <address>北京市海淀区中关村南大街 12 号</address> <postal_code> 100081 </postal_code> </organization_meta> </ organization _list>

10.7.2.7 机构简介

标识符	http://spec.ckcest.cn/core/introduction
名称	introduction
出处	中国工程科技知识中心元数据规范
定义	该机构的简单介绍
频次范围	[1,1]
最大长度	
描述规则	用于描述该机构的简单介绍，语种信息采用元素属性 language 取值，具体取值参见“附录：表 44 语言代码编码表”
数据样例	

10.7.2.8 其他语种简介

标识符	http://spec.ckcest.cn/core/introduction_alternative
名称	introduction_alternative
出处	中国工程科技知识中心元数据规范
定义	该机构的其他语种简介
频次范围	[0,∞)
最大长度	
描述规则	用于描述该机构的其他语种简介，元素属性 language 的取值参见“附录：表 44 语言代码编码表”
数据样例	

10.7.2.9 人才队伍

标识符	http://spec.ckcest.cn/core/talent_team
名称	talent_team
出处	中国工程科技知识中心元数据规范
定义	该机构的人才队伍
频次范围	[0,1]
最大长度	
描述规则	用于描述该机构的人才队伍
数据样例	

10.7.2.10 组织架构

标识符	http://spec.ckcest.cn/core/organizational_structure
名称	organizational_structure
出处	中国工程科技知识中心元数据规范
定义	该机构的组织架构
频次范围	[0,1]
最大长度	
描述规则	用于描述该机构的组织架构
数据样例	

10.7.2.11 科技平台

标识符	http://spec.ckcest.cn/core/technology_platform
名称	technology_platform
出处	中国工程科技知识中心元数据规范
定义	该机构的科技平台简介
频次范围	[0,1]
最大长度	
描述规则	用于描述该机构的科技平台基本情况
数据样例	

10.7.2.12 学术成果列表

标识符	http://spec.ckcest.cn/core/achievement_list
名称	achievement_list
出处	中国工程科技知识中心元数据规范
定义	对科技机构的多个学术成果进行封装
频次范围	[0,1]
最大长度	
描述规则	容器类元素，对科技机构的学术成果 URI 进行封装，参见 8.9 成果产出通用容器描述规范
数据样例	

10.7.2.13 主办期刊描述

标识符	http://spec.ckcest.cn/core/ sponsored_journals_description
名称	sponsored_journals_description
出处	中国工程科技知识中心元数据规范
定义	科技机构主办的期刊信息
频次范围	[0,∞)
最大长度	
描述规则	描述该科技机构主办的期刊信息
数据样例	

10. 7. 2. 14 主办期刊列表

标识符	http://spec.ckcest.cn/core/sponsored_journals_list
名称	sponsored_journals_list
出处	中国工程科技知识中心元数据规范
定义	容器类元素，该机构主办的期刊相关信息
频次范围	[0,1]
最大长度	
描述规则	
数据样例	

10. 7. 2. 15 主办期刊

标识符	http://spec.ckcest.cn/core/ sponsored_journals_meta
名称	sponsored_journals_meta
出处	中国工程科技知识中心元数据规范
定义	容器类元素
频次范围	[1,∞)
最大长度	
描述规则	用于封装描述该机构主办的期刊名称、URI 等信息
数据样例	

10. 7. 2. 16 主办期刊名称

标识符	http://spec.ckcest.cn/core/sponsored_journals_title
名称	sponsored_journals_title
出处	中国工程科技知识中心元数据规范
定义	机构主办的期刊名称
频次范围	[1,1]
最大长度	1000
描述规则	用于描述机构主办的期刊名称
数据样例	

10.7.2.17 主办期刊 URI

标识符	http://spec.ckcest.cn/core/sponsored_journals_URI
名称	sponsored_journals_URI
出处	中国工程科技知识中心元数据规范
定义	该机构主办的期刊的唯一标识符
频次范围	[0,1]
最大长度	1000
描述规则	用于描述该机构主办的期刊的唯一标识符，来源于规范期刊 URI
数据样例	

10.7.2.18 所在国家

标识符	http://spec.ckcest.cn/core/ country_meta
名称	country_meta
出处	中国工程科技知识中心元数据规范
定义	容器类元素，描述科技机构所在国家的信息
频次范围	[0,1]
最大长度	
描述规则	描述科技机构所在国家的信息，可以包括国家（地区）名称、缩写等，参照 8.5 国家/地区/组织通用容器描述规范
数据样例	<country_meta> <country_name language="eng"> United Kingdom </country_name> <country_code> UK </country_code> <country_meta>

10.7.2.19 所在省（州）

标识符	http://spec.ckcest.cn/core/state
名称	state
出处	中国工程科技知识中心元数据规范
定义	该科技机构所在省（州）的名称
频次范围	[0,1]

（续表）

最大长度	20
描述规则	用于描述该该科技机构所在省（州）的名称
数据样例	<state>湖北省</state>

10.7.2.20 所在市

标识符	http://spec.ckcest.cn/core/city
名称	city
出处	中国工程科技知识中心元数据规范
定义	该科技机构所在城市的名称
频次范围	[0,1]
最大长度	20
描述规则	用于描述该科技机构所在城市的名称
数据样例	<city>武汉</city>

10.7.2.21 通信地址

标识符	http://spec.ckcest.cn/core/address
名称	address
出处	中国工程科技知识中心元数据规范
定义	科技机构的通讯地址
频次范围	[0,1]
最大长度	500
描述规则	描述科技机构的通讯地址，按照实际著录
数据样例	<address>北京市中关村南大街 12 号</address>

10.7.2.22 邮政编码

标识符	http://spec.ckcest.cn/core/postal_code
名称	postal_code
出处	中国工程科技知识中心元数据规范

（续表）

定义	科技机构联系地址的邮政编码
频次范围	[0,1]
最大长度	20
描述规则	描述科技机构联系地址的邮政编码，按照实际著录
数据样例	<postal_code>100081</postal_code>

10.7.2.23 联系电话

标识符	http://spec.ckcest.cn/core/telephone
名称	telephone
出处	中国工程科技知识中心元数据规范
定义	科技机构的联系电话
频次范围	[0,∞)
最大长度	50
描述规则	描述科技机构的联系电话，按照实际著录
数据样例	

10.7.2.24 电子邮箱

标识符	http://spec.ckcest.cn/core/email
名称	email
出处	中国工程科技知识中心元数据规范
定义	科技机构的电子邮箱
频次范围	[0,∞)
最大长度	200
描述规则	描述科技机构的电子邮箱，按照实际著录
数据样例	<email> example@ caas. cn</email>

10.7.2.25 成立日期

标识符	http://spec.ckcest.cn/core/establishment_date
名称	establishment_date

（续表）

出处	中国工程科技知识中心元数据规范
定义	科技机构的成立日期
频次范围	[0,1]
最大长度	20
描述规则	描述科技机构的成立日期，若无月日信息，录入年份即可
数据样例	<establishment_date>2015-12-02</establishment_date> <establishment_date>2015-12</establishment_date> <establishment_date>2015</establishment_date>

10.7.2.26 主 题

标识符	http://spec.ckcest.cn/core/subject_list
名称	subject_list
出处	中国工程科技知识中心元数据规范
定义	容器类元素，引用主题容器。其内容包括主题词、关键词、分类号、研究领域等内容
频次范围	[1,1]
最大长度	
描述规则	用于描述与科技机构相关的主题词、关键词、分类号、研究领域等内容。其中主题信息需要通过主题类型属性 type 及主题来源属性 source 配合使用，科技机构的主题类型 type 可取值：SubjectConcept 主题概念（叙词表、术语表等）；Classification（分类表、范畴体系等）；ResearchTopic（研究方向）；ResearchDomain（专业领域）；Keyword（关键词），其中 ResearchDomain（专业领域）要求必备，必备性通过汇交工具控制，相关元素参见 8.2 主题通用容器描述规范
数据样例	

10.7.2.27 基金项目

标识符	http://spec.ckcest.cn/core/funding_list
名称	funding_list
出处	中国工程科技知识中心元数据规范
定义	容器类元素，引用基金项目容器，封装科技机构主持的基金项目相关信息
频次范围	[0,1]
最大长度	
描述规则	对科技机构主持的基金项目相关信息进行封装，相关元素参见 8.8 基金项目通用容器描述规范
数据样例	

10.7.2.28 机构主页

标识符	http://spec.ckcest.cn/core/homepage
名称	homepage
出处	中国工程科技知识中心元数据规范
定义	机构的主页
频次范围	[0,1]
最大长度	1000
描述规则	描述机构的主页，如可获取机构更多信息的网址，或者知识中心可查看机构详情的页面网址
数据样例	<homepage> http://www.cnki.com.cn/Article/CJFDTotal-ZNYK201208002.htm </homepage>

10.7.2.29 机构照片 URI

标识符	http://spec.ckcest.cn/core/photo_URI
名称	photo_URI
出处	中国工程科技知识中心元数据规范
定义	机构照片的唯一标识符
频次范围	[0,∞)
最大长度	1000
描述规则	描述机构照片的唯一标识符，推荐使用网络可访问的 HTTP URI，也可能是知识中心自建资源的 URI
数据样例	

10.7.2.30 详情地址

标识符	http://spec.ckcest.cn/core/detail_URI
名称	detail_URI
出处	中国工程科技知识中心元数据规范
定义	可获取机构更多详情的 URI，如全文地址，或者知识中心详情页面网址
频次范围	[1,∞)
最大长度	1000

（续表）

描述规则	如可获取机构的网址，或者知识中心详情页面网址
数据样例	<detail_URI> http：//www. cnki. com. cn/Article/CJFDTotal-ZNYK201208002. htm </detail_URI>

10. 7. 2. 31 管理信息

标识符	http: //spec.ckcest.cn/core/admin_meta
名称	admin_meta
出处	中国工程科技知识中心元数据规范
定义	在知识中心范围内与科技机构相关的各类管理信息
频次范围	[1,1]
最大长度	
描述规则	容器类元素，包括科技机构的系统唯一标识符，提供数据的分中心等机构代码，以及数据的创建时间、修改时间、删除标识、使用权限等，参见 8. 1 管理通用容器描述规范
数据样例	

10. 7. 2. 32 附　件

标识符	http: //spec.ckcest.cn/core/ file_list
名称	file_list
出处	中国工程科技知识中心元数据规范
定义	对科技机构元素集中所有附件信息进行封装
频次范围	[0,1]
最大长度	
描述规则	容器类元素，具体参考 8. 11 附件通用容器描述规范
数据样例	

10. 7. 2. 33 扩展元素

标识符	http: //spec.ckcest.cn/core/ extension_meta
名称	extension_meta

（续表）

出处	中国工程科技知识中心元数据规范
定义	容器类元素，封装科技机构元素集中未涉及的元素描述及定义的扩展信息，具体参见 8.12 扩展通用容器描述规范
频次范围	[0,1]
最大长度	
描述规则	本元素无需描述
数据样例	

10.8 科研项目元素集描述规范

10.8.1 内容结构

科研项目元素集元素简表见表 23。

表 23 科研项目元素集元素简表

序号	中文名称	名称	数据类型	频次范围	最大长度	复用标准
1	科研项目元素	project_meta	容器类元素	[1,1]		
2	唯一标识	identifier	String	[0,∞)	100	
3	项目名称	title	String	[1,1]	1000	
4	其他项目名称	alternative	String	[0,∞)	1000	
5	摘要	abstract	Text	[1,1]		
6	其他语种摘要	abstract_alternative	Text	[0,∞)		
7	主题	subject_list	容器类元素	[1,1]		参见主题通用容器
8	项目人员	contributor_list	容器类元素	[0,1]		参见责任者通用容器
9	项目机构	organization_list	容器类元素	[0,1]		参见责任机构通用容器
10	资助金额	funding	String	[0,1]	50	
11	起始日期	project_start	String	[0,1]	20	
12	结束日期	project_end	String	[0,1]	20	
13	科研产出列表	achievement_list	容器类元素	[0,1]		参见成果产出通用容器

（续表）

序号	中文名称	名称	数据类型	频次范围	最大长度	复用标准
14	详情地址	detail_URI	String	[1,∞)	1000	
15	管理信息	admin_meta	容器类元素	[1,1]		参见管理通用容器
16	附件	file_list	容器类元素	[0,1]		参见附件通用容器
17	扩展元素	extension_meta	容器类元素	[0,1]		参见扩展通用容器

10.8.2 描述细则

10.8.2.1 科研项目元素

标识符	http://spec.ckcest.cn/core/project_meta
名称	project_meta
出处	中国工程科技知识中心元数据规范
定义	容器类元素，用来对科研项目元素进行封装
频次范围	[1,1]
最大长度	
描述规则	本元素为容器类元素，按数据模型描述
数据样例	

10.8.2.2 唯一标识

标识符	http://spec.ckcest.cn/core/identifier
名称	identifier
出处	中国工程科技知识中心元数据规范
定义	在特定范围内给予科研项目的一个明确标识
频次范围	[0,∞)
最大长度	100
描述规则	采用符合正式标识符体系的字符串进行标识，其类型编码参见“附录：表45 唯一标识符编码表”。科研项目唯一标识符采用项目编号 ProjectCode，且必备，必备性通过汇交工具进行控制
数据样例	<identifiertype="ProjectCode">CK20160523-1</identifier>

10.8.2.3 项目名称

标识符	http: //spec.ckcest.cn/core/title
名称	title
出处	中国工程科技知识中心元数据规范
定义	基金项目的正式名称
频次范围	[1,1]
最大长度	1000
描述规则	用于描述项目的名称，按实际著录，语种根据元素属性 language 定义，具体取值参见“附录：表 44 语言代码编码表”
数据样例	

10.8.2.4 其他项目名称

标识符	http: //spec.ckcest.cn/core/alternative
名称	alternative
出处	中国工程科技知识中心元数据规范
定义	项目的其他名称
频次范围	[0,∞)
最大长度	1000
描述规则	用于描述项目的其他名称，用元素属性 type 定义，其取值参见“附录：表 46 其他题名类型编码表”，语种根据元素属性 language 定义，具体取值参见“附录：表 44 语言代码编码表”
数据样例	

10.8.2.5 摘　要

标识符	http: //spec.ckcest.cn/core/abstract
名称	abstract
出处	中国工程科技知识中心元数据规范
定义	科研项目的摘要信息
频次范围	[1,1]
最大长度	

（续表）

描述规则	用于描述科研项目的摘要信息，语种信息采用元素属性 language 取值，具体取值参见“附录：表 44 语言代码编码表”
数据样例	

10.8.2.6 其他语种摘要

标识符	http://spec.ckcest.cn/core/abstract_alternative
名称	abstract_alternative
出处	中国工程科技知识中心元数据规范
定义	与正文语种摘要对应的其他语种摘要
频次范围	[0,∞)
最大长度	
描述规则	用于描述项目的其他语种摘要，按实际著录。语种信息采用元素属性 language 取值，具体取值参见“附录：表 44 语言代码编码表”
数据样例	

10.8.2.7 主　题

标识符	http://spec.ckcest.cn/core/subject_list
名称	subject_list
出处	中国工程科技知识中心元数据规范
定义	容器类元素，引用主题容器。其内容包括主题词、关键词、分类号、研究领域等内容
频次范围	[1,1]
最大长度	
描述规则	用于描述与科研项目相关的主题词、关键词、分类号、研究领域等内容。其中主题信息需要通过主题类型属性 type 及主题来源属性 source 配合使用，科研项目的主题类型 type 可取值：SubjectConcept 主题概念（叙词表、术语表等）；Classification（分类表、范畴体系等）；ResearchTopic（研究方向）；ResearchDomain（专业领域）；Keyword（关键词），其中 Keyword（关键词）要求必备，必备性通过汇交工具控制，相关元素参见 8.2 主题通用容器描述规范
数据样例	

10.8.2.8 项目人员

标识符	http://spec.ckcest.cn/core/contributor_list
名称	contributor_list

（续表）

出处	中国工程科技知识中心元数据规范
定义	容器类元素，主持和参与项目的科研人员信息
频次范围	[0,1]
最大长度	
描述规则	描述主持及参与项目的所有人员信息，具体元素信息参见 8.3 责任者通用容器描述规范。责任者元素一般需要与排序属性 sequence 配合使用，属性 sequence 具体取值为正整数，如 1、2、3、4 等，不同角色的排序可不同。角色属性 role 的取值具体参见表 56 人员（机构）角色编码表，role 取值为 Leader 表示项目主持人，role 取值为 Participant 表示项目参与人员
数据样例	<contributor_list> <contributor_meta sequence="1" role="eader"> <full_name>刘旭</full_name> <surname>刘</surname> <given_name>旭</given_name> <alternative_name language="eng"> liu. xu </alternative_name> <email>test@ 163. com </email> <contributor_URI type="KID"> EFB4BEA0689E </contributor_URI> </contributor_meta> <contributor_meta sequence="2" role="Participant"> <full_name>张三</full_name> <surname>张</surname> <given_name>三</given_name> <alternative_name language="eng"> Zhangsan </alternative_name> <email>test@ 163. com </email> <contributor_URI type="KID"> EFB4BEA0689E </contributor_URI> </contributor_meta> </contributor_list>

10.8.2.9 项目机构

标识符	http://spec.ckcest.cn/core/organization_list
名称	organization_list
出处	中国工程科技知识中心元数据规范
定义	容器类元素，基金项目资助机构，以及项目组织单位、承担单位和参与单位的相关信息
频次范围	[0,1]

（续表）

最大长度	
描述规则	描述项目基金项目资助机构，以及所有组织单位、承担单位和参与单位的相关信息，具体元素信息参见 8.4 责任机构通用容器描述规范。项目机构元素一般与排序属性 sequence 及属性 role 配合使用，属性 sequence 具体取值为正整数，如 1、2、3、4 等，不同角色的排序可不同。属性 role 的取值具体参见“表 56 人员（机构）角色编码表”，role 取值：Funder 表示项目资助机构、Organizer 表示组织单位、Leader 表示主持或承担单位，Participant 表示参与单位
数据样例	<organization_list> <organization_meta sequence="1" role="Funder" > <name>国家自然基金委员会</name> </organization_meta> <organization_meta sequence="1" role="Leader" > <name>中国农业科学院信息所</name> </organization_meta> <organization_meta sequence="2" role="Participant" > <name>北京市农林科学院</name> </organization_meta> </organization_list>

10.8.2.10 资助金额

标识符	http://spec.ckcest.cn/core/funding
名称	funding
出处	中国工程科技知识中心元数据规范
定义	项目经费
频次范围	[0,1]
最大长度	50
描述规则	用于描述项目经费，按实际著录
数据样例	

10.8.2.11 起始日期

标识符	http://spec.ckcest.cn/core/project_start
名称	project_start
出处	中国工程科技知识中心元数据规范
定义	项目的开始日期
频次范围	[0,1]

（续表）

最大长度	20
描述规则	描述项目的开始日期，若无月日信息，录入年份即可
数据样例	<project_start>2015-12-02</project_start> <project_start>2015-12</project_start>

10.8.2.12 结束日期

标识符	http://spec.ckcest.cn/core/project_end
名称	project_end
出处	中国工程科技知识中心元数据规范
定义	项目的结束日期
频次范围	[0,1]
最大长度	20
描述规则	描述项目的结束日期，若无月日信息，录入年份即可
数据样例	<project_end>2015-12-02</project_end> <project_end>2015-12</project_end>

10.8.2.13 科研产出列表

标识符	http://spec.ckcest.cn/core/ achievement_list
名称	achievement_list
出处	中国工程科技知识中心元数据规范
定义	对科研项目的所有科研产出进行封装
频次范围	[0,1]
最大长度	
描述规则	容器类元素，可封装多个科研产出，参见 8.9 成果产出通用容器描述规范
数据样例	

10.8.2.14 详情地址

标识符	http://spec.ckcest.cn/core/detail_URI
名称	detail_URI

（续表）

出处	中国工程科技知识中心元数据规范
定义	可获取科研项目更多详情的 URI，如全文地址，或者知识中心详情页面网址
频次范围	[1,∞)
最大长度	1000
描述规则	如可获取科研项目的网址，或者知识中心详情页面网址
数据样例	<detail_URI>http://www.cnki.com.cn/Article/CJFDTotal-ZNYK201208002.htm</detail_URI>

10.8.2.15 管理信息

标识符	http://spec.ckcest.cn/core/admin_meta
名称	admin_meta
出处	中国工程科技知识中心元数据规范
定义	在知识中心范围内与科研项目相关的各类管理信息
频次范围	[1,1]
最大长度	
描述规则	容器类元素，包括科研项目的系统唯一标识符，提供数据的分中心等机构代码，以及数据的创建时间、修改时间、删除标识、使用权限等，参见 8.1 管理通用容器描述规范
数据样例	

10.8.2.16 附　件

标识符	http://spec.ckcest.cn/core/ file_list
名称	file_list
出处	中国工程科技知识中心元数据规范
定义	对科研项目元素集中所有附件信息进行封装
频次范围	[0,1]
最大长度	
描述规则	容器类元素，具体参考 8.11 附件通用容器描述规范
数据样例	

10.8.2.17 扩展元素

标识符	http://spec.ckcest.cn/core/ extension_meta
名称	extension_meta
出处	中国工程科技知识中心元数据规范
定义	容器类元素，封装科研项目元素集中未涉及的元素描述及定义的扩展信息，具体参见 8.12 扩展通用容器描述规范
频次范围	[0,1]
最大长度	
描述规则	本元素无需描述
数据样例	

10.9 科技成果元素集描述规范

10.9.1 内容结构

科技成果元素集元素简表见表 24。

表 24 科技成果元素集元素简表

序号	中文名称	名称	数据类型	频次范围	最大长度	复用标准
1	科技成果元素	achievement_meta	容器类元素	[1,1]		
2	唯一标识	identifier	String	[0,∞)	100	
3	成果名称	title	String	[1,1]	1000	
4	其他成果名称	alternative	String	[0,∞)	1000	
5	成果类别	achievement_type	String	[0,1]	20	
6	奖励名称	award_title	String	[0,1]	100	
7	奖励等级	award_level	String	[0,1]	20	
8	奖励年份	award_year	String	[1,1]	50	
9	奖励地区	award_area	String	[0,1]	50	
10	推荐单位	recommended_unit	String	[0,1]	500	
11	简要技术说明	abstract	Text	[1,1]		

（续表）

序号	中文名称	名称	数据类型	频次范围	最大长度	复用标准
12	主题	subject_list	容器类元素	[1,1]		参见主题通用容器
13	完成人	contributor_list	容器类元素	[0,1]		参见责任者通用容器
14	完成单位	organization_list	容器类元素	[0,1]		参见责任机构通用容器
15	知识产权形式	knowledge _ property _type	String	[0,1]	500	
16	成果体现形式	achievement_form	String	[0,1]	500	
17	成果所处阶段	achievement_stage	String	[0,1]	500	
18	成果属性	achievement_property	String	[1,1]	500	
19	成果水平	achievement_level	String	[1,1]	100	
20	研究起止日期	research_period	String	[0,1]	100	
21	登记日期	register_date	String	[0,1]	50	
22	评价日期	appraise_date	String	[0,1]	50	
23	评价方式	appraise_method	String	[0,1]	500	
24	评价单位	appraise_unit	String	[0,1]	500	
25	应用状态	application_status	String	[0,1]	500	
26	转让范围	transfer_scope	String	[0,1]	500	
27	推广形式	transfer_way	String	[0,1]	500	
28	联系人	contacts	String	[0,∞)	500	
29	通讯地址	address	String	[0,1]	500	
30	邮政编码	postal_code	String	[0,1]	20	
31	联系电话	telephone	String	[0,∞)	50	
32	电子邮箱	email	String	[0,∞)	200	
33	基金项目	funding_list	容器类元素	[0,1]		参见基金项目通用容器
34	详情地址	detail_URI	String	[1,∞)	1000	
35	管理信息	admin_meta	容器类元素	[1,1]		参见管理通用容器

（续表）

序号	中文名称	名称	数据类型	频次范围	最大长度	复用标准
36	附件	file_list	容器类元素	[0,1]		参见附件通用容器
37	扩展元素	extension_meta	容器类元素	[0,1]		参见扩展通用容器

10.9.2 描述细则

10.9.2.1 科技成果元素

标识符	http: //spec.ckcest.cn/core/achievement_meta
名称	achievement_meta
出处	中国工程科技知识中心元数据规范
定义	容器类元素，用来对科技成果元素进行封装
频次范围	[1,1]
最大长度	
描述规则	本元素为容器类元素，按数据模型描述
数据样例	

10.9.2.2 唯一标识

标识符	http: //spec.ckcest.cn/core/identifier
名称	identifier
出处	中国工程科技知识中心元数据规范
定义	在特定范围内给予科技成果的一个明确标识
频次范围	[0,∞)
最大长度	100
描述规则	唯一标识参见“附录：表 45 唯一标识符编码表”，科技成果唯一标识符采用成果编号 AchievementCode，且必备，必备性需要汇交工具进行控制
数据样例	

10.9.2.3 成果名称

标识符	http://spec.ckcest.cn/core/title
名称	title
出处	中国工程科技知识中心元数据规范
定义	成果的名称
频次范围	[1,1]
最大长度	1000
描述规则	用于描述成果的名称，按实际著录，语种可根据元素属性 language 定义，具体取值参见“附录：表 44 语言代码编码表”
数据样例	

10.9.2.4 其他成果名称

标识符	http://spec.ckcest.cn/core/alternative
名称	alternative
出处	中国工程科技知识中心元数据规范
定义	成果的其他名称
频次范围	[0,∞)
最大长度	1000
描述规则	用于描述成果的其他名称（如英文名称），用元素属性 type 定义，其取值参见“附录：表 46 其他题名类型编码表”，语种根据元素属性 language 定义，具体取值参见“附录：表 44 语言代码编码表”
数据样例	

10.9.2.5 成果类别

标识符	http://spec.ckcest.cn/core/achievement_type
名称	achievement_type
出处	中国工程科技知识中心元数据规范
定义	科技成果的类别
频次范围	[0,1]
最大长度	20

（续表）

描述规则	用于描述成果的类别，具体取值参见“表 64 科技成果类别编码表”
数据样例	

10.9.2.6 奖励名称

标识符	http://spec.ckcest.cn/core/award_title
名称	award_title
出处	中国工程科技知识中心元数据规范
定义	科技成果的奖励名称
频次范围	[0,1]
最大长度	100
描述规则	用于描述科技成果的奖励名称
数据样例	<award_title>科技进步奖</award_title>

10.9.2.7 奖励等级

标识符	http://spec.ckcest.cn/core/ award_level
名称	award_level
出处	中国工程科技知识中心元数据规范
定义	科技成果的奖励等级
频次范围	[0,1]
最大长度	20
描述规则	用于描述科技成果的奖励等级，如特等奖、一等奖、二等奖，按实际著录
数据样例	<award_level>一等奖</award_level>

10.9.2.8 奖励年份

标识符	http://spec.ckcest.cn/core/ award_year
名称	award_year
出处	中国工程科技知识中心元数据规范
定义	科技成果的奖励年份

（续表）

频次范围	[1,1]
最大长度	50
描述规则	用于描述科技成果获得奖励的年份
数据样例	<award_year>2010</award_year>

10.9.2.9 奖励地区

标识符	http://spec.ckcest.cn/core/award_area
名称	award_area
出处	中国工程科技知识中心元数据规范
定义	科技成果的奖励地区
频次范围	[0,1]
最大长度	50
描述规则	用于描述科技成果的奖励省市等地区
数据样例	<award_area>黑龙江</award_area>

10.9.2.10 推荐单位

标识符	http://spec.ckcest.cn/core/recommended_unit
名称	recommended_unit
出处	中国工程科技知识中心元数据规范
定义	评价该项评价成果的单位名称
频次范围	[0,1]
最大长度	500
描述规则	用于描述评价该项成果的单位名称
数据样例	<recommended_unit>黑龙江省农作物品种审定委员会</recommended_unit>

10.9.2.11 简要技术说明

标识符	http://spec.ckcest.cn/core/abstract
名称	abstract

（续表）

出处	中国工程科技知识中心元数据规范
定义	科技成果的简要技术说明
频次范围	[1,1]
最大长度	
描述规则	用于描述科技成果的简要技术说明，按实际著录
数据样例	

10.9.2.12 主　题

标识符	http://spec.ckcest.cn/core/subject_list
名称	subject_list
出处	中国工程科技知识中心元数据规范
定义	容器类元素，引用主题容器。其内容包括主题词、关键词、分类号、研究领域等内容
频次范围	[1,1]
最大长度	
描述规则	用于描述与科技成果相关的主题词、关键词、分类号、学科领域等内容。其中主题信息需要通过主题类型属性 type 及主题来源属性 source 配合使用，科技成果的主题类型 type 可取值：SubjectConcept 主题概念（叙词表、术语表等）；Classification（分类表、范畴体系等）；ResearchTopic（研究方向）；ResearchDomain（专业领域）；Keyword（关键词），其中 Keyword（关键词）要求必备，必备性通过汇交工具控制，相关元素参见 8.2 主题通用容器描述规范
数据样例	

10.9.2.13 完成人

标识符	http://spec.ckcest.cn/core/contributor_list
名称	contributor_list
出处	中国工程科技知识中心元数据规范
定义	容器类元素，对所有完成人信息进行封装
频次范围	[0,1]

（续表）

最大长度	
描述规则	描述所有完成人的信息，具体元素信息参见 8.3 责任者通用容器描述规范，需要与属性 sequence（完成人顺序）配合使用，具体取值为数值型，如 1、2、3、4 等
数据样例	<contributor_list> <contributor_metasequence="1"> <full_name>刘旭</full_name> <surname>刘</surname> <given_name>旭</given_name> <alternative_name language=" eng"> liu. xu </alternative_name> <email>test@ 163. com </email> <contributor_URI type="KID"> EFB4BEA0689E </contributor_URI> </contributor_meta> <contributor_meta sequence="2"> <full_name>张三</full_name> <surname>张</surname> <given_name>三</given_name> <alternative_name language="eng"> Zhangsan </alternative_name> <email>test@ 163. com </email> <contributor_URI type="KID"> EFB4BEA0689E </contributor_URI> </contributor_meta> </contributor_list>

10.9.2.14 完成单位

标识符	http: //spec.ckcest.cn/core/organization_list
名称	organization_list
出处	中国工程科技知识中心元数据规范
定义	容器类元素，对所有完成单位信息进行封装
频次范围	[0,1]
最大长度	
描述规则	描述所有完成单位信息，具体元素信息参见 8.4 责任机构通用容器描述规范。完成单位名称需要与属性 sequence（完成单位顺序）配合使用，具体取值为数值型，如 1、2、3、4 等

（续表）

数据样例	<organization_list> <organization_meta sequence = "1"> <name> 中国农业科学院信息所 </ name> <alternative_name type = "abbreviated" language = "eng"> CAAS </alternative_name> <organization _URI> http: //agri. ckcest. cn/searchResult. jsp? id = 5305B25A - 185A - 4C71 - 8FDD - 348E36B60F75 &classtype = 13 </organization _URI> <country_meta> <country_name language = "eng"> China </country_name> <country_code> CN </country_code> </country_meta> <city>北京</ city> <address>北京市海淀区中关村南大街 12 号</address> <postal_code> 100081 </postal_code> </organization_meta> <organization_meta sequence = "2"> <name> 北京市农林科学院 </name> <alternative_name type = "abbreviated" language = "eng"> BAAFS </alternative_name> <organization _URI> http: //agri. ckcest. cn/searchResult. jsp? id = 5305B25A - 185A - 4C71 - 8FDD - 348E36B60F75 &classtype = 14 </organization _URI> <country_meta> <country_name language = "eng"> China </country_name> <country_code> CN </country_code> </country_meta> <city>北京</ city> <address>北京海淀区曙光花园中路 11 号</address> <postal_code> 100097</postal_code> </organization_meta> </organization_list>

10. 9. 2. 15 知识产权形式

标识符	http: //spec.ckcest.cn/core/knowledge_property_type
名称	knowledge_property_type
出处	中国工程科技知识中心元数据规范

（续表）

定义	科技成果的知识产权形式
频次范围	[0,1]
最大长度	500
描述规则	用于描述科技成果的知识产权形式
数据样例	

10.9.2.16 成果体现形式

标识符	http://spec.ckcest.cn/core/achievement_form
名称	achievement_form
出处	中国工程科技知识中心元数据规范
定义	科技成果的体现形式
频次范围	[0,1]
最大长度	500
描述规则	用于描述科技成果的体现形式，如：农业、生物新品种
数据样例	<achievement_form>农业、生物新品种</achievement_form>

10.9.2.17 成果所处阶段

标识符	http://spec.ckcest.cn/core/achievement_stage
名称	achievement_stage
出处	中国工程科技知识中心元数据规范
定义	科技成果所处的发展阶段
频次范围	[0,1]
最大长度	500
描述规则	用于描述科技成果所处的发展阶段，如：成熟应用阶段
数据样例	<achievement_stage>成熟应用阶段</achievement_stage>

10.9.2.18 成果属性

标识符	http://spec.ckcest.cn/core/achievement_property
名称	achievement_property

（续表）

出处	中国工程科技知识中心元数据规范
定义	科技成果的属性
频次范围	[1,1]
最大长度	500
描述规则	用于描述科技成果的属性，如：原始性创新
数据样例	<achievement_property>原始性创新</achievement_property>

10.9.2.19 成果水平

标识符	http://spec.ckcest.cn/core/achievement_level
名称	achievement_level
出处	中国工程科技知识中心元数据规范
定义	科技成果所处的水平
频次范围	[1,1]
最大长度	100
描述规则	用于描述科技成果所处的水平，如：国内领先
数据样例	<achievement_level>国内领先</achievement_level>

10.9.2.20 研究起止日期

标识符	http://spec.ckcest.cn/core/research_period
名称	research_period
出处	中国工程科技知识中心元数据规范
定义	科技成果的研究开始日期及结束日期
频次范围	[0,1]
最大长度	100
描述规则	用于描述科技成果的研究开始日期及结束日期
数据样例	<research_period>2001-12 至 2008-12</ research_period>

10.9.2.21 登记日期

标识符	http://spec.ckcest.cn/core/register_date
名称	register_date
出处	中国工程科技知识中心元数据规范
定义	科技成果的登记日期
频次范围	[0,1]
最大长度	50
描述规则	用于描述科技成果的登记日期
数据样例	<register_date>2008-12-12</register_date>

10.9.2.22 评价日期

标识符	http://spec.ckcest.cn/core/appraise_date
名称	appraise_date
出处	中国工程科技知识中心元数据规范
定义	科技成果的评价日期
频次范围	[0,1]
最大长度	50
描述规则	用于描述科技成果的评价日期
数据样例	<appraise_date>2008-12-12</appraise_date>

10.9.2.23 评价方式

标识符	http://spec.ckcest.cn/core/appraise_method
名称	appraise_method
出处	中国工程科技知识中心元数据规范
定义	科技成果评价的方式
频次范围	[0,1]
最大长度	500
描述规则	用于描述科技成果评价的方式，如：鉴定
数据样例	<appraise_method>鉴定</appraise_method>

10.9.2.24 评价单位

标识符	http://spec.ckcest.cn/core/appraise_unit
名称	appraise_unit
出处	中国工程科技知识中心元数据规范
定义	评价该项评价成果的单位名称
频次范围	[0,1]
最大长度	500
描述规则	用于描述评价该项评价成果的单位名称
数据样例	<appraise_unit>黑龙江省农作物品种审定委员会</appraise_unit>

10.9.2.25 应用状态

标识符	http://spec.ckcest.cn/core/application_status
名称	application_status
出处	中国工程科技知识中心元数据规范
定义	科技成果的应用状态
频次范围	[0,1]
最大长度	500
描述规则	用于描述科技成果的应用状态
数据样例	<application_status>稳定应用</application_status>

10.9.2.26 转让范围

标识符	http://spec.ckcest.cn/core/transfer_scope
名称	transfer_scope
出处	中国工程科技知识中心元数据规范
定义	科技成果转让的范围
频次范围	[0,1]
最大长度	500
描述规则	用于描述科技成果转让的范围
数据样例	<transfer_scope>不转让</transfer_scope>

10.9.2.27 推广形式

标识符	http://spec.ckcest.cn/core/transfer_way
名称	transfer_way
出处	中国工程科技知识中心元数据规范
定义	科技成果的推广形式
频次范围	[0,1]
最大长度	500
描述规则	用于描述科技成果的推广形式
数据样例	<transfer_way>其他</transfer_way>

10.9.2.28 联系人

标识符	http://spec.ckcest.cn/core/contacts
名称	contacts
出处	中国工程科技知识中心元数据规范
定义	科技成果的联系人姓名
频次范围	[0,∞)
最大长度	500
描述规则	用于描述科技成果的联系人姓名
数据样例	

10.9.2.29 通信地址

标识符	http://spec.ckcest.cn/core/address
名称	address
出处	中国工程科技知识中心元数据规范
定义	科技成果联系人的通讯地址
频次范围	[0,1]
最大长度	500
描述规则	描述科技成果联系人的通讯地址，按照实际著录
数据样例	<address>北京市中关村南大街 12 号</address>

10.9.2.30 邮政编码

标识符	http://spec.ckcest.cn/core/postal_code
名称	postal_code
出处	中国工程科技知识中心元数据规范
定义	描述科技成果完成人通讯地址的邮政编码
频次范围	[0,1]
最大长度	20
描述规则	描述科技成果完成人通讯地址的邮政编码，按照实际著录
数据样例	<postal_code>100081</postal_code>

10.9.2.31 联系电话

标识符	http://spec.ckcest.cn/core/telephone
名称	telephone
出处	中国工程科技知识中心元数据规范
定义	描述科技成果联系人的联系电话
频次范围	[0,∞)
最大长度	50
描述规则	描述科技成果联系人的联系电话，按照实际著录
数据样例	<telephone>13987628690</telephone>

10.9.2.32 电子邮箱

标识符	http://spec.ckcest.cn/core/email
名称	email
出处	中国工程科技知识中心元数据规范
定义	描述科技成果联系人的电子邮箱
频次范围	[0,∞)
最大长度	200
描述规则	描述科技成果联系人的电子邮箱，按照实际著录
数据样例	<email> example@ caas. cn </email>

10. 9. 2. 33 基金项目

标识符	http: //spec.ckcest.cn/core/funding_list
名称	funding_list
出处	中国工程科技知识中心元数据规范
定义	容器类元素，引用基金项目容器，封装科技成果所属的基金项目相关信息
频次范围	[0,1]
最大长度	
描述规则	对科技成果所属的基金项目相关信息进行封装，相关元素参见 8. 8 基金项目通用容器描述规范
数据样例	

10. 9. 2. 34 详情地址

标识符	http: //spec.ckcest.cn/core/detail_URI
名称	detail_URI
出处	中国工程科技知识中心元数据规范
定义	可获取科技成果更多详情的 URI，如全文地址，或者知识中心详情页面网址
频次范围	[1,∞)
最大长度	1000
描述规则	如可获取科技成果的网址，或者知识中心详情页面网址
数据样例	

10. 9. 2. 35 管理信息

标识符	http: //spec.ckcest.cn/core/admin_meta
名称	admin_meta
出处	中国工程科技知识中心元数据规范
定义	在知识中心范围内与科技成果相关的各类管理信息
频次范围	[1,1]
最大长度	
描述规则	容器类元素，包括科技成果的系统唯一标识符，提供数据的分中心等机构代码，以及数据的创建时间、修改时间、删除标识、使用权限等，参见 8. 1 管理通用容器描述规范
数据样例	

10. 9. 2. 36 附 件

标识符	http://spec.ckcest.cn/core/file_list
名称	file_list
出处	中国工程科技知识中心元数据规范
定义	对科技成果元素集中所有附件信息进行封装
频次范围	[0,1]
最大长度	
描述规则	容器类元素，具体参考 8. 11 附件通用容器描述规范
数据样例	

10. 9. 2. 37 扩展元素

标识符	http://spec.ckcest.cn/core/ extension_meta
名称	extension_meta
出处	中国工程科技知识中心元数据规范
定义	容器类元素，封装科技成果元素集中未涉及的元素描述及定义的扩展信息，具体参见 8. 12 扩展通用容器描述规范
频次范围	[0,1]
最大长度	
描述规则	本元素无需描述
数据样例	

10. 10 专利元素集描述规范

10.10.1 内容结构

专利元素集元素简表见表 25。

表 25 专利元素集元素简表

序号	中文名称	名称	数据类型	频次范围	最大长度	复用标准
1	专利元素	patent_meta	容器类元素	[1,1]		
2	唯一标识	identifier	String	[0,∞)	100	

（续表）

序号	中文名称	名称	数据类型	频次范围	最大长度	复用标准
3	专利名称	title	String	[1,1]	2000	
4	专利其他名称	alternative	String	[0,∞)	2000	
5	摘要	abstract	Text	[1,1]		
6	其他语种摘要	abstract_alternative	Text	[0,∞)		
7	专利类型	patent_type	String	[0,1]	50	
8	所属国家/地区/组织	country_meta	容器类元素	[0,1]		参见国家/地区/组织通用容器
9	申请人	applicant_list	容器类元素	[1,1]		参见责任者通用容器或参见责任机构通用容器
10	专利权人	patentee_list	容器类元素	[0,1]		参见责任者通用容器或参见责任机构通用容器
11	发明人	contributor_list	容器类元素	[1,1]		参见责任者通用容器
12	专利状态	status	String	[1,1]	20	
13	申请日期	application_date	Date	[1,1]		
14	发布日期	release_date	Date	[1,1]		
15	申请号	application_number	String	[1,1]	50	
16	公开号	publication_number	String	[1,1]	50	
17	专利号	patent_number	String	[0,1]	50	
18	申请来源	application_source	String	[0,1]	50	
19	主题	subject_list	容器类元素	[1,1]		参见主题通用容器
20	同族族号	patent_family_no	String	[0,1]	50	
21	同族专利项名称	patent_family_title	String	[0,1]	1000	
22	权利要求数量	claim_number	String	[0,1]	50	
23	参考文献	reference_list	容器类元素	[0,1]		参见参考文献通用容器
24	详情地址	detail_URI	String	[1,∞)	1000	

（续表）

序号	中文名称	名称	数据类型	频次范围	最大长度	复用标准
25	管理信息	admin_meta	容器类元素	[1,1]		参见管理通用容器
26	附件	file_list	容器类元素	[0,1]		参见附件通用容器
27	扩展元素	extension_meta	容器类元素	[0,1]		参见扩展通用容器

10.10.2 描述细则

10.10.2.1 专利元素

标识符	http://spec.ckcest.cn/core/patent _meta
名称	patent_meta
出处	中国工程科技知识中心元数据规范
定义	容器类元素，用来对专利元素进行封装
频次范围	[1,1]
最大长度	
描述规则	本元素为容器类元素，按数据模型描述
数据样例	

10.10.2.2 唯一标识

标识符	http://spec.ckcest.cn/core/identifier
名称	identifier
出处	中国工程科技知识中心元数据规范
定义	在特定范围内给予专利的一个明确标识
频次范围	[0,∞)
最大长度	100
描述规则	采用符合正式标识符体系的字符串进行标识，正式的标识符体系包括但不限于数字对象唯一标识符（DOI）等，其类型编码参见“附录：表 45 唯一标识符编码表”
数据样例	

10.10.2.3 专利名称

标识符	http://spec.ckcest.cn/core/title
名称	title
出处	中国工程科技知识中心元数据规范
定义	专利的名称
频次范围	[1,1]
最大长度	2000
描述规则	用于描述专利的正题名，语种根据元素属性 language 定义，具体取值参见“附录：表 44 语言代码编码表”
数据样例	

10.10.2.4 专利其他名称

标识符	http://spec.ckcest.cn/core/alternative
名称	alternative
出处	中国工程科技知识中心元数据规范
定义	成果的其他名称
频次范围	[0,∞)
最大长度	2000
描述规则	用于描述除了正题名以外的其他题名，可以包括译名和缩略题名，用元素属性 type 定义，其取值参见“附录：表 46 其他题名类型编码表”，语种根据元素属性 language 定义，具体取值参见“附录：表 44 语言代码编码表”
数据样例	

10.10.2.5 摘　要

标识符	http://spec.ckcest.cn/core/abstract
名称	abstract
出处	中国工程科技知识中心元数据规范
定义	专利的简要说明
频次范围	[1,1]
最大长度	

（续表）

描述规则	用于描述专利的简要说明，种取值根据元素属性 language 的取值而定，具体取值参见“附录：表 44 语言代码编码表”
数据样例	

10.10.2.6 其他语种摘要

标识符	http://spec.ckcest.cn/core/abstract_alternative
名称	abstract_alternative
出处	中国工程科技知识中心元数据规范
定义	专利的其他简要说明
频次范围	[0,∞)
最大长度	
描述规则	用于描述专利的其他简要说明，按实际著录，其他语种取值根据元素属性 language 的取值而定，具体取值参见“附录：表 44 语言代码编码表”
数据样例	

10.10.2.7 专利类型

标识符	http://spec.ckcest.cn/core/patent_type
名称	patent_type
出处	中国工程科技知识中心元数据规范
定义	专利的类型
频次范围	[0,1]
最大长度	50
描述规则	用于描述专利的类型
数据样例	

10.10.2.8 所属国家/地区/组织

标识符	http://spec.ckcest.cn/core/country_meta
名称	country_meta
出处	中国工程科技知识中心元数据规范

（续表）

定义	容器类元素，描述专利所属国家/地区/组织的信息
频次范围	[0,1]
最大长度	
描述规则	描述专利所属国家/地区/组织的信息，可以包括国家/地区/组织的名称，缩写等，参照8.5国家/地区/组织通用容器描述规范
数据样例	<country_meta> <country_name language="eng" > UnitedKingdom </country_name> <country_code> UK </country_code> <country_meta>

10.10.2.9 申请人

标识符	http://spec.ckcest.cn/core/applicant_list
名称	applicant_list
出处	中国工程科技知识中心元数据规范
定义	容器类元素，对专利申请人信息进行封装
频次范围	[1,1]
最大长度	
描述规则	描述专利申请人的信息，申请人既可能为个人，也可能为单位、机构等，当申请人为个人时，其申请人列表元素信息参见8.3责任者通用容器描述规范；当申请人为单位、机构时，其申请人列表元素信息参见8.4责任机构通用容器描述规范。申请人元素需要与属性sequence（申请人顺序），及属性role（申请人取值applicant）配合使用
数据样例	例1: 申请人为人员 <applicant_list> <contributor_list> <contributor_meta sequence="1" role="Applicant"> <full_name>张三</full_name> <surname>张</surname> <given_name>三</given_name> <alternative_name language=" eng"> zhangsan </alternative_name> <email>test@163.com </email> <contributor_URI type="KID"> EFB4BEA0689E </contributor_URI> </contributor_meta> </contributor_list> </applicant_list> 例2: 申请人为单位、机构等 <applicant_list> <organization_list>

（续表）

数据样例	<organization_meta sequence="1" role="Applicant"> <name> 中国农业科学院信息所 </ name> <alternative_name type="abbreviated" language=" eng"> CAAS </alternative_name> <organization_URI> http://agri.ckcest.cn/searchResult.jsp?id = 5305B25A - 185A - 4C71 - 8FDD - 348E36B60F75 &classtype=13 </organization_URI> <country_meta> <country_name language="eng"> China </country_name> <country_code> CN </country_code> </country_meta> <city>北京</ city> <address>北京市海淀区中关村南大街 12 号</address> <postal_code> 100081 </postal_code> </organization_meta> </organization_list> </applicant_list>

10.10.2.10 专利权人

标识符	http://spec.ckcest.cn/core/patentee_list
名称	patentee_list
出处	中国工程科技知识中心元数据规范
定义	容器类元素，对专利权人信息进行封装
频次范围	[0,1]
最大长度	
描述规则	描述专利权人的信息，专利权人既可能为个人，也可能为单位、机构等，当专利权人为个人时，其专利权人列表元素信息参见 8.3 责任者通用容器描述规范；当专利权人为单位、机构时，其专利权人列表元素信息参见 8.4 责任机构通用容器描述规范。专利权人元素需要与属性 sequence（专利权人顺序），及属性 role（专利权人取值 patentee）配合使用
数据样例	例 1: 专利权人为人员 <patentee_list> <contributor_list> <contributor_meta sequence="1" role=" patentee"> <full_name>张三</full_name> <surname>张</surname> <given_name>三</given_name> <alternative_name language="eng"> zhangsan </alternative_name>

（续表）

数据样例	<email>test@ 163. com </email> <contributor_URI type="KID"> EFB4BEA0689E </contributor_URI> </contributor_meta> </contributor_list> </patentee_list> 例 2: 专利权人为单位、机构等 <patentee_list> <organization_list> <organization_meta sequence="1" role="patentee"> <name> 中国农业科学院信息所 </name> <alternative_name type="abbreviated" language="eng"> CAAS </alternative_name> <organization_URI> http: //agri. ckcest. cn/searchResult. jsp? id = 5305B25A - 185A - 4C71 - 8FDD - 348E36B60F75 &classtype=13 </organization_URI> <country_meta> <country_name language="eng"> China </country_name> <country_code> CN </country_code> </country_meta> <city>北京</ city> <address>北京市海淀区中关村南大街 12 号</address> <postal_code> 100081 </postal_code> </organization_meta> </organization_list> </patentee_list>

10. 10. 2. 11 发明人

标识符	http: //spec.ckcest.cn/core/contributor_list
名称	contributor_list
出处	中国工程科技知识中心元数据规范
定义	容器类元素，对所有发明人信息进行封装
频次范围	[1,1]
最大长度	
描述规则	描述所有发明人信息，具体元素信息参见 8. 3 责任者通用容器描述规范。该元素需要与属性 sequence（完成人顺序）和 role（发明人是指 inventor）配合使用，具体取值为数值型，如 1、2、3、4 等

（续表）

数据样例	<contributor_list> <contributor_meta sequence="1" role="Inventor"> <full_name>张三</full_name> <surname>张</surname> <given_name>三</given_name> <alternative_name language=" eng"> zhangsan </alternative_name> <email>test@ 163. com </email> <contributor_URI type="KID"> EFB4BEA0689E </contributor_URI> </contributor_meta> </contributor_list>

10. 10. 2. 12 专利状态

标识符	http://spec.ckcest.cn/core/status
名称	status
出处	中国工程科技知识中心元数据规范
定义	专利所处的法律状态
频次范围	[1,1]
最大长度	20
描述规则	描述专利所处法律状态，如：专利申请尚未授权、专利申请撤回、专利申请被驳回、专利权有效、专利权终止、专利权或专利申请权转移、专利权有效期届满、专利权无效、专利权质押等
数据样例	

10. 10. 2. 13 申请日期

标识符	http://spec.ckcest.cn/core/application_date
名称	application_date
出处	中国工程科技知识中心元数据规范
定义	申请专利的日期
频次范围	[1,1]
最大长度	
描述规则	描述申请专利的日期，需符合 W3C 的 DTF 标准（YYYY-MM-DD）
数据样例	<application_date>2015-12-02</application_date>

10.10.2.14 发布日期

标识符	http://spec.ckcest.cn/core/release_date
名称	release_date
出处	中国工程科技知识中心元数据规范
定义	专利颁布的日期
频次范围	[1,1]
最大长度	
描述规则	描述专利颁布的日期，需符合 W3C 的 DTF 标准（YYYY-MM-DD）
数据样例	<release_date>2015-12-02</release_date>

10.10.2.15 申请号

标识符	http://spec.ckcest.cn/core/application_number
名称	application_number
出处	中国工程科技知识中心元数据规范
定义	专利申请号码
频次范围	[1,1]
最大长度	50
描述规则	描述专利申请号码，按实际著录
数据样例	

10.10.2.16 公开号

标识符	http://spec.ckcest.cn/core/publication_number
名称	publication_number
出处	中国工程科技知识中心元数据规范
定义	专利公开号
频次范围	[1,1]
最大长度	50
描述规则	描述专利公开号，按实际著录
数据样例	

10.10.2.17 专利号

标识符	http://spec.ckcest.cn/core/patent_number
名称	Patent_number
出处	中国工程科技知识中心元数据规范
定义	专利号即授权号
频次范围	[0,1]
最大长度	50
描述规则	描述授权以后分配的专利号码
数据样例	

10.10.2.18 申请来源

标识符	http://spec.ckcest.cn/core/application_source
名称	application_source
出处	中国工程科技知识中心元数据规范
定义	专利申请的来源
频次范围	[0,1]
最大长度	50
描述规则	描述专利申请的来源，如申请人直接申请、专利权转让获得和继承获得等，一般按实际著录
数据样例	

10.10.2.19 主　题

标识符	http://spec.ckcest.cn/core/subject_list
名称	subject_list
出处	中国工程科技知识中心元数据规范
定义	容器类元素，引用主题容器。其内容包括主题词、关键词、分类号、研究领域等内容
频次范围	[1,1]
最大长度	

（续表）

描述规则	用于描述与专利相关的主题词、关键词、分类号、研究领域等内容。其中主题信息需要通过主题类型属性 type 及主题来源属性 source 配合使用，专利的主题类型 type 可取值 classification（专利分类）来描述与专利相关的分类信息，且必备，其必备性通过汇交工具控制；同时主题来源属性 source 可取值 IPC、CPC 等专利分类号，具体取值参见“附录：表 41 专利分类号类型编码表，其中 IPC 必备，其必备性通过汇交工具控制，其他相关元素参见 8.2 主题通用容器描述规范
数据样例	

10.10.2.20 同族族号

标识符	http://spec.ckcest.cn/core/patent_family_no
名称	patent_family_no
出处	中国工程科技知识中心元数据规范
定义	同一专利族号码
频次范围	[0,1]
最大长度	50
描述规则	描述同一专利族号码，按实际著录
数据样例	

10.10.2.21 同族专利项名称

标识符	http://spec.ckcest.cn/core/patent_family_title
名称	patent_family_title
出处	中国工程科技知识中心元数据规范
定义	同一专利族名称
频次范围	[0,1]
最大长度	1000
描述规则	描述同一专利族名称，按实际著录
数据样例	

10.10.2.22 权利要求数量

标识符	http://spec.ckcest.cn/core/claim_number
名称	claim_number

（续表）

出处	中国工程科技知识中心元数据规范
定义	指专利要求的项数
频次范围	[0,1]
最大长度	50
描述规则	描述专利中权利要求的数量
数据样例	

10.10.2.23 参考文献

标识符	http://spec.ckcest.cn/core/reference_list
名称	reference_list
出处	中国工程科技知识中心元数据规范
定义	专利所附参考文献
频次范围	[0,1]
最大长度	
描述规则	容器类元素，参见 8.10 参考文献通用容器描述规范
数据样例	

10.10.2.24 详情地址

标识符	http://spec.ckcest.cn/core/detail_URI
名称	detail_URI
出处	中国工程科技知识中心元数据规范
定义	可获取专利更多详情的 URI，如全文地址，或者知识中心详情页面网址
频次范围	[1,∞)
最大长度	1000
描述规则	如可获取专利的网址，或者知识中心详情页面网址
数据样例	

10.10.2.25 管理信息

标识符	http://spec.ckcest.cn/core/admin_meta
名称	admin_meta

（续表）

出处	中国工程科技知识中心元数据规范
定义	在知识中心范围内与专利相关的各类管理信息
频次范围	[1,1]
最大长度	
描述规则	容器类元素，包括专利的系统唯一标识符，提供数据的分中心等机构代码，以及数据的创建时间、修改时间、删除标识、使用权限等，参见 8.1 管理通用容器描述规范
数据样例	

10.10.2.26 附　件

标识符	http://spec.ckcest.cn/core/file_list
名称	file_list
出处	中国工程科技知识中心元数据规范
定义	对专利元素集中所有附件信息进行封装
频次范围	[0,1]
最大长度	
描述规则	容器类元素，具体参考 8.11 附件通用容器描述规范
数据样例	

10.10.2.27 扩展元素

标识符	http://spec.ckcest.cn/core/extension_meta
名称	extension_meta
出处	中国工程科技知识中心元数据规范
定义	容器类元素，封装专利元素集中未涉及的元素描述及定义的扩展信息，具体参见 8.12 扩展通用容器描述规范
频次范围	[0,1]
最大长度	
描述规则	本元素无需描述
数据样例	

10.11 标准元素集描述规范

10.11.1 内容结构

标准元素集元素简表见表 26。

表 26 标准元素集元素简表

序号	中文名称	名称	数据类型	频次范围	最大长度	复用标准
1	标准元素	standard_meta	容器类元素	[1,1]		
2	唯一标识	identifier	String	[0,∞)	100	
3	标准编号	standard_number	String	[1,1]	100	
4	标准名称	title	Text	[1,1]		
5	其他标准名称	alternative	Text	[0,∞)		
6	标准类型	standard_type	String	[1,1]	100	
7	摘要	abstract	Text	[0,1]		
8	其他语种摘要	abstract_alternative	Text	[0,∞)		
9	责任机构	organization_list	容器类元素	[1,1]		参见责任机构通用容器
10	所属国家/地区/组织	country_meta	容器类元素	[0,1]		参见国家/地区/组织通用容器
11	主题	subject_list	容器类元素	[1,1]		参见主题通用容器
12	标准状态	standard_state	String	[1,1]	20	
13	页码	pages	Int	[0,1]		
14	发布日期	release_date	Date	[1,1]		
15	实施日期	enforcement_date	Date	[0,1]		
16	作废日期	invalidation_date	Date	[0,1]		
17	代替标准	replace_for	Text	[0,1]		
18	被替代标准	replaced_by	Text	[0,1]		
19	采用标准	adopted	Text	[0,1]		
20	引用标准	cited	Text	[0,1]		
21	参考文献	reference_list	容器类元素	[0,1]		参见参考文献通用容器

（续表）

序号	中文名称	名称	数据类型	频次范围	最大长度	复用标准
22	详情地址	detail_URI	String	[1,∞)	1000	
23	管理信息	admin_meta	容器类元素	[1,1]		参见管理通用容器
24	附件	file_list	容器类元素	[0,1]		参见附件通用容器
25	扩展元素	extension_meta	容器类元素	[0,1]		参见扩展通用容器

10.11.2 描述细则

10.11.2.1 标准元素

标识符	http://spec.ckcest.cn/core/standard_meta
名称	standard_meta
出处	中国工程科技知识中心元数据规范
定义	容器类元素，用来对标准元素进行封装
频次范围	[1,1]
最大长度	
描述规则	本元素为容器类元素，按数据模型描述
数据样例	

10.11.2.2 唯一标识

标识符	http://spec.ckcest.cn/core/identifier
名称	identifier
出处	中国工程科技知识中心元数据规范
定义	在特定范围内给予标准的一个明确标识
频次范围	[0,∞)
最大长度	100
描述规则	采用符合正式标识符体系的字符串进行标识，正式的标识符体系包括但不限于数字对象唯一标识符（DOI）等，其类型编码参见“附录：表45唯一标识符编码表”
数据样例	

10.11.2.3 标准编号

标识符	http://spec.ckcest.cn/core/standard_number
名称	standard_number
出处	中国工程科技知识中心元数据规范
定义	标准的编号
频次范围	[1,1]
最大长度	100
描述规则	用于描述标准的编号
数据样例	

10.11.2.4 标准名称

标识符	http://spec.ckcest.cn/core/title
名称	title
出处	中国工程科技知识中心元数据规范
定义	标准的名称
频次范围	[1,1]
最大长度	
描述规则	用于描述标准的正题名，语种根据元素属性 language 定义，具体取值参见“附录　表 44 语言代码编码表”
数据样例	

10.11.2.5 其他标准名称

标识符	http://spec.ckcest.cn/core/alternative
名称	alternative
出处	中国工程科技知识中心元数据规范
定义	标准的其他名称
频次范围	[0,∞)
最大长度	
描述规则	用于描述除了正题名以外的其他题名，可以包括译名和缩略题名，用元素属性 type 定义，其取值参见“附录：表 46 其他题名类型编码表”，语种根据元素属性 language 定义，具体取值参见“附录：表 44 语言代码编码表”
数据样例	

10.11.2.6 标准类型

标识符	http://spec.ckcest.cn/core/standard_type
名称	standard_type
出处	中国工程科技知识中心元数据规范
定义	标准的类型
频次范围	[1,1]
最大长度	100
描述规则	用于描述标准的适用范围，具体取值参见“表 65 标准类型编码表”
数据样例	

10.11.2.7 摘　要

标识符	http://spec.ckcest.cn/core/abstract
名称	abstract
出处	中国工程科技知识中心元数据规范
定义	标准的简要说明
频次范围	[0,1]
最大长度	
描述规则	用于描述标准的简要说明，语种取值根据元素属性 language 的取值而定，具体取值参见“附录　表 44 语言代码编码表”
数据样例	

10.11.2.8 其他语种摘要

标识符	http://spec.ckcest.cn/core/abstract_alternative
名称	abstract_alternative
出处	中国工程科技知识中心元数据规范
定义	标准的其他简要说明
频次范围	[0,∞)
最大长度	
描述规则	用于描述标准的其他简要说明，按实际著录，其他语种取值根据元素属性 language 的取值而定，具体取值参见“附录　表 44 语言代码编码表”
数据样例	

10.11.2.9 责任机构

标识符	http://spec.ckcest.cn/core/organization_list
名称	organization_list
出处	中国工程科技知识中心元数据规范
定义	容器类元素，对负责标准起草和发布的组织机构信息进行封装
频次范围	[1,1]
最大长度	
描述规则	描述标准起草和发布的组织机构信息，具体元素信息参见 8.4 责任机构通用容器描述规范。该元素可与排序属性 sequence 和角色属性 role 配合使用，其中：role 可取值发布单位（Release Unit）、起草单位（Drafting Unit），提出单位（Proposed Unit）、归口单位（Centralized Manage Unit）、主管单位（Competent Unit），其中发布单位（Release Unit）必备，通过汇交工具控制其必备性
数据样例	<organization_list> <organization_meta sequence= “1” role= “ReleaseUnit” > <name> 浙江省标准化研究院 </name> </organization_meta> </organization_list>

10.11.2.10 国家/地区/组织

标识符	http://spec.ckcest.cn/core/country_meta
名称	country_meta
出处	中国工程科技知识中心元数据规范
定义	容器类元素，描述标准所属国家的信息
频次范围	[0,1]
最大长度	
描述规则	描述标准所属国家/地区/组织的信息，可以包括国家/地区/组织的名称，缩写等，参照 8.5 国家/地区/组织通用容器描述规范
数据样例	<country_meta> <country_name language="eng"> United Kingdom </country_name> <country_code> UK </country_code> </country_meta>

10.11.2.11 主　题

标识符	http://spec.ckcest.cn/core/subject_list
名称	subject_list

（续表）

出处	中国工程科技知识中心元数据规范
定义	容器类元素，引用主题容器。其内容包括主题词、关键词、分类号、研究领域等内容
频次范围	[1,1]
最大长度	
描述规则	用于描述与标准相关的主题词、关键词、分类号、研究领域等内容，其中主题信息需要通过主题类型属性 type 及主题来源属性 source 配合使用，标准的主题类型 type 可取值：Classification（标准分类）、Keyword（关键词）来描述与标准相关的主题信息，其中要求 Classification（标准分类）必备，其必备性通过汇交工具控制；同时主题来源属性 source 可取值 CCS、ICS 等标准分类号，其中 ICS 分类号必备，其必备性通过汇交工具控制，相关元素参见 8.2 主题通用容器描述规范
数据样例	

10.11.2.12 标准状态

标识符	http://spec.ckcest.cn/core/standard_status
名称	standard_status
出处	中国工程科技知识中心元数据规范
定义	标准所处的状态，如：标准有效、标准有效期届满、标准无效、标准更新等
频次范围	[1,1]
最大长度	20
描述规则	描述标准所处的状态，如现行、作废、未实施等
数据样例	

10.11.2.13 页　码

标识符	http://spec.ckcest.cn/core/pages
名称	pages
出处	中国工程科技知识中心元数据规范
定义	标准的篇幅，及总页数
频次范围	[0,1]
最大长度	
描述规则	描述标准的篇幅，及总页数，用阿拉伯数字表示
数据样例	<pages>4</pages>

10.11.2.14 发布日期

标识符	http://spec.ckcest.cn/core/release_date
名称	release_date
出处	中国工程科技知识中心元数据规范
定义	标准颁布的日期
频次范围	[1,1]
最大长度	
描述规则	描述标准颁布的日期，需符合 W3C 的 DTF 标准（YYYY-MM-DD）
数据样例	<release_date>2015-12-02</release_date>

10.11.2.15 实施日期

标识符	http://spec.ckcest.cn/core/enforcement_date
名称	enforcement_date
出处	中国工程科技知识中心元数据规范
定义	标准正式生效实施的日期
频次范围	[0,1]
最大长度	
描述规则	描述标准实施的日期，需符合 W3C 的 DTF 标准（YYYY-MM-DD）
数据样例	<enforcement_date>2015-12-02</enforcement_date>

10.11.2.16 作废日期

标识符	http://spec.ckcest.cn/core/invalidation_date
名称	invalidation_date
出处	中国工程科技知识中心元数据规范
定义	标准作废的日期
频次范围	[0,1]
最大长度	
描述规则	描述标准作废的日期，需符合 W3C 的 DTF 标准（YYYY-MM-DD）
数据样例	<invalidation_date>2015-12-02</invalidation_date>

10.11.2.17 代替标准

标识符	http://spec.ckcest.cn/core/ replace_for
名称	replace_for
出处	中国工程科技知识中心元数据规范
定义	用该标准要代替的标准名称或代码
频次范围	[0,1]
最大长度	
修饰词	
描述规则	多个标准建议用英文双分号隔开
数据样例	<replace_for>GB/T 21238-2007 </replace_for>

10.11.2.18 被替代标准

标识符	http://spec.ckcest.cn/core/ replaced_by
名称	replaced_by
出处	中国工程科技知识中心元数据规范
定义	被其他标准替代的标准名称或代码
频次范围	[0,1]
最大长度	
修饰词	
描述规则	多个标准建议用英文双分号隔开
数据样例	

10.11.2.19 采用标准

标识符	http://spec.ckcest.cn/core/adopted
名称	adopted
出处	中国工程科技知识中心元数据规范
定义	采用的其他标准名称或代码
频次范围	[0,1]
最大长度	

（续表）

修饰词	
描述规则	多个标准建议用英文双分号隔开
数据样例	<adopted>ISO 11667-1997;; MOD</adopted>

10.11.2.20 引用标准

标识符	http://spec.ckcest.cn/core/ cited
名称	cited
出处	中国工程科技知识中心元数据规范
定义	参考引用的其他标准名称或代码
频次范围	[0,1]
最大长度	
修饰词	
描述规则	多个标准建议用英文双分号隔开
数据样例	<cited>GB/T 521;; GB/T 2977;; GB/T 2978;; GB 3102.7;; GB/T 3947;; GB/T 6326;; GB/T 6882;; GB/T 15173;; GB/T 22036 </cited>

10.11.2.21 参考文献

标识符	http://spec.ckcest.cn/core/reference_list
名称	reference_list
出处	中国工程科技知识中心元数据规范
定义	标准所附参考文献
频次范围	[0,1]
最大长度	
描述规则	容器类元素，参见 8.10 参考文献通用容器描述规范
数据样例	

10.11.2.22 详情地址

标识符	http://spec.ckcest.cn/core/detail_URI
名称	detail_URI

（续表）

出处	中国工程科技知识中心元数据规范
定义	可获取标准更多详情的 URI，如全文地址，或者知识中心详情页面网址
频次范围	[1,∞)
最大长度	1000
描述规则	如可获取标准的网址，或者知识中心详情页面网址
数据样例	

10.11.2.23 管理信息

标识符	http://spec.ckcest.cn/core/admin_meta
名称	admin_meta
出处	中国工程科技知识中心元数据规范
定义	在知识中心范围内与标准相关的各类管理信息
频次范围	[1,1]
最大长度	
描述规则	容器类元素，包括标准的系统唯一标识符，提供数据的分中心等机构代码，以及数据的创建时间、修改时间、删除标识、使用权限等，参见 8.1 管理通用容器描述规范
数据样例	

10.11.2.24 附　件

标识符	http://spec.ckcest.cn/core/file_list
名称	file_list
出处	中国工程科技知识中心元数据规范
定义	对标准元素集中所有附件信息进行封装
频次范围	[0,1]
最大长度	
描述规则	容器类元素，具体参考 8.11 附件通用容器描述规范
数据样例	

10.11.2.25 扩展元素

标识符	http：//spec. ckcest. cn/core/extension_meta
名称	extension_meta
出处	中国工程科技知识中心元数据规范
定义	容器类元素，封装标准元素集中未涉及的元素描述及定义的扩展信息，具体参见 8.12 扩展通用容器描述规范
频次范围	[0,1]
最大长度	
描述规则	本元素无需描述
数据样例	

10.12 产业政策元素集描述规范

10.12.1 内容结构

产业政策元素集元素简表见表 27。

表 27 产业政策元素集元素简表

序号	中文名称	名称	数据类型	频次范围	最大长度	复用标准
1	产业政策元素	policy_meta	容器类元素	[1,1]		
2	唯一标识	identifier	String	[0,∞)	100	
3	发文文号	file_number	String	[0,1]	100	
4	标题	title	String	[1,1]	1000	
5	其他标题名称	alternative	String	[0,∞)	1000	
6	摘要	abstract	Text	[1,1]		
7	其他语种摘要	abstract_alternative	Text	[0,∞)		
8	全文	full_text	Text	[0,1]		
9	发布日期	release_date	Date	[1,1]		
10	实施日期	enforcement_date	Date	[0,1]		
11	发布机构	organization_list	容器类元素	[1,1]		参见责任机构通用容器

（续表）

序号	中文名称	名称	数据类型	频次范围	最大长度	复用标准
12	主题	subject_list	容器类元素	[0,1]		参见主题通用容器
13	附件	file_list	容器类元素	[0,1]		参见附件通用容器
14	详情地址	detail_URI	String	[1,∞)	1000	
15	管理信息	admin_meta	容器类元素	[1,1]		参见管理通用容器
16	扩展元素	extension_meta	容器类元素	[0,1]		参见扩展通用容器

10.12.2 描述细则

10.12.2.1 产业政策元素

标识符	http://spec.ckcest.cn/core/policy_meta
名称	policy_meta
出处	中国工程科技知识中心元数据规范
定义	容器类元素，用来对产业政策元素进行封装
频次范围	[1,1]
最大长度	
描述规则	本元素为容器类元素，按数据模型描述
数据样例	

10.12.2.2 唯一标识

标识符	http://spec.ckcest.cn/core/identifier
名称	identifier
出处	中国工程科技知识中心元数据规范
定义	在特定范围内给予产业政策的唯一标识符
频次范围	[0,∞)
最大长度	100
描述规则	采用符合正式标识符体系的字符串进行标识，正式的标识符体系包括但不限于数字对象唯一标识符（DOI）等，其类型编码参见“附录　表45 唯一标识符编码表”
数据样例	

10.12.2.3 发文文号

标识符	http://spec.ckcest.cn/core/file_number
名称	file_number
出处	中国工程科技知识中心元数据规范
定义	产业政策的发文文号
频次范围	[0,1]
最大长度	100
描述规则	产业政策的发文文号
数据样例	

10.12.2.4 标　题

标识符	http://spec.ckcest.cn/core/title
名称	title
出处	中国工程科技知识中心元数据规范
定义	产业政策的标题
频次范围	[1,1]
最大长度	1000
描述规则	用于描述产业政策的标题，语种根据元素属性 language 定义，具体取值参见“附录：表 44 语言代码编码表”
数据样例	

10.12.2.5 其他标题名称

标识符	http://spec.ckcest.cn/core/alternative
名称	alternative
出处	中国工程科技知识中心元数据规范
定义	产业政策的其他名称
频次范围	[0,∞)
最大长度	1000
描述规则	用于描述除了正标题以外的其他标题，可以包括译名和缩略题名，用元素属性 type 定义，其取值参见“附录：表 46 其他题名类型编码表”，语种根据元素属性 language 定义，具体取值参见“附录：表 44 语言代码编码表”
数据样例	

10.12.2.6 摘　要

标识符	http://spec.ckcest.cn/core/abstract
名称	abstract
出处	中国工程科技知识中心元数据规范
定义	产业政策的简要说明
频次范围	[1,1]
最大长度	
描述规则	用于描述产业政策的简要说明，语种取值根据元素属性 language 的取值而定，具体取值参见“附录：表 44 语言代码编码表”
数据样例	

10.12.2.7 其他语种摘要

标识符	http://spec.ckcest.cn/core/abstract_alternative
名称	abstract_alternative
出处	中国工程科技知识中心元数据规范
定义	产业政策的其他简要说明
频次范围	[0,∞)
最大长度	
描述规则	用于描述产业政策的其他简要说明，按实际著录，其他语种取值根据元素属性 language 的取值而定，具体取值参见“附录：表 44 语言代码编码表”
数据样例	

10.12.2.8 全　文

标识符	http://spec.ckcest.cn/core/full_text
名称	full_text
出处	中国工程科技知识中心元数据规范
定义	产业政策的全文信息
频次范围	[0,1]
最大长度	
描述规则	用于描述产业政策的全文信息，按实际著录
数据样例	

10.12.2.9 发布日期

标识符	http://spec.ckcest.cn/core/release_date
名称	release_date
出处	中国工程科技知识中心元数据规范
定义	产业政策发布的日期
频次范围	[1,1]
最大长度	
描述规则	描述产业政策发布的日期，需符合 W3C 的 DTF 标准（YYYY-MM-DD）
数据样例	<release_date>2015-12-02</release_date>

10.12.2.10 实施日期

标识符	http://spec.ckcest.cn/core/enforcement_date
名称	enforcement_date
出处	中国工程科技知识中心元数据规范
定义	产业政策实施的日期
频次范围	[0,1]
最大长度	
描述规则	描述产业政策实施的日期，需符合 W3C 的 DTF 标准（YYYY-MM-DD）
数据样例	<enforcement_date>2015-12-02</enforcement_date>

10.12.2.11 发布机构

标识符	http://spec.ckcest.cn/core/organization_list
名称	organization_list
出处	中国工程科技知识中心元数据规范
定义	容器类元素，对产业政策的所有发布单位的信息进行封装
频次范围	[1,1]
最大长度	
描述规则	描述产业政策所有发布单位的信息，具体元素信息参见 8.4 责任机构通用容器描述规范。该元素需要与属性 sequence（完成单位顺序）和 role 配合使用，具体取值为数值型，如 1、2、3、4 等

（续表）

数据样例	<organization_list> <organization_meta sequence="1" role="ReleaseUnit"> <name> 中国农业科学院信息所 </name> <alternative_name type="abbreviated" language="eng"> CAAS </alternative_name> <organization _URI> http://agri. ckcest. cn/searchResult. jsp? id = 5305B25A - 185A - 4C71 - 8FDD - 348E36B60F75 &classtype=13 </organization _URI> <country_meta> <country_name language="eng"> China </country_name> <country_code> CN </country_code> </country_meta> <city>北京</ city> <address>北京市海淀区中关村南大街 12 号</address> <postal_code> 100081 </postal_code> </organization_meta> </organization_list>

10.12.2.12 主　题

标识符	http://spec.ckcest.cn/core/subject_list
名称	subject_list
出处	中国工程科技知识中心元数据规范
定义	容器类元素，引用主题容器。其内容包括主题词、关键词、分类号等内容
频次范围	[0,1]
最大长度	
描述规则	用于描述与产业政策相关的主题词、关键词、分类号等内容。其中主题信息需要通过主题类型属性 type 及主题来源属性 source 配合使用，产业政策的主题类型 type 可取值：Classification（分类表、范畴体系等）、Keyword（关键词）来描述与产业政策相关的主题信息，不必备，相关元素参见 8.2 主题通用容器描述规范
数据样例	

10.12.2.13 附　件

标识符	http://spec.ckcest.cn/core/file_list
名称	file_list

（续表）

出处	中国工程科技知识中心元数据规范
定义	对产业政策元素集中所有附件信息进行封装
频次范围	[0,1]
最大长度	
描述规则	容器类元素，具体参考 8. 11 附件通用容器描述规范
数据样例	

10. 12. 2. 14 详情地址

标识符	http://spec.ckcest.cn/core/detail_URI
名称	detail_URI
出处	中国工程科技知识中心元数据规范
定义	可获取产业政策更多详情的 URI，如全文地址，或者知识中心详情页面网址
频次范围	[1,∞)
最大长度	1000
描述规则	如可获取产业政策的网址，或者知识中心详情页面网址
数据样例	

10. 12. 2. 15 管理信息

标识符	http://spec.ckcest.cn/core/admin_meta
名称	admin_meta
出处	中国工程科技知识中心元数据规范
定义	在知识中心范围内与产业政策相关的各类管理信息
频次范围	[1,1]
最大长度	
描述规则	容器类元素，包括产业政策的系统唯一标识符，提供数据的分中心等机构代码，以及数据的创建时间、修改时间、删除标识、使用权限等，参见 8. 1 管理通用容器描述规范
数据样例	

10.12.2.16 扩展元素

标识符	http://spec.ckcest.cn/core/extension_meta
名称	extension_meta
出处	中国工程科技知识中心元数据规范
定义	容器类元素，封装产业政策元素集中未涉及的元素描述及定义的扩展信息，具体参见 8.12 扩展通用容器描述规范
频次范围	[0,1]
最大长度	
描述规则	本元素无需描述
数据样例	

10.13 新闻资讯元素集描述规范

10.13.1 内容结构

新闻资讯元素集元素简表见表 28。

表 28 新闻资讯元素集元素简表

序号	中文名称	名称	数据类型	频次范围	最大长度	复用标准
1	新闻资讯元素	news_meta	容器类元素	[1,1]		
2	唯一标识	identifier	String	[0,∞)	100	
3	标题	title	String	[1,1]	1000	
4	其他标题名称	alternative	String	[0,∞)	1000	
5	摘要	abstract	Text	[0,1]		
6	其他语种摘要	abstract_alternative	Text	[0,∞)		
7	全文	full_text	Text	[0,1]		
8	发布日期	release_date	Date	[1,1]		
9	发布机构	organization_list	容器类元素	[1,1]		参见责任机构通用容器
10	主题	subject_list	容器类元素	[1,1]		参见主题通用容器
11	附件	file_list	容器类元素	[0,1]		参见附件通用容器

（续表）

序号	中文名称	名称	数据类型	频次范围	最大长度	复用标准
12	详情地址	detail_URI	String	[1,∞)	1000	
13	管理信息	admin_meta	容器类元素	[1,1]		参见管理通用容器
14	扩展元素	extension_meta	容器类元素	[0,1]		参见扩展通用容器

10.13.2 描述细则

10.13.2.1 新闻资讯元素

标识符	http://spec.ckcest.cn/core/news_meta
名称	news_meta
出处	中国工程科技知识中心元数据规范
定义	容器类元素，用来对新闻资讯元素进行封装
频次范围	[1,1]
最大长度	
描述规则	本元素为容器类元素
数据样例	

10.13.2.2 唯一标识

标识符	http://spec.ckcest.cn/core/identifier
名称	identifier
出处	中国工程科技知识中心元数据规范
定义	在特定范围内给予新闻资讯的唯一标识符
频次范围	[0,∞)
最大长度	100
描述规则	采用符合正式标识符体系的字符串进行标识，正式的标识符体系包括但不限于数字对象唯一标识符（DOI）等，其类型编码参见“附录：表45唯一标识符编码表”
数据样例	

10.13.2.3 标　题

标识符	http://spec.ckcest.cn/core/title
名称	title
出处	中国工程科技知识中心元数据规范
定义	新闻资讯的标题
频次范围	[1,1]
最大长度	1000
描述规则	用于描述新闻资讯的标题，语种取值来源于元素属性 language 的取值，具体取值参见“附录：表 44 语言代码编码表”
数据样例	

10.13.2.4 其他标题名称

标识符	http://spec.ckcest.cn/core/alternative
名称	alternative
出处	中国工程科技知识中心元数据规范
定义	新闻资讯的其他名称
频次范围	[0,∞)
最大长度	1000
描述规则	用于描述除了正标题以外的其他标题，可以包括译名和缩略题名，用元素属性 type 定义，其取值参见“附录：表 46 其他题名类型编码表”；语种取值来源于元素属性 language 的取值，具体取值参见“附录：表 44 语言代码编码表”
数据样例	

10.13.2.5 摘　要

标识符	http://spec.ckcest.cn/core/abstract
名称	abstract
出处	中国工程科技知识中心元数据规范
定义	新闻资讯的简要说明
频次范围	[0,1]
最大长度	
描述规则	用于描述新闻资讯的简要说明，按实际著录，语种取值根据元素属性 language 的取值而定，具体取值参见“附录：表 44 语言代码编码表”
数据样例	

10.13.2.6 其他语种摘要

标识符	http://spec.ckcest.cn/core/abstract_alternative
名称	abstract_alternative
出处	中国工程科技知识中心元数据规范
定义	新闻资讯的其他简要说明
频次范围	[0,∞)
最大长度	
描述规则	用于描述新闻资讯的其他简要说明，按实际著录，其他语种取值根据元素属性 language 的取值而定，具体取值参见“附录：表 44 语言代码编码表”
数据样例	

10.13.2.7 全　文

标识符	http://spec.ckcest.cn/core/full_text
名称	full_text
出处	中国工程科技知识中心元数据规范
定义	新闻资讯的全文信息
频次范围	[0,1]
最大长度	
描述规则	用于描述新闻资讯的全文信息，按实际著录
数据样例	

10.13.2.8 发布日期

标识符	http://spec.ckcest.cn/core/release_date
名称	release_date
出处	中国工程科技知识中心元数据规范
定义	新闻资讯发布的日期
频次范围	[1,1]
最大长度	
描述规则	描述新闻资讯发布的日期，需符合 W3C 的 DTF 标准（YYYY-MM-DD）
数据样例	<release_date>2015-12-02</release_date>

10.13.2.9 发布机构

标识符	http://spec.ckcest.cn/core/organization_list
名称	organization_list
出处	中国工程科技知识中心元数据规范
定义	容器类元素，对新闻资讯发布的所有发布机构的信息进行封装
频次范围	[1,1]
最大长度	
描述规则	描述新闻资讯发布的所有发布机构的信息，具体元素信息参见 8.4 责任机构通用容器描述规范。该元素需要与属性 sequence（完成单位顺序）和 role 配合使用，具体取值为数值型，如 1、2、3、4 等
数据样例	<organization_list> <organization_meta sequence="1" role="ReleasUnit"> <name> 中国农业科学院信息所 </name> <alternative_name type="abbreviated" language="eng"> CAAS </alternative_name> <organization_URI> http://agri. ckcest. cn/searchResult. jsp? id = 5305B25A - 185A - 4C71 - 8FDD - 348E36B60F75 &classtype=13 </organization_URI> <country_meta> <country_name language="eng"> China </country_name> <country_code> CN </country_code> </country_meta> <city>北京</ city> <address>北京市海淀区中关村南大街 12 号</address> <postal_code> 100081 </postal_code> </organization_meta> </organization_list>

10.13.2.10 主　题

标识符	http://spec.ckcest.cn/core/subject_list
名称	subject_list
出处	中国工程科技知识中心元数据规范
定义	容器类元素，引用主题容器。其内容包括主题词、关键词、分类号、研究领域等内容
频次范围	[1,1]
最大长度	

（续表）

描述规则	用于描述与新闻资讯相关的主题词、关键词、分类号、研究领域等内容。其中主题信息需要通过主题类型属性 type 及主题来源属性 source 配合使用，新闻资讯的主题类型 type 可取值 Keyword（关键词），且必备，其必备性通过汇交工具进行控制，相关元素参见 8.2 主题通用容器描述规范
数据样例	

10.13.2.11 附　件

标识符	http://spec.ckcest.cn/core/file_list
名称	file_list
出处	中国工程科技知识中心元数据规范
定义	对新闻资讯元素集中所有附件信息进行封装
频次范围	[0,1]
最大长度	
描述规则	容器类元素，具体参考 8.11 附件通用容器描述规范
数据样例	

10.13.2.12 详情地址

标识符	http://spec.ckcest.cn/core/detail_URI
名称	detail_URI
出处	中国工程科技知识中心元数据规范
定义	可获取新闻资讯更多详情的 URI，如来源网站、全文地址，或者知识中心详情页面网址
频次范围	[1,∞)
最大长度	1000
描述规则	如可获取新闻资讯的网址，来源网站或者知识中心详情页面网址
数据样例	

10.13.2.13 管理信息

标识符	http://spec.ckcest.cn/core/admin_meta
名称	admin_meta

（续表）

出处	中国工程科技知识中心元数据规范
定义	在知识中心范围内与新闻资讯相关的各类管理信息
频次范围	[1,1]
最大长度	
描述规则	容器类元素，包括新闻资讯的系统唯一标识符，提供数据的分中心等机构代码，以及数据的创建时间、修改时间、删除标识、使用权限等，参见 8.1 管理通用容器描述规范
数据样例	

10.13.2.14 扩展元素

标识符	http://spec.ckcest.cn/core/extension_meta
名称	extension_meta
出处	中国工程科技知识中心元数据规范
定义	容器类元素，封装新闻资讯元素集中未涉及的元素描述及定义的扩展信息，具体参见 8.12 扩展通用容器描述规范
频次范围	[0,1]
最大长度	
描述规则	本元素无需描述
数据样例	

10.14 图片元素集描述规范

10.14.1 内容结构

图片元素集元素简表见表 29。

表 29 图片元素集元素简表

序号	中文名称	名称	数据类型	频次范围	最大长度	复用标准
1	图片	image_meta	容器类元素	[1,1]		
2	唯一标识	identifier	String	[0,∞)	100	
3	图片名称	title	String	[1,1]	1000	
4	其他图片名称	alternative	String	[0,∞)	1000	

（续表）

序号	中文名称	名称	数据类型	频次范围	最大长度	复用标准
5	图片作者	contributor_list	容器类元素	[0,1]		参见责任者通用容器
6	图片机构	organization_list	容器类元素	[0,1]		参见责任机构通用容器
7	图片描述	description	Text	[1,1]		
8	拍摄日期	taken_date	Date	[0,1]		
9	图像宽度	width	String	[0,1]	10	
10	图像高度	height	String	[0,1]	10	
11	分辨率	image_resolution	String	[0,1]	50	
12	详情地址	detail_URI	String	[1,∞)	1000	
13	主题	subject_list	容器类元素	[1,1]		参见主题通用容器
14	管理信息	admin_meta	容器类元素	[1,1]		参见管理通用容器
15	附件	file_list	容器类元素	[0,1]		参见附件通用容器
16	扩展元素	extension_meta	容器类元素	[0,1]		参见扩展通用容器

10.14.2 描述细则

10.14.2.1 图　片

标识符	http://spec.ckcest.cn/core/image_meta
名称	image_meta
出处	中国工程科技知识中心元数据规范
定义	容器类元素，用来对图片元素进行封装
频次范围	[1,1]
最大长度	
描述规则	用于描述图片等相关元素
数据样例	

10.14.2.2 唯一标识

标识符	http://spec.ckcest.cn/core/identifier
名称	identifier
出处	中国工程科技知识中心元数据规范
定义	在特定范围内给予图片的唯一标识符
频次范围	[0,∞)
最大长度	100
描述规则	采用符合正式标识符体系的字符串进行标识，正式的标识符体系包括但不限于数字对象唯一标识符（DOI）等，其类型编码参见“附录：表45 唯一标识符编码表”
数据样例	

10.14.2.3 图片名称

标识符	http://spec.ckcest.cn/core/title
名称	title
出处	中国工程科技知识中心元数据规范
定义	图片的名称
频次范围	[1,1]
最大长度	1000
描述规则	用于描述图片的名称，并含有语种信息，语种信息来源于元素属性 language 的取值，具体取值参见“附录：表44 语言代码编码表”
数据样例	

10.14.2.4 其他图片名称

标识符	http://spec.ckcest.cn/core/alternative
名称	alternative
出处	中国工程科技知识中心元数据规范
定义	图片其他形式、其他语种的名称
频次范围	[0,∞)
最大长度	1000

（续表）

描述规则	描述图片其他形式、其他语种的名称，如缩写名称，其他名称类型取值来源于元素属性 type，具体取值参见“附录表 46 其他题名类型编码表”；其他语种取值来源于元素属性 language 的取值，具体取值参见“附录：表 44 语言代码编码表”
数据样例	

10.14.2.5 图片作者

标识符	http://spec.ckcest.cn/core/contributor_list
名称	contributor_list
出处	中国工程科技知识中心元数据规范
定义	容器类元素，对图片作者的信息进行封装
频次范围	[0,1]
最大长度	
描述规则	描述图片作者的信息，具体元素信息参见 8.3 责任者通用容器描述规范。该元素可与属性 sequence（完成人顺序）和 role 配合使用，具体取值为数值型，如 1、2、3、4 等
数据样例	<contributor_list> <contributor_meta sequence="1" role="Author"> <full_name>张三</full_name> <surname>张</surname> <given_name>三</given_name> <alternative_name language="eng"> Zhangsan </alternative_name> <email>test@ 163. com </email> <contributor_URI type="KID"> EFB4BEA0689E </contributor_URI> </contributor_meta> </contributor_list>

10.14.2.6 图片机构

标识符	http://spec.ckcest.cn/core/organization_list
名称	organization_list
出处	中国工程科技知识中心元数据规范
定义	容器类元素，对图片机构的信息进行封装
频次范围	[0,1]

（续表）

最大长度	
描述规则	描述图片机构的信息，具体元素信息参见 8.4 责任机构通用容器描述规范。该元素可与属性 sequence（完成单位顺序）配合使用，具体取值为数值型，如 1、2、3、4 等
数据样例	<organization_list> <organization_meta sequence="1"> <name> 中国农业科学院信息所 </name> <alternative_name type="abbreviated" language="eng"> CAAS </alternative_name> <organization _URI> http: //agri. ckcest. cn/searchResult. jsp? id = 5305B25A - 185A - 4C71 - 8FDD - 348E36B60F75 &classtype=13 </organization_URI> <country_meta> <country_name language="eng"> China </country_name> <country_code> CN </country_code> </country_meta> <city>北京</ city> <address>北京市海淀区中关村南大街 12 号</address> <postal_code> 100081 </postal_code> </organization_meta> </organization_list>

10.14.2.7 图片描述

标识符	http: //spec.ckcest.cn/core/description
名称	description
出处	中国工程科技知识中心元数据规范
定义	图片的简单介绍
频次范围	[1,1]
最大长度	
描述规则	用于描述图片的简单介绍
数据样例	

10.14.2.8 拍摄日期

标识符	http: //spec.ckcest.cn/core/taken_date
名称	taken_date

（续表）

出处	中国工程科技知识中心元数据规范
定义	图片的拍摄日期
频次范围	[0,1]
最大长度	
描述规则	描述图片的拍摄日期，需符合 W3C 的 DTF 标准（YYYY-MM-DD）
数据样例	

10.14.2.9 图像宽度

标识符	http://spec.ckcest.cn/core/width
名称	width
出处	中国工程科技知识中心元数据规范
定义	图片宽度
频次范围	[0,1]
最大长度	10
描述规则	描述图片宽度，按照实际情况录入
数据样例	

10.14.2.10 图像高度

标识符	http：//spec. ckcest. cn/core/height
名称	height
出处	中国工程科技知识中心元数据规范
定义	图片的高度
频次范围	[0,1]
最大长度	10
描述规则	描述图片的高度，按照实际情况录入
数据样例	

10.14.2.11 分辨率

标识符	http：//spec. ckcest. cn/core/image_resolution
名称	image_resolution

（续表）

出处	中国工程科技知识中心元数据规范
定义	图片的分辨率
频次范围	[0,1]
最大长度	50
描述规则	描述图片的分辨率，按照实际情况录入
数据样例	

10.14.2.12 详情地址

标识符	http://spec.ckcest.cn/core/detail_URI
名称	detail_URI
出处	中国工程科技知识中心元数据规范
定义	可获取图片更多详情的 URI，如图片来源地址，或者知识中心详情页面网址
频次范围	[1,∞)
最大长度	1000
描述规则	
数据样例	

10.14.2.13 主　题

标识符	http://spec.ckcest.cn/core/subject_list
名称	subject_list
出处	中国工程科技知识中心元数据规范
定义	容器类元素，引用主题容器。其内容包括主题词、关键词、分类号、研究领域等内容
频次范围	[1,1]
最大长度	
描述规则	用于描述与图片相关的主题词、关键词、分类号、研究领域等内容。其中主题信息需要通过主题类型属性 type 及主题来源属性 source 配合使用，图片的主题类型 type 可取值 Keyword（关键词），且必备，其必备性通过汇交工具控制，相关元素参见 8.2 主题通用容器描述规范
数据样例	

10.14.2.14 管理信息

标识符	http://spec.ckcest.cn/core/admin_meta
名称	admin_meta
出处	中国工程科技知识中心元数据规范
定义	描述图片元素集的相关信息
频次范围	[1,1]
最大长度	
描述规则	容器类元素，描述图片元素集的相关信息，相关元素参见 8.1 管理通用容器描述规范
数据样例	

10.14.2.15 附　件

标识符	http://spec.ckcest.cn/core/file_list
名称	file_list
出处	中国工程科技知识中心元数据规范
定义	对图片元素集中所有附件信息进行封装
频次范围	[0,1]
最大长度	
描述规则	容器类元素，具体参考 8.11 附件通用容器描述规范
数据样例	

10.14.2.16 扩展元素

标识符	http://spec.ckcest.cn/core/extension_meta
名称	extension_meta
出处	中国工程科技知识中心元数据规范
定义	容器类元素，封装图片元素集中未涉及的元素描述及定义的扩展信息，具体参见 8.12 扩展通用容器描述规范
频次范围	[0,1]
最大长度	
描述规则	本元素无需描述
数据样例	

10.15 地理信息数据元素集描述规范

10.15.1 内容结构

地理信息数据元素集元素简表见表30。

表30 地理信息数据元素集元素简表

序号	中文名称	名称	数据类型	频次范围	最大长度	复用标准
1	地理信息数据元素集	geographicalData_meta	容器类元素	[1,∞)		
2	名称	title	String	[1,1]	500	
3	其他名称	title_alternative	String	[0,∞)	500	
4	摘要	abstract	Text	[0,1]		
5	其他语种摘要	abstract_alternative	Text	[0,∞)		
6	数据类型	idRes_type	String	[0,1]	100	
7	责任机构	organization_list	容器类元素	[0,1]		参见责任机构通用容器
8	主题	subject_list	容器类元素	[0,1]		参见主题通用容器
9	新图号	idNewMap_num	String	[0,1]	100	
10	旧图号	idOldMap_num	String	[0,1]	100	
11	空间范围	spatial_list	容器类元素	[0,1]		参见空间信息通用容器
12	生产日期	idForm_date	String	[0,1]	50	
13	出版日期	idPublish_date	String	[0,1]	50	
14	影像日期	teImgDate	String	[0,1]	50	
15	航摄日期	teAerialDate	String	[0,1]	50	
16	比例尺	idmap_scale	String	[0,1]	100	
17	格网间距	idScaleDist	String	[0,1]	100	
18	影像分辨率	idResolution	String	[0,1]	100	
19	卫星名称	idatelliteName	String	[0,1]	100	
20	云量	imgdCloudCovPer	String	[0,1]	10	

（续表）

序号	中文名称	名称	数据类型	频次范围	最大长度	复用标准
21	传感器	idSensor	String	[0,1]	100	
22	所属项目	idProject	容器类元素	[0,1]		参见基金项目通用容器
23	密级	secClass	String	[0,1]	10	
24	影像数据源	idImageSource	String	[0,1]	100	
25	分发信息	distrib	容器类元素	[0,1]		
26	数据格式	dtFormatName	String	[0,1]	100	
27	分发单位	dtDistorCont	String	[0,1]	100	
28	链接地址	dtLinkage	String	[0,1]	100	
29	管理信息	admin_meta	容器类元素	[1,1]		参见管理通用容器
30	附件	file_list	容器类元素	[0,1]		参见附件通用容器
31	扩展元素	extension_meta	容器类元素	[0,1]		参见扩展通用容器

10.15.2 描述细则

10.15.2.1 地理信息数据元素集

标识符	http://spec.ckcest.cn/core/geographicalData_meta
名称	geographicalData_meta
出处	中国工程科技知识中心元数据规范
定义	用来对地理信息数据元素进行封装
频次范围	[1,∞)
最大长度	
描述规则	容器类元素
数据样例	

10.15.2.2 名　称

标识符	http://spec.ckcest.cn/core/idmap_title
名称	idmap_title

（续表）

出处	中国工程科技知识中心元数据规范
定义	地理信息数据资源的名称
频次范围	[1,1]
最大长度	500
描述规则	指地理信息数据资源的名称，并含有语种信息，与属性 language 配合使用，属性 language 具体取值参见“附录：表 44 语言代码编码表”
数据样例	<idmap_title language="chi"> 黄河三角洲滨浅海区三角洲沉积厚度分布图 </idmap_title>

10.15.2.3 其他名称

标识符	http://spec.ckcest.cn/core/title_alternative
名称	title_alternative
出处	中国工程科技知识中心元数据规范
定义	地理信息数据资源的其他名称
频次范围	[0,∞)
最大长度	500
描述规则	用于描述地理信息数据资源的其他名称，与属性 type 及属性 language 配合使用，属性 type 具体取值参见“附录：表 46 其他题名类型编码表”，属性 language 具体取值参见“附录：表 44 语言代码编码表”
数据样例	

10.15.2.4 摘　要

标识符	http://spec.ckcest.cn/core/abstract
名称	abstract
出处	中国工程科技知识中心元数据规范
定义	地理信息数据资源的摘要
频次范围	[0,1]
最大长度	
描述规则	地理信息数据资源的摘要，按实际著录。与属性 language 配合使用，具体取值参见“附录：表 44 语言代码编码表”

（续表）

数据样例	<abstract language="chi"> 通过开展海岸带环境地质调查,综合研究本区域海底底质类型编制而成,确定编图范围为北纬 37°~38°,东经 121°30′~123°,采用 WGS84 坐标系,其内容涵盖了山东半岛地区,为山东半岛海岸带地质调查提供信息 </abstract>

10.15.2.5 其他语种摘要

标识符	http://spec.ckcest.cn/core/abstract_alternative
名称	abstract_alternative
出处	中国工程科技知识中心元数据规范
定义	与地理信息数据正文语种摘要对应的其他语种摘要
频次范围	[0,∞)
最大长度	
描述规则	与地理信息数据正文语种摘对应的其他语种摘要，按实际著录。与属性 language 配合使用，具体取值参见“附录：表 44 语言代码编码表”
数据样例	

10.15.2.6 数据类型

标识符	http://spec.ckcest.cn/core/idRes_type
名称	idRes_type
出处	中国工程科技知识中心元数据规范
定义	地理信息数据的类型
频次范围	[0,1]
最大长度	10
描述规则	用于描述代表地理信息数据类型的代码，具体参见“附录：表 63 地理信息成果类型编码表”
数据样例	<idRes_type>A04</idRes_type>

10.15.2.7 责任机构

标识符	http://spec.ckcest.cn/core/organization_list
名称	organization_list

（续表）

出处	中国工程科技知识中心元数据规范
定义	容器类元素，对拥有地理信息数据的责任机构信息进行封装
频次范围	[0,1]
最大长度	
描述规则	描述生产地理信息数据或版权拥有的责任机构信息，具体元素信息参见 8.4 责任机构通用容器描述规范。责任机构名称需要与属性 sequence（完成单位顺序）配合使用，具体取值为数值型，如 1、2、3、4 等
数据样例	<organization_list> <organization_meta sequence="1"> <name> 中国农业科学院信息所 </name> <alternative_name type="abbreviated" language="eng"> CAAS </alternative_name> <organization _URI> http://agri.ckcest.cn/searchResult.jsp?id=5305B25A-185A-4C71-8FDD-348E36B60F75&classtype=13 </organization _URI> <country_meta> <country_name language="eng">China</country_name> <country_code>CN</country_code> </country_meta> <city>北京</city> <address>北京市海淀区中关村南大街 12 号</address> <postal_code>100081</postal_code> </organization_meta> <organization_meta sequence="2"> <name> 北京市农林科学院 </name> <alternative_name type="abbreviated"language="eng"> BAAFS </alternative_name> <organization_URI> http://agri.ckcest.cn/searchResult.jsp?id=5305B25A-185A-4C71-8FDD-348E36B60F75&classtype=14 </organization_URI> <country_meta> <country_name language="eng">China</country_name> <country_code>CN</country_code> </country_meta> <city>北京</city> <address>北京海淀区曙光花园中路 11 号</address> <postal_code>100097</postal_code> </organization_meta> </organization_list>

10.15.2.8 主 题

标识符	http://spec.ckcest.cn/core/subject_list
名称	subject_list
出处	中国工程科技知识中心元数据规范
定义	容器类元素，引用主题容器。其内容包括主题词、关键词、分类号等内容
频次范围	[0,1]
最大长度	
描述规则	用于描述与地理信息数据相关的主题词、关键词、分类号等内容。相关元素参见 8.2 主题通用容器描述规范
数据样例	

10.15.2.9 新图号

标识符	http://spec.ckcest.cn/core/idNewMap_num
名称	idNewMap_num
出处	中国工程科技知识中心元数据规范
定义	图幅新图号
频次范围	[0,1]
最大长度	100
描述规则	指图幅新图号，国家推荐标准 GB/T 13989—1992 及后续更新版本发布后，确定的专题图图幅编号
数据样例	<idNewMap_num>K45E002002</ idNewMap_num>

10.15.2.10 旧图号

标识符	http://spec.ckcest.cn/core/idOldMap_num
名称	idOldMap_num
出处	中国工程科技知识中心元数据规范
定义	图幅旧图号
频次范围	[0,1]
最大长度	100
描述规则	指图幅旧图号，GB/T 13989—1992 发布前，按照其他规定确定的专题图图幅编号
数据样例	<idOldMap_num>F-49-D</idOldMap_num>

10.15.2.11　空间范围

标识符	http://spec.ckcest.cn/core/spatial_list
名称	spatial_list
出处	中国工程科技知识中心元数据规范
定义	描述资源中涉及的空间信息
频次范围	[0,1]
最大长度	
描述规则	容器类元素，参见 8.13 空间信息通用容器描述规范
数据样例	

10.15.2.12　生产日期

标识符	http://spec.ckcest.cn/core/idForm_date
名称	idForm_date
出处	中国工程科技知识中心元数据规范
定义	生产日期
频次范围	[0,1]
最大长度	50
描述规则	描述矢量地图数据、数字高程模型 DEM 数据、分幅正射影像 DOM 数据的生产日期
数据样例	<idForm_date>2013</idForm_date>

10.15.2.13　出版日期

标识符	http://spec.ckcest.cn/core/idPublish_date
名称	idPublish_date
出处	中国工程科技知识中心元数据规范
定义	专题图等的出版日期
频次范围	[0,1]
最大长度	50
描述规则	描述专题图等的出版日期，通常是年份
数据样例	<idPublish_date>2012</idPublish_date>

10.15.2.14 影像日期

标识符	http://spec.ckcest.cn/core/teImgDate
名称	teImgDate
出处	中国工程科技知识中心元数据规范
定义	分幅正射影像（DOM）和卫星影像的接收日期
频次范围	[0,1]
最大长度	50
描述规则	描述分幅正射影像（DOM）和卫星影像的接收日期（DOM 通常按照该幅数据所占面积最大数据源日期填写）
数据样例	<teImgDate>2012-09-01</teImgDate>

10.15.2.15 航摄日期

标识符	http://spec.ckcest.cn/core/teAerialDate
名称	teAerialDate
出处	中国工程科技知识中心元数据规范
定义	航空影像的航摄完成日期
频次范围	[0,1]
最大长度	50
描述规则	描述航空影像的航摄完成日期
数据样例	<teAerialDate>2012</teAerialDate>

10.15.2.16 比例尺

标识符	http://spec.ckcest.cn/core/idmap_scale
名称	idmap_scale
出处	中国工程科技知识中心元数据规范
定义	比例尺
频次范围	[0,1]
最大长度	100
描述规则	指图幅比例尺分母的取值，按实际录入。描述矢量数据、DEM、DOM 数据时为必备项
数据样例	<idmap_scale>50000</idmap_scale>

10.15.2.17 格网间距

标识符	http://spec.ckcest.cn/core/idScaleDist
名称	idScaleDist
出处	中国工程科技知识中心元数据规范
定义	DEM 或 DSM 地面采样间隔
频次范围	[0,1]
最大长度	100
描述规则	描述 DEM 或 DSM 地面采样间隔，以米为单位
数据样例	<idScaleDist>25 米</idScaleDist>

10.15.2.18 影像分辨率

标识符	http://spec.ckcest.cn/core/idResolution
名称	idResolution
出处	中国工程科技知识中心元数据规范
定义	影像再现物体细部能力的一种量度
频次范围	[0,1]
最大长度	100
描述规则	用于描述影像再现物体细部的能力量度值，一般情况下适用于航空影像和卫星影像两类数据
数据样例	<idResolution>256 米</idResolution>

10.15.2.19 卫星名称

标识符	http://spec.ckcest.cn/core/idatelliteName
名称	idatelliteName
出处	中国工程科技知识中心元数据规范
定义	拍摄卫星的名称
频次范围	[0,1]
最大长度	100
描述规则	描述拍摄卫星的名称，常见的如：“WorldView-1”“WorldView-2”“WorldView-3”“QUICKBIRD”“资源 3 号（ZY-3）”“印度 P5”“SPOT5”“SPOT6”“IKONOS”“GeoEye-1”“Pleiades”“TH-1”“ALOS”“Landsat7”“Landsat8”“高分一号（GF1）”“高分一号（GF2）”“高分一号（GF3）”“资源一号 02C”等
数据样例	<idatelliteName>高分一号(GF3)</idatelliteName>

10.15.2.20 云 量

标识符	http://spec.ckcest.cn/core/imgdCloudCovPer
名称	imgdCloudCovPer
出处	中国工程科技知识中心元数据规范
定义	卫星影像云覆盖量
频次范围	[0,1]
最大长度	10
描述规则	描述卫星影像云覆盖量，用占空间覆盖范围的百分比表示
数据样例	<imgdCloudCovPer>30</imgdCloudCovPer>

10.15.2.21 传感器

标识符	http://spec.ckcest.cn/core/idSensor
名称	idSensor
出处	中国工程科技知识中心元数据规范
定义	观测仪器（传感器）名
频次范围	[0,1]
最大长度	100
描述规则	描述观测仪器（传感器）名，如：LISS4
数据样例	<idSensor>LISS4</idSensor>

10.15.2.22 所属项目

标识符	http://spec.ckcest.cn/core/funding_list
名称	funding_list
出处	中国工程科技知识中心元数据规范
定义	容器类元素，封装地理信息数据所属项目的信息，具体参见 8.8 基金项目通用容器描述规范
频次范围	[0,1]
最大长度	
描述规则	本元素无需描述
数据样例	

10.15.2.23 密　级

标识符	http://spec.ckcest.cn/core/secClass
名称	secClass
出处	中国工程科技知识中心元数据规范
定义	地理信息数据的安全保密级别
频次范围	[0,1]
最大长度	10
描述规则	描述地理信息数据的安全保密级别
数据样例	<secClass>秘密</secClass>

10.15.2.24 影像数据源

标识符	http://spec.ckcest.cn/core/idImageSource
名称	idImageSource
出处	中国工程科技知识中心元数据规范
定义	分幅正射影像（DOM）的数据来源
频次范围	[0,1]
最大长度	100
描述规则	描述分幅正射影像（DOM）的数据来源，如：航片、卫片、或二者的混合
数据样例	<idImageSource>航片</idImageSource>

10.15.2.25 分发信息

标识符	http://spec.ckcest.cn/core/distrib
名称	distrib
出处	中国工程科技知识中心元数据规范
定义	容器类元素
频次范围	[0,1]
最大长度	
描述规则	描述地理信息数据的分发信息，包括：数据格式、分发单位、链接地址
数据样例	

10.15.2.26　数据格式

标识符	http://spec.ckcest.cn/core/dtFormatName
名称	dtFormatName
出处	中国工程科技知识中心元数据规范
定义	分发数据的格式
频次范围	[0,1]
最大长度	100
描述规则	描述分发数据的格式
数据样例	<dtFormatName>Grid</dtFormatName>

10.15.2.27　分发单位

标识符	http://spec.ckcest.cn/core/dtDistorCont
名称	dtDistorCont
出处	中国工程科技知识中心元数据规范
定义	成果分发单位
频次范围	[0,1]
最大长度	100
描述规则	描述成果分发单位信息
数据样例	<dtDistorCont>国家基础地理信息中心</dtDistorCont>

10.15.2.28　链接地址

标识符	http://spec.ckcest.cn/core/dtLinkage
名称	dtLinkage
出处	中国工程科技知识中心元数据规范
定义	在线访问的地址
频次范围	[0,1]
最大长度	100
描述规则	描述地理数据信息的在线访问地址
数据样例	<dtLinkage>http://nfgis.nsdi.gov.cn/</dtLinkage>

10.15.2.29 管理信息

标识符	http://spec.ckcest.cn/core/admin_meta
名称	admin_meta
出处	中国工程科技知识中心元数据规范
定义	在知识中心范围内与地理信息数据相关的各类管理信息
频次范围	[1,1]
最大长度	
描述规则	容器类元素，包括地理信息数据的系统唯一标识符，提供数据的分中心等机构代码，以及数据的创建时间、修改时间、删除标识、使用权限等，参见 8.1 管理通用容器描述规范
数据样例	

10.15.2.30 附　件

标识符	http://spec.ckcest.cn/core/file_list
名称	file_list
出处	中国工程科技知识中心元数据规范
定义	对地理信息数据元素集中所有附件信息进行封装，如空间范围、摄区范围（即数据集覆盖范围的图形文件）等
频次范围	[0,1]
最大长度	
描述规则	容器类元素，具体参考 8.11 附件通用容器描述规范
数据样例	

10.15.2.31 扩展元素

标识符	http://spec.ckcest.cn/core/extension_meta
名称	extension_meta
出处	中国工程科技知识中心元数据规范
定义	容器类元素，封装地理信息数据元素集中未涉及的元素描述及定义的扩展信息，具体参见“8.12 扩展通用容器描述规范”
频次范围	[0,1]
最大长度	
描述规则	本元素无需描述
数据样例	

10.16 科技（咨询、行业）报告元素集描述规范

10.16.1 内容结构

科技（咨询、行业）报告元素集元素简表见表31。

表31 科技（咨询、行业）报告元素集元素简表

序号	中文名称	名称	数据类型	频次范围	最大长度	复用标准
1	科技（咨询、行业）报告元素集	reports_meta	容器类元素	[1,∞)		
2	唯一标识	identifier	String	[0,∞)	100	
3	题名	title	String	[1,1]	500	
4	其他题名	alternative	String	[0,∞)	500	
5	责任者	contributor_list	容器类元素	[0,1]		参见责任者通用容器
6	主题	subject_list	容器类元素	[1,1]		参见主题通用容器
7	目次	catalog	Text	[0,1]		
8	摘要	abstract	Text	[1,1]		
9	其他语种摘要	abstract_alternative	Text	[0,∞)		
10	特别声明	notice	Text	[0,1]		
11	资助机构	organization_list	容器类元素	[0,1]		参见责任机构通用容器
12	参考文献	reference_list	容器类元素	[0,1]		参见参考文献通用容器
13	起止日期	startandend_date	String	[0,1]	50	
14	完成日期	completion_date	String	[0,1]	20	
15	提交日期	submission_date	String	[0,1]	20	
16	页码	pages	String	[0,1]	100	
17	总页数	page_count	Int	[0,1]		
18	起始页码	page_start	String	[0,1]	20	
19	结束页码	page_end	String	[0,1]	20	
20	报告类型	format_type	String	[0,∞)	100	
21	详情地址	detail_ URI	String	[1,∞)	1000	
22	管理信息	admin_meta	容器类元素	[1,1]		参见管理通用容器

（续表）

序号	中文名称	名称	数据类型	频次范围	最大长度	复用标准
23	空间信息	spatial_list	容器类元素	[0,1]		参见空间信息通用容器
24	附件	file_list	容器类元素	[0,1]		参见附件通用容器
25	扩展元素	extension_meta	容器类元素	[0,1]		参见扩展通用容器

10.16.2 描述细则

10.16.2.1 科技（咨询、行业）报告元素集

标识符	http://spec.ckcest.cn/core/reports_meta
名称	reports_meta
出处	中国工程科技知识中心元数据规范
定义	用来对报告元素集进行封装
频次范围	[1,∞)
最大长度	
描述规则	容器类元素
数据样例	

10.16.2.2 唯一标识

标识符	http://spec.ckcest.cn/core/identifier
名称	identifier
出处	中国工程科技知识中心元数据规范
定义	科技（咨询、行业）报告的唯一标识
频次范围	[0,∞)
最大长度	100
描述规则	用于描述科技（咨询、行业）报告的唯一标识，需要与属性 type 配合使用，属性 type 具体取值参见“附录：表 45 唯一标识符编码表”。报告号采用 RP-ID 进行唯一标识，不必备
数据样例	<identifiertype="RP-ID">K45E002002</identifier>

10.16.2.3 题　名

标识符	http://spec.ckcest.cn/core/title
名称	Title
出处	中国工程科技知识中心元数据规范
定义	报告的正文语种题名
频次范围	[1,1]
最大长度	500
描述规则	通常指报告的正题名。题名元素可与属性 language 配合使用，属性 language 具体取值参见“附录：表 44 语言代码编码表”
数据样例	<title language=" chi" >豫西黄土丘陵农林牧区</title>

10.16.2.4 其他题名

标识符	http://spec.ckcest.cn/core/alternative
名称	alternative
出处	中国工程科技知识中心元数据规范
定义	报告中正题名的其他表现形式，以及与正题名相关的其他题名形式
频次范围	[0,∞)
最大长度	500
描述规则	描述报告中正题名的其他表现形式，以及与正题名相关的其他题名形式。其他题名元素与属性 type 及属性 language 配合使用，属性 type 具体取值参见“附录：表 46 其他题名类型编码表”；属性 language 具体取值参见“附录：表 44 语言代码编码表”
数据样例	<alternative type="translate"language="eng"> Scientia Agricultura Sinica </alternative>

10.16.2.5 责任者

标识符	http://spec.ckcest.cn/core/contributor_list
名称	contributor_list
出处	中国工程科技知识中心元数据规范
定义	容器类元素，内容包括报告的作者姓名、作者 URI、作者机构、作者机构 URI 等元素
频次范围	[0,1]
最大长度	

（续表）

描述规则	用于描述报告的作者姓名、作者 URI、作者机构、作者机构 URI 等元素，具体参见 8.3 责任者通用容器描述规范。责任者元素需要与属性 sequence 及属性 role 配合使用，属性 sequence 具体取值为正整数，如 1、2、3、4 等，属性 role 的取值具体参见“附录：表 56 人员（机构）角色编码表”
数据样例	<contributor_list> <contributor_meta sequence="1" role="Author"> <full_name>刘旭</full_name> <surname>刘</surname> <given_name>旭</given_name> <alternative_name language="eng"> liu. xu </alternative_name> <email>test@ 163. com</email> <contributor_URI type=“KID”> EFB4BEA0689E </contributor_URI> <organization_list> <organization_meta sequence="1"role="Participant"> <name> 中国农业科学院 </ name> <alternative_name type="abbreviated" language="eng"> CAAS </alternative_name> <organization _URI> http: //agri. ckcest. cn/searchResult. jsp? id = 5305B25A - 185A - 4C71 - 8FDD - 348E36B60F75&classtype = 13 </organization_URI> <country_meta> <country_name language="eng">China</country_name> <country_code>CN</country_code> </country_meta> <city>北京</city> <address>北京市海淀区中关村南大街 12 号</address> <postal_code>100081</postal_code> </organization_meta> </organization_list> </contributor_meta> <contributor_meta sequence="2" role="CorrespondingAuthor"> <full_name>张三</full_name> <surname>张</surname> <given_name>三</given_name> <alternative_name language="eng"> Zhangsan </alternative_name> <email>test@ 163. com</email> <contributor_URI type="KID"> EFB4BEA0689E </contributor_URI> </contributor_meta> </contributor_list>

10.16.2.6 主 题

标识符	http://spec.ckcest.cn/core/subject_list
名称	subject_list
出处	中国工程科技知识中心元数据规范
定义	容器类元素，引用主题容器。其内容包括主题词、关键词、分类号等内容
频次范围	[1,1]
最大长度	
描述规则	用于描述与报告相关的主题词、关键词、分类号等内容。其中主题信息需要通过主题类型属性 type 及主题来源属性 source 配合使用，科技（资讯、行业）报告的主题类型 type 可取值 Keyword（关键词），且必备，其必备性通过汇交工具控制，相关元素参见 8.2 主题通用容器描述规范
数据样例	

10.16.2.7 目 次

标识符	http://spec.ckcest.cn/core/catalog
名称	catalog
出处	中国工程科技知识中心元数据规范
定义	组成报告的所有单元的列表
频次范围	[0,1]
最大长度	
描述规则	用于描述报告的目录，内容包括：章节名称、图标清单、符号说明、图形、样式表等
数据样例	

10.16.2.8 摘 要

标识符	http://spec.ckcest.cn/core/abstract
名称	abstract
出处	中国工程科技知识中心元数据规范
定义	报告内容说明的摘要
频次范围	[1,1]
最大长度	

（续表）

描述规则	采用正文语种描述报告摘要，是对报告内容的概括，按实际著录。语种信息用元素属性 language 定义，具体取值参见“附录：表 44 语言代码编码表”
数据样例	<abstract language="chi">【目的】明确新中国成立以来中国常规水稻品种的更替趋势和核心骨干亲本。【方法】追踪、分析中国育成并推广的 3656 份常规水稻品种的种植面积和血缘。【结果】新中国成立 60 年来，中国常规水稻品种经历了矮化育种，出现了 8 次新品种更新换代，其中，1953—1977 年发生了 3 次，1978—2010 年发生了 5 次。对中国常规新品种育成和产量提高作出重大贡献的核心骨干亲本 35 个，其中，籼稻 19 个，粳稻 16 个。【结论】60 年来中国育成和推广的 4 000 余份优良常规水稻品种及其 8 次品种更新换代，是提高中国常规水稻单产和总产的主因。加强优异种质的发掘、引进和创新，克服资源瓶颈是水稻育种目前面临的挑战。</abstract>

10.16.2.9 其他语种摘要

标识符	http://spec.ckcest.cn/core/abstract_alternative
名称	abstract_alternative
出处	中国工程科技知识中心元数据规范
定义	报告摘要，与正文语种摘要对应的其他语种摘要
频次范围	[0,∞)
最大长度	
描述规则	用于描述非正文语种的报告摘要，是对报告内容的概括，按实际著录。其他语种信息用元素属性 language 定义，具体取值参见“附录：表 44 语言代码编码表”
数据样例	<abstract_alternative language="eng">【Objective】The objective of the study is to explicit and understand the renewed tendency and key backbone-parents of inbred rice varieties(O. sativa L.) since 1949.【Method】The present study tracked and analyzed the blood relationship of 3 656 inbred rice varieties bred and extended in China.【Result】The study indicated that during the latest period of 60 years, by dwarf breeding, inbred rice varieties have been renewed in mass scale for 8 times, among which 3 times appeared in the years of 1953-1977 and another 5 times in 1978-2010.【Conclusion】The release and mass extension of more than 4 000 modern inbred rice varieties as well as varieties renewed for 8 times in mass scale during 1949-2010 are the major factors in increase of inbred rice production in China. However, challenges will be faced in rice breeding programs: how to strengthen exploration, introduction and utilization of excellent rice germplasm, and how to overcome germplasm bottleneck for continuously releasing new rice varieties. </abstract_alternative>

10.16.2.10 特别声明

标识符	http://spec.ckcest.cn/core/notice
名称	notice
出处	中国工程科技知识中心元数据规范
定义	与报告内容产生相关及需要特别说明的相关信息

（续表）

频次范围	[0,1]
最大长度	
描述规则	用于描述与报告内容产生及其需要特别说明的相关信息，如版权信息，撤换和处置信息、科技报告与其他工作或成果的联系等信息
数据样例	

10.16.2.11 资助机构

标识符	http://spec.ckcest.cn/core/organization_list
名称	organization_list
出处	中国工程科技知识中心元数据规范
定义	容器类元素，对产生报告的资助机构信息进行封装
频次范围	[0,1]
最大长度	
描述规则	描述所有产生报告的资助机构信息，具体元素信息参见 8.4 责任机构通用容器描述规范。资助机构名称需要与属性 sequence（完成单位顺序）配合使用，具体取值为数值型，如 1、2、3、4 等
数据样例	<organization_list> <organization_meta sequence="1"> <name> 中国农业科学院信息所 </ name> <alternative_name type="abbreviated" language="eng"> CAAS </alternative_name> <organization_URI> http://agri. ckcest. cn/searchResult. jsp? id = 5305B25A - 185A - 4C71 - 8FDD - 348E36B60F75 &classtype=13 </organization_URI> <country_meta> <country_name language="eng">China</country_name> <country_code>CN</country_code> </country_meta> <city>北京</city> <address>北京市海淀区中关村南大街 12 号</address> <postal_code>100081</postal_code> </organization_meta> <organization_meta sequence="2"> <name> 北京市农林科学院 </name> <alternative_name type="abbreviated" language="eng">

（续表）

数据样例	BAAFS </alternative_name> <organization_URI> http://agri.ckcest.cn/searchResult.jsp?id=5305B25A-185A-4C71-8FDD-348E36B60F75&classtype=14 </organization_URI> <country_meta> <country_name language="eng">China</country_name> <country_code>CN</country_code> </country_meta> <city>北京</city> <address>北京海淀区曙光花园中路 11 号</address> <postal_code>100097</postal_code> </organization_meta> </organization_list>

10.16.2.12 参考文献

标识符	http://spec.ckcest.cn/core/reference_list
名称	reference_list
出处	中国工程科技知识中心元数据规范
定义	报告正文后或页脚所附参考文献
频次范围	[0,1]
最大长度	
描述规则	容器类元素，参见“8.10 参考文献通用容器描述规范”
数据样例	

10.16.2.13 起止日期

标识符	http://spec.ckcest.cn/core/startandend_date
名称	startandend_date
出处	中国工程科技知识中心元数据规范
定义	报告所覆盖的时间范围，如年度报告所覆盖的年度等
频次范围	[0,1]
最大长度	50
描述规则	建议采用规范编码体系，如 W3C 的 DTF 标准（YYYY-MM-DD），若无月日信息，录入年份即可
数据样例	<startandend_date>2015-12-02-2016-12-02</startandend_date>

10.16.2.14 完成日期

标识符	http://spec.ckcest.cn/core/completion_date
名称	completion_date
出处	中国工程科技知识中心元数据规范
定义	报告的完成日期
频次范围	[0,1]
最大长度	20
描述规则	描述报告的完成日期，建议采用规范编码体系，如 W3C 的 DTF 标准（YYYY-MM-DD）若无月日信息，录入年份即可
数据样例	<completion_date>2015-12-02</completion_date> <completion_date>2015-12</completion_date>

10.16.2.15 提交日期

标识符	http://spec.ckcest.cn/core/submission_date
名称	submission_date
出处	中国工程科技知识中心元数据规范
定义	报告经过审核后正式提交的日期
频次范围	[0,1]
最大长度	20
描述规则	描述报告经过审核后正式提交的日期，建议采用规范编码体系，如 W3C 的 DTF 标准（YYYY-MM-DD）若无月日信息，录入年份即可
数据样例	<submission_date>2015-12-02</submission_date> <submission_date>2015-12</submission_date>

10.16.2.16 页 码

标识符	http://spec.ckcest.cn/core/pages
名称	pages
出处	中国工程科技知识中心元数据规范
定义	报告的起始页、跳转页面信息
频次范围	[0,1]
最大长度	100

（续表）

描述规则	描述报告的起始页、跳转页面信息
数据样例	<pages>1-122</pages>

10.16.2.17 总页数

标识符	http://spec.ckcest.cn/core/page_count
名称	page_count
出处	中国工程科技知识中心元数据规范
定义	报告的篇幅，及总页数
频次范围	[0,1]
最大长度	
描述规则	描述报告的页数，取值为正整数
数据样例	<page_count>122</page_count>

10.16.2.18 起始页码

标识符	http://spec.ckcest.cn/core/page_start
名称	page_start
出处	中国工程科技知识中心元数据规范
定义	报告的起始页码
频次范围	[0,1]
最大长度	20
描述规则	描述报告的起始页码，按实际著录
数据样例	<page_start>1</page_start>

10.16.2.19 结束页码

标识符	http://spec.ckcest.cn/core/page_end
名称	page_end
出处	中国工程科技知识中心元数据规范
定义	报告的结束页码

（续表）

频次范围	[0,1]
最大长度	20
描述规则	描述报告的结束页码，按实际著录
数据样例	<page_end>122</page_end>

10.16.2.20 报告类型

标识符	http://spec.ckcest.cn/core/format_type
名称	format_type
出处	中国工程科技知识中心元数据规范
定义	报告的类型，如：科技报告、咨询报告、行业报告等
频次范围	[0,∞)
最大长度	100
描述规则	描述报告的类型，如：科技报告、咨询报告、行业报告等
数据样例	<format_type>科技报告</format_type>

10.16.2.21 详情地址

标识符	http://spec.ckcest.cn/core/detail_URI
名称	detail_URI
出处	中国工程科技知识中心元数据规范
定义	可获取科技（咨询、行业）报告更多详情的 URI，如报告来源地址，或者知识中心详情页面网址
频次范围	[1,∞)
最大长度	1000
描述规则	
数据样例	

10.16.2.22 管理信息

标识符	http://spec.ckcest.cn/core/admin_meta
名称	admin_meta

（续表）

出处	中国工程科技知识中心元数据规范
定义	在知识中心范围内与报告相关的各类管理信息
频次范围	[1,1]
最大长度	
描述规则	容器类元素，包括报告的系统唯一标识符，提供数据的分中心等机构代码，以及数据的创建时间、修改时间、删除标识、使用权限等，参见 8.1 管理通用容器描述规范
数据样例	

10.16.2.23 空间信息

标识符	http://spec.ckcest.cn/core/spatial_list
名称	spatial_list
出处	中国工程科技知识中心元数据规范
定义	描述资源中涉及的空间信息
频次范围	[0,1]
最大长度	
描述规则	容器类元素，参见 8.13 空间信息通用容器描述规范
数据样例	

10.16.2.24 附 件

标识符	http://spec.ckcest.cn/core/file_list
名称	file_list
出处	中国工程科技知识中心元数据规范
定义	对报告元素集中所有附件信息进行封装
频次范围	[0,1]
最大长度	
描述规则	容器类元素，具体参考 8.11 附件通用容器描述规范
数据样例	

10.16.2.25 扩展元素

标识符	http://spec.ckcest.cn/core/extension_meta
名称	extension_meta
出处	中国工程科技知识中心元数据规范
定义	容器类元素，封装报告元素集中未涉及的元素描述及定义的扩展信息，具体参见 8.12 扩展通用容器描述规范
频次范围	[0,1]
最大长度	
描述规则	本元素无需描述
数据样例	

10.17 音频元素集描述规范

10.17.1 内容结构

音频元素集描述规范元素简表见表 32。

表 32 音频元素集元素简表

序号	中文名称	名称	数据类型	频次范围	最大长度	复用标准
1	音频元素集	audio_meta	容器类元素	[1,∞)		
2	唯一标识	identifier	String	[0,∞)	100	
3	题名	title	String	[1,1]	500	
4	其他题名	alternative	String	[0,∞)	500	
5	责任者	contributor_list	容器类元素	[0,1]		参见责任者通用容器
6	主题	subject_list	容器类元素	[1,1]		参见主题通用容器
7	目次	catalog	Text	[0,1]		
8	摘要	abstract	Text	[1,1]		
9	其他语种摘要	abstract_alternative	Text	[0,∞)		
10	出版者	organization_list	容器类元素	[0,1]		参见责任机构通用容器
11	创建日期	create_date	Date	[0,1]		

（续表）

序号	中文名称	名称	数据类型	频次范围	最大长度	复用标准
12	发布日期	release_date	Date	[0,1]		
13	可获得日期	access_date	Date	[0,1]		
14	格式类型	format_type	String	[0,∞)	100	
15	容量大小	audio_volume	String	[0,1]	100	
16	时长	duration	Time	[0,1]	100	
17	入点	start_point	Time	[0,1]	100	
18	出点	end_point	Time	[0,1]	100	
19	声道格式	channel_format	String	[0,1]	100	
20	声道语种	channel_lang	String	[0,1]	50	
21	音频编码格式	audio_code_format	String	[0,1]	100	
22	音频数据码率	audio_data_rate	String	[0,1]	100	
23	音频采样频率	audio_sampling_frequency	String	[0,1]	100	
24	音频位深度	audio_bit_depth	String	[0,1]	100	
25	版本	version	String	[0,1]	100	
26	版权拥有者	rights_holder	容器类元素			参见责任者通用容器或责任机构通用容器
27	受众	audience	String	[0,1]	100	
28	详情地址	detail_URI	String	[1,∞)	1000	
29	管理信息	admin_meta	容器类元素	[1,1]		参见管理通用容器
30	空间信息	spatial_list	容器类元素	[0,1]		参见空间信息通用容器
31	附件	file_list	容器类元素	[0,1]		参见附件通用容器
32	扩展元素	extension_meta	容器类元素	[0,1]		参见扩展通用容器

10.17.2 描述细则

10.17.2.1 音频元素集

标识符	http://spec.ckcest.cn/core/audio_meta
名称	audio_meta

（续表）

出处	中国工程科技知识中心元数据规范
定义	用来对音频元素集进行封装
频次范围	[1,∞)
最大长度	
描述规则	容器类元素
数据样例	

10.17.2.2 唯一标识

标识符	http://spec.ckcest.cn/core/identifier
名称	identifier
出处	中国工程科技知识中心元数据规范
定义	音频数据的唯一标识
频次范围	[0,∞)
最大长度	100
描述规则	用于描述音频数据的唯一标识，需要与由属性 type 配合使用，属性 type 具体取值参见“附录：表 45 唯一标识符编码表”。如 URI 等
数据样例	<identifier type="URI">http://box.zhangmen.baidu.com/m?word=wma</identifier>

10.17.2.3 题　名

标识符	http://spec.ckcest.cn/core/title
名称	title
出处	中国工程科技知识中心元数据规范
定义	音频的正文语种题名
频次范围	[1,1]
最大长度	500
描述规则	通常指音频的正题名。题名元素可与属性 language 配合使用，属性 language 具体取值参见“附录：表 44 语言代码编码表”
数据样例	<title language="chi">天路</title>

10.17.2.4 其他题名

标识符	http://spec.ckcest.cn/core/alternative
名称	alternative
出处	中国工程科技知识中心元数据规范
定义	音频中正题名的其他表现形式，以及与正题名相关的其他题名形式
频次范围	[0,∞)
最大长度	500
描述规则	描述音频中正题名的其他表现形式，以及与正题名相关的其他题名形式。其他题名元素与属性 type 及属性 language 配合使用，属性 type 具体取值参见“附录：表 46 其他题名类型编码表”；属性 language 具体取值参见“附录：表 44 语言代码编码表”
数据样例	<alternative type="translate" language="eng"> Flower and youth </alternative>

10.17.2.5 责任者

标识符	http://spec.ckcest.cn/core/contributor_list
名称	contributor_list
出处	中国工程科技知识中心元数据规范
定义	容器类元素，内容包括音频的主要责任者姓名、URI、机构、机构 URI 等元素
频次范围	[0,1]
最大长度	
描述规则	用于描述音频的主要责任者姓名、URI、机构、机构 URI 等元素，具体参见 8.3 责任者通用容器描述规范。责任者元素需要与属性 sequence 及属性 role 配合使用，属性 sequence 具体取值为正整数，如 1、2、3、4 等，属性 role 的取值具体参见“附录：表 56 人员（机构）角色编码表”
数据样例	<contributor_list> <contributor_meta sequence="1" role="Creator"> <full_name>张三</full_name> <surname>张</surname> <given_name>三</given_name> <alternative_name language="eng"> Zhang san </alternative_name> <email>test@163.com</email> <contributor_URI type="KID"> EFB4BEA0689E </contributor_URI> <organization_list>

(续表)

数据样例	<organization_meta sequence="1" role="Participant"> <name> 音乐学院 </ name> <alternative_name type="abbreviated" language="eng"> CAAS </alternative_name> <organization_URI> http://agri.ckcest.cn/searchResult.jsp?id=5305B25A-185A-4C71-8FDD-348E36B60F75&classtype=13 </organization_URI> <country_meta> <country_name language="eng">China</country_name> <country_code>CN</country_code> </country_meta> <city>北京</city> <address>北京市海淀区中关村南大街</address> <postal_code>100081</postal_code> </organization_meta> </organization_list> </contributor_meta> </contributor_list>

10.17.2.6 主　题

标识符	http://spec.ckcest.cn/core/subject_list
名称	subject_list
出处	中国工程科技知识中心元数据规范
定义	容器类元素，引用主题容器
频次范围	[1,1]
最大长度	
描述规则	用于描述音频资源的主题信息，一般包括主题词、关键词、分类号等内容。其中主题信息需要通过主题类型属性 type 及主题来源属性 source 配合使用，音频的主题类型 type 可取值：Keyword（关键词），且必备，其必备性通过汇交工具控制，相关元素参见 8.2 主题通用容器描述规范
数据样例	

10.17.2.7 目　次

标识符	http://spec.ckcest.cn/core/catalog
名称	catalog

（续表）

出处	中国工程科技知识中心元数据规范
定义	组成音频资源的所有单元的列表
频次范围	[0,1]
最大长度	
描述规则	用于描述音频资源的目录，内容包括：曲目等
数据样例	

10.17.2.8 摘　要

标识符	http://spec.ckcest.cn/core/abstract
名称	abstract
出处	中国工程科技知识中心元数据规范
定义	音频资源内容的概要
频次范围	[1,1]
最大长度	
描述规则	采用正文语种描述音频摘要，是对音频资源内容的概括，按实际著录。语种信息用元素属性 language 定义，具体取值参见“附录：表 44 语言代码编码表”
数据样例	<abstract language="chi">经典越剧《红楼梦》创作演出于五十年代末期，一出现便不同凡响，曹雪芹的“伤心泪”真正在雅俗共赏的观众海洋中得到了全体性汇聚。</abstract>

10.17.2.9 其他语种摘要

标识符	http://spec.ckcest.cn/core/abstract_alternative
名称	abstract_alternative
出处	中国工程科技知识中心元数据规范
定义	音频资源摘要，与正文语种摘要对应的其他语种摘要
频次范围	[0,∞)
最大长度	
描述规则	用于描述非正文语种的音频资源摘要，是对音频资源内容的概括，按实际著录。其他语种信息用元素属性 language 定义，具体取值参见“附录：表 44 语言代码编码表”
数据样例	

10.17.2.10 出版者

标识符	http://spec.ckcest.cn/core/organization_list
名称	organization_list
出处	中国工程科技知识中心元数据规范
定义	容器类元素，对使音频资源可以获得和利用的责任实体信息进行封装。具体元素取值参见8.4责任机构通用容器描述规范
频次范围	[0,1]
最大长度	
描述规则	对使音频资源可以获得和利用的责任实体信息进行封装，一般包括：组织、机构等，该元素需要与属性 role 配合使用，属性 role 具体取值参见“附录：表 56 人员（机构）角色编码表”
数据样例	<organization_list> <organization_meta role="Publisher"> <name> 中国唱片总公司 </name> </organization_meta> </organization_list>

10.17.2.11 创建日期

标识符	http://spec.ckcest.cn/core/create_date
名称	create_date
出处	中国工程科技知识中心元数据规范
定义	音频资源的创建日期
频次范围	[0,1]
最大长度	
描述规则	描述音频资源创建的日期，需符合 W3C 的 DTF 标准（YYYY-MM-DD）
数据样例	<create_date>2015-12-02</create_date>

10.17.2.12 发布日期

标识符	http://spec.ckcest.cn/core/release_date
名称	release_date
出处	中国工程科技知识中心元数据规范
定义	音频资源的发布日期

（续表）

频次范围	[0,1]
最大长度	
描述规则	描述音频资源发布的日期，需符合 W3C 的 DTF 标准（YYYY-MM-DD）
数据样例	<release_date>2015-12-02</release_date>

10.17.2.13 可获得日期

标识符	http://spec.ckcest.cn/core/access_date
名称	access_date
出处	中国工程科技知识中心元数据规范
定义	音频资源的可获得的日期
频次范围	[0,1]
最大长度	
描述规则	描述音频资源的可获得日期，需符合 W3C 的 DTF 标准（YYYY-MM-DD）
数据样例	<access_date>2015-12-02</access_date>

10.17.2.14 格式类型

标识符	http://spec.ckcest.cn/core/format_type
名称	format_type
出处	中国工程科技知识中心元数据规范
定义	音频资源的文件格式、物理媒体或尺寸规格
频次范围	[0,∞)
最大长度	100
描述规则	描述音频资源的文件格式、物理媒体或尺寸规格
数据样例	

10.17.2.15 容量大小

标识符	http://spec.ckcest.cn/core/audio_volume
名称	audio_volume
出处	中国工程科技知识中心元数据规范

（续表）

定义	音频资源的存储大小
频次范围	[0,1]
最大长度	100
描述规则	描述音频资源的存储大小
数据样例	<audio_volume>4. 3MB</audio_volume>

10.17.2.16 时　长

标识符	http://spec.ckcest.cn/core/duration
名称	duration
出处	中国工程科技知识中心元数据规范
定义	音频资源有效内容的实际时间长度
频次范围	[0,1]
最大长度	100
描述规则	描述音频资源有效内容的实际时间长度，参考 XML Schema 中对时间的定义，时长定义为 “hh：mm：ss”
数据样例	<duration>02: 20: 01</duration>

10.17.2.17 入　点

标识符	http://spec.ckcest.cn/core/start_point
名称	start_point
出处	中国工程科技知识中心元数据规范
定义	音频资源有效内容的起始点时间
频次范围	[0,1]
最大长度	100
描述规则	描述音频资源有效内容的起始点时间，参考 XML Schema 中对时间的定义，入点定义为 “hh：mm：ss”
数据样例	<start_point>00: 00: 01</start_point>

10.17.2.18 出　点

标识符	http://spec.ckcest.cn/core/end_point
名称	end_point

（续表）

出处	中国工程科技知识中心元数据规范
定义	音频资源有效内容的结束点时间
频次范围	[0,1]
最大长度	100
描述规则	描述音频资源有效内容的结束点时间，参考 XML Schema 中对时间的定义，出点定义为“hh：mm：ss”
数据样例	<end_point>00: 05: 01</end_point>

10.17.2.19 声道格式

标识符	http://spec.ckcest.cn/core/channel_format
名称	channel_format
出处	中国工程科技知识中心元数据规范
定义	音频资源声音通道之间的关系
频次范围	[0,1]
最大长度	100
描述规则	描述音频资源声音通道之间的关系
数据样例	<channel_format>立体声</channel_format>

10.17.2.20 声道语种

标识符	http://spec.ckcest.cn/core/channel_lang
名称	channel_lang
出处	中国工程科技知识中心元数据规范
定义	音频资源声音通道的语种
频次范围	[0,1]
最大长度	50
描述规则	描述音频资源声音通道的语种，具体取值参见“附录：表 44 语言代码编码表”
数据样例	<channel_lang>eng</channel_lang>

10.17.2.21 音频编码格式

标识符	http://spec.ckcest.cn/core/audio_code_format
名称	audio_code_format

（续表）

出处	中国工程科技知识中心元数据规范
定义	音频资源采样序列的编码格式
频次范围	[0,1]
最大长度	100
描述规则	描述音频资源采样序列的编码格式
数据样例	<audio_code_format>MPEG1 Layer3</audio_code_format>

10.17.2.22 音频数据码率

标识符	http://spec.ckcest.cn/core/audio_data_rate
名称	audio_data_rate
出处	中国工程科技知识中心元数据规范
定义	音频数据码流的每秒传输比特值
频次范围	[0,1]
最大长度	100
描述规则	描述音频数据码流的每秒传输比特值
数据样例	<audio_data_rate>192Kbps</audio_data_rate>

10.17.2.23 音频采样频率

标识符	http://spec.ckcest.cn/core/audio_sampling_frequency
名称	audio_sampling_frequency
出处	中国工程科技知识中心元数据规范
定义	在音频资源数字化时的音频采样频率
频次范围	[0,1]
最大长度	100
描述规则	描述在音频资源数字化时的音频采样频率
数据样例	<audio_sampling_frequency>48KHz</audio_sampling_frequency>

10.17.2.24 音频位深度

标识符	http://spec.ckcest.cn/core/audio_bit_depth
名称	audio_bit_depth

（续表）

出处	中国工程科技知识中心元数据规范
定义	声音样本量的量化深度
频次范围	[0,1]
最大长度	100
描述规则	描述声音样本量的量化深度
数据样例	<audio_bit_depth>8bit</audio_bit_depth>

10.17.2.25 版　本

标识符	http://spec.ckcest.cn/core/version
名称	version
出处	中国工程科技知识中心元数据规范
定义	音频资源的版本
频次范围	[0,1]
最大长度	100
描述规则	描述音频资源的版本信息
数据样例	<version>4.0</version>

10.17.2.26 版权拥有者

标识符	http://spec.ckcest.cn/core/rights_holder
名称	rights_holder
出处	中国工程科技知识中心元数据规范
定义	容器类元素，拥有音频资源版权的个人或者团体
频次范围	[0,1]
最大长度	
描述规则	描述拥有音频资源版权的个人或者团体，具体参见 8.3 责任者通用容器描述规范或 8.4 责任机构通用容器描述规范
数据样例	

10.17.2.27 受　众

标识符	http://spec.ckcest.cn/core/audience
名称	audience

（续表）

出处	中国工程科技知识中心元数据规范
定义	利用音频资源的各类实体
频次范围	[0,1]
最大长度	100
描述规则	描述利用音频资源的各类实体
数据样例	<audience>青少年</audience>

10.17.2.28 详情地址

标识符	http://spec.ckcest.cn/core/detail_URI
名称	detail_URI
出处	中国工程科技知识中心元数据规范
定义	可获取音频更多详情的 URI，如音频来源地址，或者知识中心详情页面网址
频次范围	[1,∞)
最大长度	1000
描述规则	
数据样例	

10.17.2.29 管理信息

标识符	http://spec.ckcest.cn/core/admin_meta
名称	admin_meta
出处	中国工程科技知识中心元数据规范
定义	在知识中心范围内与音频资源相关的各类管理信息
频次范围	[1,1]
最大长度	
描述规则	容器类元素，包括音频资源的系统唯一标识符，提供数据的分中心等机构代码，以及数据的创建时间、修改时间、删除标识、使用权限等，参见 8.1 管理通用容器描述规范
数据样例	

10.17.2.30 空间信息

标识符	http://spec.ckcest.cn/core/spatial_list
名称	spatial_list

（续表）

出处	中国工程科技知识中心元数据规范
定义	描述资源中涉及的空间信息
频次范围	[0,1]
最大长度	
描述规则	容器类元素，参见 8.13 空间信息通用容器描述规范
数据样例	

10.17.2.31 附　件

标识符	http://spec.ckcest.cn/core/file_list
名称	file_list
出处	中国工程科技知识中心元数据规范
定义	对音频资源元素集中所有附件信息进行封装
频次范围	[0,1]
最大长度	
描述规则	容器类元素，具体参考 8.11 附件通用容器描述规范
数据样例	

10.17.2.32 扩展元素

标识符	http://spec.ckcest.cn/core/extension_meta
名称	extension_meta
出处	中国工程科技知识中心元数据规范
定义	容器类元素，封装音频资源元素集中未涉及的元素描述及定义的扩展信息，具体参见 8.12 扩展通用容器描述规范
频次范围	[0,1]
最大长度	
描述规则	本元素无需描述
数据样例	

10.18 视频元素集描述规范

10.18.1 内容结构

视频元素集描述规范元素简表见表33。

表33 视频元素集元素简表

序号	中文名称	名称	数据类型	频次范围	最大长度	复用标准
1	视频元素集	video_meta	容器类元素	[1,∞)		
2	唯一标识	identifier	String	[0,∞)	100	
3	题名	title	String	[1,1]	500	
4	其他题名	alternative	String	[0,∞)	500	
5	责任者	contributor_list	容器类元素	[0,1]		参见责任者通用容器
6	主题	subject_list	容器类元素	[1,1]		参见主题通用容器
7	目次	catalog	Text	[0,1]		
8	摘要	abstract	Text	[1,1]		
9	其他语种摘要	abstract_alternative	Text	[0,∞)		
10	出版者	organization_list	容器类元素	[0,1]		参见责任机构通用容器
11	创建日期	create_date	Date	[0,1]		
12	发布日期	release_date	Date	[0,1]		
13	可获得日期	access_date	Date	[0,1]		
14	格式类型	format_type	String	[0,∞)	100	
15	容量大小	video_volume	String	[0,1]	100	
16	时长	duration	Time	[0,1]	100	
17	入点	start_point	Time	[0,1]	100	
18	出点	end_point	Time	[0,1]	100	
19	制式	system	String	[0,1]	100	
20	画面宽高比	aspect_ratio	String	[0,1]	100	
21	声音特征	sound_characteristics	String	[0,1]	100	
22	色彩	color	String	[0,1]	100	
23	分辨率	resolution	String	[0,1]	100	

（续表）

序号	中文名称	名称	数据类型	频次范围	最大长度	复用标准
24	声道格式	channel_format	String	[0,1]	100	
25	声道语种	channel_lang	String	[0,1]	50	
26	音频编码格式	audio_code_format	String	[0,1]	100	
27	音频数据码率	audio_data_rate	String	[0,1]	100	
28	音频采样频率	audio_sampling_frequency	String	[0,1]	100	
29	音频位深度	audio_bit_depth	String	[0,1]	100	
30	视频编码格式	video_code_type	String	[0,1]	100	
31	视频数据码率	video_data_rate	String	[0,1]	100	
32	视频取样格式	video_sampling_frequency	String	[0,1]	100	
33	字幕语种	subtitle_lang	String	[0,1]	100	
34	版本	version	String	[0,1]	100	
35	版权拥有者	rights_holder	容器类元素			参见责任者通用容器或责任机构通用容器
36	受众	audience	String	[0,1]	100	
37	详情地址	detail_ URI	String	[1,∞)	1000	
38	管理信息	admin_meta	容器类元素	[1,1]		参见管理通用容器
39	空间信息	spatial_meta	容器类元素	[0,1]		参见空间信息通用容器
40	附件	file_list	容器类元素	[0,1]		参见附件通用容器
41	扩展元素	extension_meta	容器类元素	[0,1]		参见扩展通用容器

10.18.2 描述细则

10.18.2.1 视频元素集

标识符	http://spec.ckcest.cn/core/video_meta
名称	video_meta
出处	中国工程科技知识中心元数据规范
定义	用来对视频元素集进行封装

（续表）

频次范围	[1,∞)
最大长度	
描述规则	容器类元素
数据样例	

10.18.2.2 唯一标识

标识符	http://spec.ckcest.cn/core/identifier
名称	identifier
出处	中国工程科技知识中心元数据规范
定义	视频数据的唯一标识
频次范围	[0,∞)
最大长度	100
描述规则	用于描述视频数据的唯一标识，需要与由属性 type 配合使用，属性 type 具体取值参见“附录：表 45 唯一标识符编码表”。如 URI 等
数据样例	<identifier type="URI">http://box.zhangmen.baidu.com/m?word=wma</identifier>

10.18.2.3 题　名

标识符	http://spec.ckcest.cn/core/title
名称	title
出处	中国工程科技知识中心元数据规范
定义	视频的正文语种题名
频次范围	[1,1]
最大长度	500
描述规则	通常指视频的正题名。题名元素可与属性 language 配合使用，属性 language 具体取值参见“附录：表 44 语言代码编码表”
数据样例	<title language="chi">南征北战</title>

10.18.2.4 其他题名

标识符	http://spec.ckcest.cn/core/alternative
名称	alternative

（续表）

出处	中国工程科技知识中心元数据规范
定义	视频中正题名的其他表现形式，以及与正题名相关的其他题名形式
频次范围	[0,∞)
最大长度	500
描述规则	描述视频中正题名的其他表现形式，以及与正题名相关的其他题名形式。其他题名元素与属性 type 及属性 language 配合使用，属性 type 具体取值参见“附录：表 46 其他题名类型编码表”；属性 language 具体取值参见“附录：表 44 语言代码编码表”
数据样例	<alternative type="translate" language="eng"> Flower and youth </alternative>

10.18.2.5 责任者

标识符	http://spec.ckcest.cn/core/contributor_list
名称	contributor_list
出处	中国工程科技知识中心元数据规范
定义	容器类元素，内容包括视频的主要责任者姓名、URI、机构、机构 URI 等元素
频次范围	[0,1]
最大长度	
描述规则	用于描述视频的主要责任者姓名、URI、机构、机构 URI 等元素，具体参见 8.3 责任者通用容器描述规范。责任者元素需要与属性 sequence 及属性 role 配合使用，属性 sequence 具体取值为正整数，如 1、2、3、4 等，属性 role 的取值具体参见“附录：表 56 人员（机构）角色编码表”
数据样例	<contributor_list> <contributor_meta sequence="1" role="Creator"> <full_name>张三</full_name> <surname>张</surname> <given_name>三</given_name> <alternative_name language="eng"> Zhang san </alternative_name> <email>test@163.com</email> <contributor_URI type="KID"> EFB4BEA0689E </contributor_URI> <organization_list> <organization_meta sequence="1"role="Participant"> <name> 电影学院 </name> <alternative_name type="abbreviated" language="eng">

（续表）

数据样例	CAAS </alternative_name> <organization_URI>http://agri.ckcest.cn/searchResult.jsp?id=5305B25A-185A-4C71-8FDD-348E36B60F75&classtype=13 </organization_URI> <country_meta> <country_name language="eng">China</country_name> <country_code>CN</country_code> </country_meta> <city>北京</city> <address>北京市海淀区中关村南大街</address> <postal_code>100081</postal_code> </organization_meta> </organization_list> </contributor_meta> </contributor_list>

10.18.2.6 主 题

标识符	http://spec.ckcest.cn/core/subject_list
名称	subject_list
出处	中国工程科技知识中心元数据规范
定义	容器类元素，引用主题容器
频次范围	[1,1]
最大长度	
描述规则	用于描述视频资源的主题信息，一般包括主题词、关键词、分类号等内容。其中主题信息需要通过主题类型属性 type 及主题来源属性 source 配合使用，视频的主题类型 type 可取值：Keyword（关键词），且必备，其必备性通过汇交工具控制，相关元素参见 8.2 主题通用容器描述规范
数据样例	

10.18.2.7 目 次

标识符	http://spec.ckcest.cn/core/catalog
名称	catalog
出处	中国工程科技知识中心元数据规范
定义	组成视频资源的所有单元的列表
频次范围	[0,1]

（续表）

最大长度	
描述规则	用于描述视频资源的目录，内容包括：曲目等
数据样例	

10.18.2.8 摘　要

标识符	http://spec.ckcest.cn/core/abstract
名称	abstract
出处	中国工程科技知识中心元数据规范
定义	视频资源内容的概要
频次范围	[1,1]
最大长度	
描述规则	采用正文语种描述报告摘要，是对视频资源内容的概括，按实际著录。语种信息用元素属性 language 定义，具体取值参见“附录：表 44 语言代码编码表”
数据样例	<abstract language="chi">《黄石公园》讲述了一头小土狼被赶出了狼群，它必须在黄石公园这个既美丽又危险的蛮荒地带，学会如何生存。</abstract>

10.18.2.9 其他语种摘要

标识符	http://spec.ckcest.cn/core/abstract_alternative
名称	abstract_alternative
出处	中国工程科技知识中心元数据规范
定义	视频资源摘要，与正文语种摘要对应的其他语种摘要
频次范围	[0,∞)
最大长度	
描述规则	用于描述非正文语种的视频资源摘要，是对视频资源内容的概括，按实际著录。其他语种信息用元素属性 language 定义，具体取值参见“附录：表 44 语言代码编码表”
数据样例	

10.18.2.10 出版者

标识符	http://spec.ckcest.cn/core/organization_list
名称	organization_list

（续表）

出处	中国工程科技知识中心元数据规范
定义	容器类元素，对使视频资源可以获得和利用的责任实体信息进行封装。具体元素取值参见 8.4 责任机构通用容器描述规范
频次范围	[0,1]
最大长度	
描述规则	对使视频资源可以获得和利用的责任实体信息进行封装，一般包括：组织、机构等，该元素需要与属性 role 配合使用，属性 role 具体取值参见“附录：表 56 人员（机构）角色编码表”
数据样例	<organization_list> <organization_meta role="Publisher"> <name> 北京文化艺术音像出版社 </name> </organization_meta> </organization_list>

10.18.2.11 创建日期

标识符	http://spec.ckcest.cn/core/create_date
名称	create_date
出处	中国工程科技知识中心元数据规范
定义	视频资源的创建日期
频次范围	[0,1]
最大长度	
描述规则	描述视频资源的创建日期，需符合 W3C 的 DTF 标准（YYYY-MM-DD）
数据样例	<create_date>2015-12-02</create_date>

10.18.2.12 发布日期

标识符	http://spec.ckcest.cn/core/release_date
名称	release_date
出处	中国工程科技知识中心元数据规范
定义	视频资源的发布日期
频次范围	[0,1]
最大长度	

（续表）

描述规则	描述视频资源的发布日期，需符合 W3C 的 DTF 标准（YYYY-MM-DD）
数据样例	<release_date>2015-12-02</release_date>

10.18.2.13 可获得日期

标识符	http://spec.ckcest.cn/core/access_date
名称	access_date
出处	中国工程科技知识中心元数据规范
定义	视频资源的可获得的日期
频次范围	[0,1]
最大长度	
描述规则	描述视频资源的可获得日期，需符合 W3C 的 DTF 标准（YYYY-MM-DD）
数据样例	<access_date>2015-12-02</access_date>

10.18.2.14 格式类型

标识符	http://spec.ckcest.cn/core/format_type
名称	format_type
出处	中国工程科技知识中心元数据规范
定义	视频资源的文件格式、物理媒体或尺寸规格
频次范围	[0,∞)
最大长度	100
描述规则	描述视频资源的文件格式、物理媒体或尺寸规格
数据样例	

10.18.2.15 容量大小

标识符	http://spec.ckcest.cn/core/video_volume
名称	video_volume
出处	中国工程科技知识中心元数据规范
定义	视频资源的存储大小

（续表）

频次范围	[0,1]
最大长度	100
描述规则	描述视频资源的存储大小
数据样例	<video_volume>4. 3MB</video_volume>

10. 18. 2. 16　时　长

标识符	http: //spec.ckcest.cn/core/duration
名称	duration
出处	中国工程科技知识中心元数据规范
定义	视频资源有效内容的实际时间长度
频次范围	[0,1]
最大长度	100
描述规则	描述视频资源有效内容的实际时间长度，参考 XMLSchema 中对时间的定义，时长定义为"hh：mm：ss"
数据样例	<duration>02: 20: 01</duration>

10. 18. 2. 17　入　点

标识符	http: //spec.ckcest.cn/core/start_point
名称	start_point
出处	中国工程科技知识中心元数据规范
定义	视频资源有效内容的起始点时间
频次范围	[0,1]
最大长度	100
描述规则	描述视频资源有效内容的起始点时间，参考 XML Schema 中对时间的定义，入点定义为"hh：mm：ss"
数据样例	<start_point>00: 00: 01</start_point>

10. 18. 2. 18　出　点

标识符	http: //spec.ckcest.cn/core/ end_point
名称	end_point

（续表）

出处	中国工程科技知识中心元数据规范
定义	视频资源有效内容的结束点时间
频次范围	[0,1]
最大长度	100
描述规则	描述视频资源有效内容的结束点时间，参考 XML Schema 中对时间的定义，出点定义为“hh：mm：ss”
数据样例	<end_point>00: 05: 01</end_point>

10.18.2.19 制 式

标识符	http://spec.ckcest.cn/core/system
名称	system
出处	中国工程科技知识中心元数据规范
定义	发送端和接收端共同采用的特定的信号处理方式
频次范围	[0,1]
最大长度	100
描述规则	描述发送端和接收端共同采用的特定的信号处理方式
数据样例	<system>PAL</system>

10.18.2.20 画面宽高比

标识符	http://spec.ckcest.cn/core/aspect_ratio
名称	aspect_ratio
出处	中国工程科技知识中心元数据规范
定义	视频资源显示画面的宽度与高度之比
频次范围	[0,1]
最大长度	100
描述规则	描述视频资源显示画面的宽度与高度之比
数据样例	<aspect_ratio>4: 3</aspect_ratio>

10.18.2.21 声音特征

标识符	http: //spec.ckcest.cn/core/sound_characteristics
名称	sound_characteristics
出处	中国工程科技知识中心元数据规范
定义	视频资源的声音特征
频次范围	[0,1]
最大长度	100
描述规则	描述视频资源的声音特征
数据样例	<sound_characteristics>有声</sound_characteristics>

10.18.2.22 色　彩

标识符	http: //spec.ckcest.cn/core/color
名称	color
出处	中国工程科技知识中心元数据规范
定义	视频资源主要内容显现的色彩种类
频次范围	[0,1]
最大长度	100
描述规则	描述视频资源主要内容显现的色彩种类
数据样例	<color>彩色</color>

10.18.2.23 分辨率

标识符	http: //spec.ckcest.cn/core/resolution
名称	resolution
出处	中国工程科技知识中心元数据规范
定义	视频资源的分辨率
频次范围	[0,1]
最大长度	100
描述规则	描述视频资源的分辨率
数据样例	<resolution>320 * 240</resolution>

10. 18. 2. 24 声道格式

标识符	http: //spec.ckcest.cn/core/channel_format
名称	channel_format
出处	中国工程科技知识中心元数据规范
定义	视频资源声音通道之间的关系
频次范围	[0,1]
最大长度	100
描述规则	描述视频资源声音通道之间的关系
数据样例	<channel_format>立体声</channel_format>

10. 18. 2. 25 声道语种

标识符	http: //spec.ckcest.cn/core/channel_lang
名称	channel_lang
出处	中国工程科技知识中心元数据规范
定义	视频资源声音通道的语种
频次范围	[0,1]
最大长度	50
描述规则	描述视频资源声音通道的语种，具体取值参见“附录：表 44 语言代码编码表”
数据样例	<channel_lang>eng</channel_lang>

10. 18. 2. 26 音频编码格式

标识符	http: //spec.ckcest.cn/core/audio_code_format
名称	audio_code_format
出处	中国工程科技知识中心元数据规范
定义	数字音频采样序列的编码格式
频次范围	[0,1]
最大长度	100
描述规则	描述数字音频采样序列的编码格式
数据样例	<audio_code_format>MPEG1 Layer3</audio_code_format>

10.18.2.27 音频数据码率

标识符	http://spec.ckcest.cn/core/audio_data_rate
名称	audio_data_rate
出处	中国工程科技知识中心元数据规范
定义	音频数据码流的每秒传输比特值
频次范围	[0,1]
最大长度	100
描述规则	描述音频数据码流的每秒传输比特值
数据样例	<audio_data_rate>192Kbps</audio_data_rate>

10.18.2.28 音频采样频率

标识符	http://spec.ckcest.cn/core/audio_sampling_frequency
名称	audio_sampling_frequency
出处	中国工程科技知识中心元数据规范
定义	在视频资源数字化时的音频采样频率
频次范围	[0,1]
最大长度	100
描述规则	描述在视频资源数字化时的音频采样频率
数据样例	<audio_sampling_frequency>48KHz</audio_sampling_frequency>

10.18.2.29 音频位深度

标识符	http://spec.ckcest.cn/core/audio_bit_depth
名称	audio_bit_depth
出处	中国工程科技知识中心元数据规范
定义	声音样本量的量化深度
频次范围	[0,1]
最大长度	100
描述规则	描述声音样本量的量化深度
数据样例	<audio_bit_depth>8bit</audio_bit_depth>

10.18.2.30 视频编码格式

标识符	http://spec.ckcest.cn/core/video_code_format
名称	video_code_format
出处	中国工程科技知识中心元数据规范
定义	视频数字化的编码方式
频次范围	[0,1]
最大长度	100
描述规则	描述视频数字化的编码方式
数据样例	<video_code_format>RV40</video_code_format>

10.18.2.31 视频数据码率

标识符	http://spec.ckcest.cn/core/video_data_rate
名称	video_data_rate
出处	中国工程科技知识中心元数据规范
定义	视频数据码流的每秒传输比特值
频次范围	[0,1]
最大长度	100
描述规则	描述视频数据码流的每秒传输比特值
数据样例	<video_data_rate>12Mb/s</video_data_rate>

10.18.2.32 视频取样格式

标识符	http://spec.ckcest.cn/core/video_sampling_type
名称	video_sampling_type
出处	中国工程科技知识中心元数据规范
定义	视频信息编码时，编码信息从原始图像信息中取样的方式
频次范围	[0,1]
最大长度	100
描述规则	描述在视频信息编码时，编码信息从原始图像信息中取样的方式
数据样例	<video_sampling_type>4: 1: 1</video_sampling_type>

10.18.2.33 字幕语种

标识符	http://spec.ckcest.cn/core/subtitle_lang
名称	subtitle_lang
出处	中国工程科技知识中心元数据规范
定义	视频资源字幕的语种名称
频次范围	[0,1]
最大长度	100
描述规则	描述视频资源字幕的语种名称，该取值参见“附录：表 44 语言代码编码表”
数据样例	<subtitle_lang>eng</subtitle_lang>

10.18.2.34 版 本

标识符	http://spec.ckcest.cn/core/version
名称	version
出处	中国工程科技知识中心元数据规范
定义	视频资源的版本
频次范围	[0,1]
最大长度	100
描述规则	描述音频资源的版本信息
数据样例	<version>4. 0</version>

10.18.2.35 版权拥有者

标识符	http://spec.ckcest.cn/core/rights_holder
名称	rights_holder
出处	中国工程科技知识中心元数据规范
定义	拥有视频资源版权的个人或者团体
频次范围	[0,1]
最大长度	100
描述规则	描述拥有视频资源版权的个人或者团体，具体参见 8.3 责任者通用容器描述规范或 8.4 责任机构通用容器描述规范
数据样例	

10.18.2.36 受　众

标识符	http://spec.ckcest.cn/core/audience
名称	audience
出处	中国工程科技知识中心元数据规范
定义	利用视频资源的各类实体
频次范围	[0,1]
最大长度	100
描述规则	描述利用视频资源的各类实体
数据样例	<audience>青少年</audience>

10.18.2.37 详情地址

标识符	http://spec.ckcest.cn/core/detail_URI
名称	detail_ URI
出处	中国工程科技知识中心元数据规范
定义	可获取视频更多详情的 URI，如视频来源地址，或者知识中心详情页面网址
频次范围	[1,∞)
最大长度	1000
描述规则	
数据样例	

10.18.2.38 管理信息

标识符	http://spec.ckcest.cn/core/admin_meta
名称	admin_meta
出处	中国工程科技知识中心元数据规范
定义	在知识中心范围内与视频资源相关的各类管理信息
频次范围	[1,1]
最大长度	
描述规则	容器类元素，包括视频资源的系统唯一标识符，提供数据的分中心等机构代码，以及数据的创建时间、修改时间、删除标识、使用权限等，参见 8.1 管理通用容器描述规范
数据样例	

10.18.2.39 空间信息

标识符	http://spec.ckcest.cn/core/spatial_list
名称	spatial_list
出处	中国工程科技知识中心元数据规范
定义	描述资源中涉及的空间信息
频次范围	[0,1]
最大长度	
描述规则	容器类元素，参见 8.13 空间信息通用容器描述规范
数据样例	

10.18.2.40 附　件

标识符	http://spec.ckcest.cn/core/file_list
名称	file_list
出处	中国工程科技知识中心元数据规范
定义	对视频资源元素集中所有附件信息进行封装
频次范围	[0,1]
最大长度	
描述规则	容器类元素，具体参考 8.11 附件通用容器描述规范
数据样例	

10.18.2.41 扩展元素

标识符	http://spec.ckcest.cn/core/extension_meta
名称	extension_meta
出处	中国工程科技知识中心元数据规范
定义	容器类元素，封装视频资源元素集中未涉及的元素描述及定义的扩展信息，具体参见 8.12 扩展通用容器描述规范
频次范围	[0,1]
最大长度	
描述规则	本元素无需描述
数据样例	

10.19 统计数据元素集描述规范

10.19.1 内容结构

统计数据元素集描述规范元素简表见表 34。

表 34 统计数据元素集元素简表

序号	中文名称	名称	数据类型	频次范围	最大长度	复用标准
1	统计数据元素集	series_meta	容器类元素	[1,∞)		
2	唯一标识	identifier	String	[0,∞)	100	
3	统计频次	frequency	String	[0,1]	100	
4	计量单位	unit	String	[0,1]	100	
5	数据来源	data_source	String	[0,∞)	500	
6	指标列表	indicator_list	容器类元素	[1,1]		
7	指标元素	indicator_meta	容器类元素	[1,∞)		
8	指标名称	indicator_title	String	[1,∞)	500	
9	指标代码	indicator_code	String	[0,1]	500	
10	父指标名称	parent_indicator_title	String	[0,1]	500	
11	父指标代码	parent_indicator_code	String	[0,1]	500	
12	数据值元素	observer_meta	容器类元素	[1,∞)		
13	统计时间	time	String	[1,1]	100	
14	数据值	value	String	[1,1]	100	
15	数据状态	status	String	[0,1]	100	
16	管理信息	admin_meta	容器类元素	[1,1]		参见管理通用容器
17	空间信息	spatial_list	容器类元素	[0,1]		参见空间信息通用容器
18	附件	file_list	容器类元素	[0,1]		参见附件通用容器
19	扩展元素	extension_meta	容器类元素	[0,1]		参见扩展通用容器

10.19.2 描述细则

10.19.2.1 统计数据元素集

标识符	http://spec.ckcest.cn/core/series_meta
名称	series_meta
出处	中国工程科技知识中心元数据规范
定义	用来对统计数据元素集进行封装
频次范围	[1,∞)
最大长度	
描述规则	容器类元素，对统计数据元素集进行封装，一个 series_meta 中只能描述同类统计指标的统计数据
数据样例	<series_meta> <identifier type="URI">http://box. zhangmen. baidu. com/m?word=wma</identifier> <frequency>每年</frequency> <unit>ha</unit> <indicator_list> <indicator_meta> <indicator_title source_column_name="Area" language="eng"> China </indicator_title> <indicator_code source_column_name="AreaCode">351</indicator_code> </indicator_meta> <indicator_meta> <indicator_title source_column_name="Item" language="eng"> Apples </indicator_title> <indicator_code source_column_name="ItemCode">515</indicator_code> </indicator_meta> <indicator_meta> <indicator_title source_column_name="Element" language="eng"> Area harvested </indicator_title> <indicator_code source_column_name="ElementCode">5312</indicator_code> </indicator_meta> </indicator_list> <observer_meta> <time>1961</time> <value>90000</value> <status>预估</status> </observer_meta> <observer_meta> <time>1962</time> <value>95000</value> <status>预估</status> </observer_meta> </series_meta>

10.19.2.2 唯一标识

标识符	http://spec.ckcest.cn/core/identifier
名称	identifier
出处	中国工程科技知识中心元数据规范
定义	统计数据的唯一标识
频次范围	[0,∞)
最大长度	100
描述规则	用于描述统计数据的唯一标识，需要与由属性 type 配合使用，属性 type 具体取值参见“附录：表 45 唯一标识符编码表”。如 URI 等
数据样例	<identifier type="URI">http://box.zhangmen.baidu.com/m?word=wma</identifier>

10.19.2.3 统计频次

标识符	http://spec.ckcest.cn/core/frequency
名称	frequency
出处	中国工程科技知识中心元数据规范
定义	统计数据的统计频率
频次范围	[0,1]
最大长度	100
描述规则	描述统计数据的统计频率，如：每年、每季度、每月、每周等
数据样例	<frequency>每年</frequency>

10.19.2.4 计量单位

标识符	http://spec.ckcest.cn/core/unit
名称	unit
出处	中国工程科技知识中心元数据规范
定义	为定量表示同种量的大小而约定地定义和采用的特定量
频次范围	[0,1]
最大长度	100
描述规则	描述统计数据的测量单位，如 kg，ha 等
数据样例	<unit>ha</unit>

10.19.2.5 数据来源

标识符	http://spec.ckcest.cn/core/data_source
名称	data_source
出处	中国工程科技知识中心元数据规范
定义	统计数据的来源
频次范围	[0,1]
最大长度	500
描述规则	统计数据的来源，如：国家林业局等
数据样例	<data_source>国家林业局</data_source>

10.19.2.6 指标列表

标识符	http://spec.ckcest.cn/core/indicator_list
名称	indicator_list
出处	中国工程科技知识中心元数据规范
定义	用来对统计指标元素进行封装
频次范围	[1,1]
最大长度	
描述规则	容器类元素
数据样例	<indicator_list> <indicator_meta> <indicator_title source_column_name="Area" language="eng"> China </indicator_title> <indicator_code source_column_name="AreaCode">351</indicator_code> </indicator_meta> <indicator_meta> <indicator_title source_column_name="Item" language="eng"> Apple s</indicator_title> <indicator_code source_column_name="ItemCode">515</indicator_code> </indicator_meta> <indicator_meta> <indicator_title source_column_name="Element" language="eng"> Area harvested </indicator_title> <indicator_code source_column_name="ElementCode">5312</indicator_code> </indicator_meta> </indicator_list>

10.19.2.7 指标元素

标识符	http://spec.ckcest.cn/core/indicator_meta
名称	indicator_meta
出处	中国工程科技知识中心元数据规范
定义	用来对各类统计指标进行封装
频次范围	[1,∞)
最大长度	
描述规则	容器类元素，描述一条统计数据除统计频次、计量单位之外的多个统计维度（或指标）的集合
数据样例	<indicator_meta> <indicator_title source_column_name="Area" language="eng"> China </indicator_title> <indicator_code source_column_name="AreaCode">351</indicator_code> </indicator_meta> <indicator_meta> <indicator_title source_column_name="Item" language="eng"> Apples </indicator_title> <indicator_code source_column_name="ItemCode">515</indicator_code> </indicator_meta> <indicator_meta> <indicator_title source_column_name="Element" language="eng"> Area harvested </indicator_title> <indicator_code source_column_name="ElementCode">5312</indicator_code> </indicator_meta>

10.19.2.8 指标名称

标识符	http://spec.ckcest.cn/core/indicator_title
名称	indicator_title
出处	中国工程科技知识中心元数据规范
定义	统计数据中的指标名称
频次范围	[1,∞)
最大长度	500
描述规则	描述统计数据中的指标名称，可与属性原始统计数据中的表头字段名称 source_column_name 及属性 language 配合使用，属性 language 具体取值参见“附录：表 44 语言代码编码表”
数据样例	<indicator_title source_column_name="Area" language="eng">China</indicator_title>

10.19.2.9 指标代码

标识符	http://spec.ckcest.cn/core/indicator_code
名称	indicator_code
出处	中国工程科技知识中心元数据规范
定义	统计数据的指标名称代码
频次范围	[0,1]
最大长度	500
描述规则	描述统计数据的指标名称代码，可与属性原始统计数据中的表头字段名称 source_column_name 配合使用
数据样例	<indicator_code source_column_name="AreaCode">351</indicator_code>

10.19.2.10 父指标名称

标识符	http://spec.ckcest.cn/core/parent_indicator_title
名称	parent_indicator_title
出处	中国工程科技知识中心元数据规范
定义	统计数据中指标名称的上一级指标名称
频次范围	[1,∞)
最大长度	500
描述规则	描述统计数据中指标名称的上一级指标名称，可与属性原始统计数据中的表头字段名称 source_column_name 及属性 language 配合使用，属性 language 具体取值参见“附录：表 44 语言代码编码表”
数据样例	

10.19.2.11 父指标代码

标识符	http://spec.ckcest.cn/core/parent_indicator_code
名称	parent_indicator_code
出处	中国工程科技知识中心元数据规范
定义	统计数据中指标名称的上一级指标名称代码
频次范围	[0,1]
最大长度	500

（续表）

描述规则	描述统计数据中指标名称的上一级指标名称代码，可与属性原始统计数据中的表头字段名称 source_column_name 配合使用
数据样例	

10.19.2.12 数据值元素

标识符	http://spec.ckcest.cn/core/observer_meta
名称	observer_meta
出处	中国工程科技知识中心元数据规范
定义	用来对各类统计数据值进行封装
频次范围	[1,∞)
最大长度	
描述规则	容器类元素，其内容包括时间、数据值、数据状态
数据样例	<observer_meta> <time>1961</time> <value>90000</value> <status>预估</status> </observer_meta>

10.19.2.13 统计时间

标识符	http://spec.ckcest.cn/core/time
名称	time
出处	中国工程科技知识中心元数据规范
定义	数据的统计时间
频次范围	[1,1]
最大长度	100
描述规则	描述数据的统计时间
数据样例	<time>1961</time>

10.19.2.14 数据值

标识符	http://spec.ckcest.cn/core/value
名称	value

（续表）

出处	中国工程科技知识中心元数据规范
定义	统计的数据值
频次范围	[1,1]
最大长度	100
描述规则	描述统计的数据值
数据样例	<value>90000</value>

10.19.2.15 数据状态

标识符	http://spec.ckcest.cn/core/status
名称	status
出处	中国工程科技知识中心元数据规范
定义	取得统计数据的方式
频次范围	[0,1]
最大长度	100
描述规则	描述取得统计数据的方式，如：预估、计算、测量等
数据样例	<status>预估</status>

10.19.2.16 管理信息

标识符	http://spec.ckcest.cn/core/admin_meta
名称	admin_meta
出处	中国工程科技知识中心元数据规范
定义	在知识中心范围内与统计数据相关的各类管理信息
频次范围	[1,1]
最大长度	
描述规则	容器类元素，包括统计数据的系统唯一标识符，提供数据的分中心等机构代码，以及数据的创建时间、修改时间、删除标识、使用权限等，参见 8.1 管理通用容器描述规范
数据样例	

10.19.2.17 空间信息

标识符	http://spec.ckcest.cn/core/spatial_list
名称	spatial_list
出处	中国工程科技知识中心元数据规范
定义	描述资源中涉及的空间信息
频次范围	[0,1]
最大长度	
描述规则	容器类元素，参见 8.13 空间信息通用容器描述规范
数据样例	

10.19.2.18 附　件

标识符	http://spec.ckcest.cn/core/file_list
名称	file_list
出处	中国工程科技知识中心元数据规范
定义	对统计数据资源元素集中所有附件信息进行封装
频次范围	[0,1]
最大长度	
描述规则	容器类元素，具体参考 8.11 附件通用容器描述规范
数据样例	

10.19.2.19 扩展元素

标识符	http://spec.ckcest.cn/core/extension_meta
名称	extension_meta
出处	中国工程科技知识中心元数据规范
定义	容器类元素，封装统计数据资源元素集中未涉及的元素描述及定义的扩展信息，具体参见 8.12 扩展通用容器描述规范
频次范围	[0,1]
最大长度	
描述规则	本元素无需描述
数据样例	

10.20 课件元素集描述规范

10.20.1 内容结构

课件元素集描述规范元素简表见表35。

表35 课件元素集元素简表

序号	中文名称	名称	数据类型	频次范围	最大长度	复用标准
1	课件元素集	courseware_meta	容器类元素	[1,∞)		
2	唯一标识	identifier	String	[0,∞)	100	
3	课件名称	title	String	[1,1]	500	
4	其他名称	alternative	String	[0,∞)	500	
5	课件简介	abstract	Text	[1,1]		
6	其他语种简介	abstract_alternative	Text	[0,∞)		
7	责任者	contributor_list	容器类元素	[0,1]		参见责任者通用容器
8	主题	subject_list	容器类元素	[1,1]		参见主题通用容器
9	语种	language	String	[0,∞)	100	
10	课件格式	courseware_format	String	[0,∞)	100	
11	课件容量大小	courseware_volume	String	[0,∞)	100	
12	访问权限	access_authority	Text	[0,1]		
13	课件 URL	courseware_URL	String	[0,∞)	500	
14	受众	audience	String	[0,1]	100	
15	详情地址	detail_URI	String	[1,∞)	1000	
16	管理信息	admin_meta	容器类元素	[1,1]		参见管理通用容器
17	空间信息	spatial_list	容器类元素	[0,1]		参见空间信息通用容器
18	附件	file_list	容器类元素	[0,1]		参见附件通用容器
19	扩展元素	extension_meta	容器类元素	[0,1]		参见扩展通用容器

10.20.2 描述细则

10.20.2.1 课件元素集

标识符	http://spec.ckcest.cn/core/courseware_meta
名称	courseware_meta
出处	中国工程科技知识中心元数据规范
定义	用来对课件元素集进行封装
频次范围	[1,∞)
最大长度	
描述规则	容器类元素
数据样例	

10.20.2.2 唯一标识

标识符	http://spec.ckcest.cn/core/identifier
名称	identifier
出处	中国工程科技知识中心元数据规范
定义	课件的唯一标识
频次范围	[0,∞)
最大长度	100
描述规则	用于描述课件的唯一标识，需要与由属性 type 配合使用，属性 type 具体取值参见“附录：表 45 唯一标识符编码表”。如 URI 等
数据样例	<identifier type="URI">http://box. zhangmen. baidu. com/m?word=wma</identifier>

10.20.2.3 课件名称

标识符	http://spec.ckcest.cn/core/title
名称	title
出处	中国工程科技知识中心元数据规范
定义	课件的正文语种题名
频次范围	[1,1]
最大长度	500

（续表）

描述规则	通常指课件的正题名。题名元素可与属性 language 配合使用，属性 language 具体取值参见“附录：表 44 语言代码编码表”
数据样例	<title language=“chi“>管理信息系统基础概论</title>

10.20.2.4 其他名称

标识符	http://spec.ckcest.cn/core/alternative
名称	alternative
出处	中国工程科技知识中心元数据规范
定义	课件中正题名的其他表现形式，以及与正题名相关的其他题名形式
频次范围	[0,∞)
最大长度	500
描述规则	描述课件中正题名的其他表现形式，以及与正题名相关的其他题名形式。其他题名元素与属性 type 及属性 language 配合使用，属性 type 具体取值参见“附录：表 46 其他题名类型编码表”；属性 language 具体取值参见“附录：表 44 语言代码编码表”
数据样例	<alternative type=“translate” language=“eng”> Introduction to the fundamentals of management information systems</alternative>

10.20.2.5 课件简介

标识符	http://spec.ckcest.cn/core/abstract
名称	abstract
出处	中国工程科技知识中心元数据规范
定义	课件简介
频次范围	[1,1]
最大长度	
描述规则	采用正文语种描述课件简介，是对课件简介内容的概括，按实际著录。语种信息用元素属性 language 定义，具体取值参见“附录：表 44 语言代码编码表”
数据样例	<abstract language=“chi”>管理信息系统基础概论重点从系统知识、信息系统理论基础与技术基础讲解管理信息系统学科的综合性与交叉性特点。</abstract>

10.20.2.6 其他语种简介

标识符	http://spec.ckcest.cn/core/abstract_alternative
名称	abstract_alternative
出处	中国工程科技知识中心元数据规范
定义	课件简介，与正文语种摘要对应的其他语种摘要
频次范围	[0,∞)
最大长度	
描述规则	用于描述非正文语种的课件简介，是对课件简介的概括，按实际著录。其他语种信息用元素属性 language 定义，具体取值参见“附录：表 44 语言代码编码表”
数据样例	

10.19.2.7 责任者

标识符	http://spec.ckcest.cn/core/contributor_list
名称	contributor_list
出处	中国工程科技知识中心元数据规范
定义	容器类元素，内容包括课件的主要责任者姓名、URI、机构、机构 URI 等元素
频次范围	[0,1]
最大长度	
描述规则	用于描述课件的主要责任者姓名、URI、机构、机构 URI 等元素，具体参见 8.3 责任者通用容器描述规范。责任者元素需要与属性 sequence 及属性 role 配合使用，属性 sequence 具体取值为正整数，如 1、2、3、4 等，属性 role 的取值具体参见“附录：表 56 人员（机构）角色编码表”
数据样例	<contributor_list> <contributor_meta sequence=“1” role=“Creator”> <full_name>张三</full_name> <surname>张</surname> <given_name>三</given_name> <alternative_name language=“eng”> Zhang san </alternative_name> <email>test@ 163. com</email> <contributor_URI type=“KID”> EFB4BEA0689E </contributor_URI> <organization_list> <organization_meta sequence=“1” role=“Participant”> <name> 信息管理学院

(续表)

数据样例	</ name> <alternative_name type=“abbreviated” language=“eng”> CAAS </alternative_name> <organization_URI> http: //agri. ckcest. cn/searchResult. jsp? id = 5305B25A - 185A - 4C71 - 8FDD - 348E36B60F75&classtype=13 </organization_URI> <country_meta> <country_name language=“eng”>China</country_name> <country_code>CN</country_code> </country_meta> <city>北京</city> <address>北京市海淀区中关村南大街</address> <postal_code>100081</postal_code> </organization_meta> </organization_list> </contributor_meta> </contributor_list>

10.20.2.8 主　题

标识符	http: //spec.ckcest.cn/core/subject_list
名称	subject_list
出处	中国工程科技知识中心元数据规范
定义	容器类元素，引用主题容器
频次范围	[1,1]
最大长度	
描述规则	用于描述课件的主题信息，一般包括主题词、关键词、分类号等内容。其中主题信息需要通过主题类型属性 type 及主题来源属性 source 配合使用，课件的主题类型 type 可取值：Keyword（关键词），且必备，其必备性通过汇交工具控制，相关元素参见 8.2 主题通用容器描述规范
数据样例	

10.20.2.9 语　种

标识符	http: //spec.ckcest.cn/core/language
名称	language
出处	中国工程科技知识中心元数据规范
定义	课件的语种名称

（续表）

频次范围	[0,∞)
最大长度	100
描述规则	描述课件的语种名称，该取值参见“附录：表 44 语言代码编码表”
数据样例	<language>eng</language>

10.20.2.10 课件格式

标识符	http://spec.ckcest.cn/core/courseware_format
名称	courseware_format
出处	中国工程科技知识中心元数据规范
定义	课件的格式类型
频次范围	[0,∞)
最大长度	100
描述规则	描述课件的格式类型
数据样例	<courseware_format>pdf</courseware_format>

10.20.2.11 课件容量大小

标识符	http://spec.ckcest.cn/core/courseware_volume
名称	courseware_volume
出处	中国工程科技知识中心元数据规范
定义	课件的存储大小
频次范围	[0,∞)
最大长度	100
描述规则	描述课件的存储大小
数据样例	<courseware_volume>4MB</courseware_volume>

10.20.2.12 访问权限

标识符	http://spec.ckcest.cn/core/access_authority
名称	access_authority

（续表）

出处	中国工程科技知识中心元数据规范
定义	课件的访问权限
频次范围	[0,1]
最大长度	
描述规则	描述课件的访问权限
数据样例	

10.20.2.13 课件 URL

标识符	http://spec.ckcest.cn/core/courseware_URL
名称	courseware_URL
出处	中国工程科技知识中心元数据规范
定义	可获取课件的 URL
频次范围	[0,∞)
最大长度	500
描述规则	按实际描述课件的 URL
数据样例	<courseware_URL> http://www.cnki.com.cn/Article/CJFDTotal_ZNYK201208002.htm </courseware_URL>

10.20.2.14 受　众

标识符	http://spec.ckcest.cn/core/audience
名称	audience
出处	中国工程科技知识中心元数据规范
定义	利用课件的各类实体
频次范围	[0,1]
最大长度	100
描述规则	描述利用课件的各类实体
数据样例	<audience>青少年</audience>

10.20.2.15 详情地址

标识符	http://spec.ckcest.cn/core/detail_ URI
名称	detail_ URI
出处	中国工程科技知识中心元数据规范
定义	可获取课件更多详情的 URI，如课件来源地址，或者知识中心详情页面网址
频次范围	[1,∞)
最大长度	1000
描述规则	
数据样例	

10.20.2.16 管理信息

标识符	http://spec.ckcest.cn/core/admin_meta
名称	admin_meta
出处	中国工程科技知识中心元数据规范
定义	在知识中心范围内与课件相关的各类管理信息
频次范围	[1,1]
最大长度	
描述规则	容器类元素，包括课件的系统唯一标识符，提供数据的分中心等机构代码，以及数据的创建时间、修改时间、删除标识、使用权限等，参见 8.1 管理通用容器描述规范
数据样例	

10.20.2.17 空间信息

标识符	http://spec.ckcest.cn/core/spatial_list
名称	spatial_list
出处	中国工程科技知识中心元数据规范
定义	描述资源中涉及的空间信息
频次范围	[0,1]
最大长度	
描述规则	容器类元素，参见 8.13 空间信息通用容器描述规范
数据样例	

10. 20. 2. 18 附 件

标识符	http: //spec.ckcest.cn/core/file_list
名称	file_list
出处	中国工程科技知识中心元数据规范
定义	对课件元素集中所有附件信息进行封装
频次范围	[0,1]
最大长度	
描述规则	容器类元素，具体参考“8. 11 附件通用容器描述规范”
数据样例	

10. 20. 2. 19 扩展元素

标识符	http: //spec.ckcest.cn/core/extension_meta
名称	extension_meta
出处	中国工程科技知识中心元数据规范
定义	容器类元素，封装课件元素集中未涉及的元素描述及定义的扩展信息，具体参见 8. 12 扩展通用容器描述规范
频次范围	[0,1]
最大长度	
描述规则	本元素无需描述
数据样例	

10. 21 技术工具元素集描述规范

10.21.1 内容结构

技术工具元素集描述规范元素简表见表 36。

表 36 课件元素集元素简表

序号	中文名称	名称	数据类型	频次范围	最大长度	复用标准
1	技术工具元素集	software_meta	容器类元素	[1,∞)		
2	唯一标识	identifier	String	[0,∞)	100	

（续表）

序号	中文名称	名称	数据类型	频次范围	最大长度	复用标准
3	名称	title	String	[1,1]	500	
4	其他名称	alternative	String	[0,∞)	500	
5	简介	abstract	Text	[1,1]		
6	其他语种简介	abstract_alternative	Text	[0,∞)		
7	主题	subject_list	容器类元素	[1,1]		参见主题通用容器
8	是否开源	is_opensource	String	[0,1]	20	
9	开发环境	develop_environment	String	[0,1]	100	
10	访问权限	access_authority	Text	[0,1]		
11	网址信息	website	String	[0,1]	500	
12	许可协议	license	Text	[0,1]		
13	版本信息	version	String	[0,∞)	100	
14	详情地址	detail_ URI	String	[1,∞)	1000	
15	管理信息	admin_meta	容器类元素	[1,1]		参见管理通用容器
16	空间信息	spatial_list	容器类元素	[0,1]		参见空间信息通用容器
17	附件	file_list	容器类元素	[0,1]		参见附件通用容器
18	扩展元素	extension_meta	容器类元素	[0,1]		参见扩展通用容器

10.21.2 描述细则

10.21.2.1 技术工具元素集

标识符	http://spec.ckcest.cn/core/software_meta
名称	software_meta
出处	中国工程科技知识中心元数据规范
定义	用来对技术工具元素集进行封装
频次范围	[1,∞)
最大长度	
描述规则	容器类元素
数据样例	

10.21.2.2 唯一标识

标识符	http://spec.ckcest.cn/core/identifier
名称	identifier
出处	中国工程科技知识中心元数据规范
定义	技术工具的唯一标识
频次范围	[0,∞)
最大长度	100
描述规则	用于描述技术工具的唯一标识，需要与由属性 type 配合使用，属性 type 具体取值参见“附录：表 45 唯一标识符编码表”。如 URI 等
数据样例	<identifier type="URI">http://box.zhangmen.baidu.com/m?word=wma</identifier>

10.21.2.3 技术工具名称

标识符	http://spec.ckcest.cn/core/title
名称	title
出处	中国工程科技知识中心元数据规范
定义	技术工具的正文语种题名
频次范围	[1,1]
最大长度	500
描述规则	通常指技术工具的正题名。题名元素可与属性 language 配合使用，属性 language 具体取值参见“附录：表 44 语言代码编码表”
数据样例	<title language="chi">农业区划分析工具</title>

10.21.2.4 其他名称

标识符	http://spec.ckcest.cn/core/alternative
名称	alternative
出处	中国工程科技知识中心元数据规范
定义	课件中正题名的其他表现形式，以及与正题名相关的其他题名形式
频次范围	[0,∞)
最大长度	500
描述规则	描述技术工具中正题名的其他表现形式，以及与正题名相关的其他题名形式。其他题名元素与属性 type 及属性 language 配合使用，属性 type 具体取值参见“附录：表 46 其他题名类型编码表”；属性 language 具体取值参见“附录：表 44 语言代码编码表”
数据样例	

10.21.2.5 技术工具简介

标识符	http://spec.ckcest.cn/core/abstract
名称	abstract
出处	中国工程科技知识中心元数据规范
定义	技术工具的概要
频次范围	[1,1]
最大长度	
描述规则	采用正文语种描述技术工具简介，是对技术工具简介内容的概括，按实际著录。语种信息用元素属性 language 定义，具体取值参见“附录：表 44 语言代码编码表”
数据样例	<abstract language="chi">基于国家农业科学数据共享中心每年收集的全国农业资源数据（包括研究报告、图件、调查统计数据、遥感数据等），借助地理信息系统（GIS）、遥感、数据库等技术，提供按地区导航、空间检索、资源文件浏览与下载等服务。</abstract>

10.21.2.6 其他语种简介

标识符	http://spec.ckcest.cn/core/abstract_alternative
名称	abstract_alternative
出处	中国工程科技知识中心元数据规范
定义	技术工具简介，与正文语种摘要对应的其他语种摘要
频次范围	[0,∞)
最大长度	
描述规则	用于描述非正文语种的技术工具简介，是对技术工具简介的概括，按实际著录。其他语种信息用元素属性 language 定义，具体取值参见“附录：表 44 语言代码编码表”
数据样例	

10.21.2.7 主　题

标识符	http://spec.ckcest.cn/core/subject_list
名称	subject_list
出处	中国工程科技知识中心元数据规范
定义	容器类元素，引用主题容器
频次范围	[1,1]
最大长度	
描述规则	用于描述技术工具的主题信息，一般包括主题词、关键词、分类号等内容。其中主题信息需要通过主题类型属性 type 及主题来源属性 source 配合使用，技术工具的主题类型 type 可取值：Keyword（关键词），且必备，其必备性通过汇交工具控制，相关元素参见 8.2 主题通用容器描述规范
数据样例	

10.21.2.8 是否开源

标识符	http://spec.ckcest.cn/core/is_opensource
名称	is_opensource
出处	中国工程科技知识中心元数据规范
定义	技术工具是否是开源软件
频次范围	[0,1]
最大长度	20
描述规则	描述技术工具是否是开源软件
数据样例	<is_opensource>是</is_opensource>

10.21.2.9 开发环境

标识符	http://spec.ckcest.cn/core/develop_environment
名称	develop_environment
出处	中国工程科技知识中心元数据规范
定义	技术工具的开发环境等信息
频次范围	[0,1]
最大长度	100
描述规则	描述技术工具的开发环境等信息
数据样例	<develop_environment>Java 开发环境</develop_environment>

10.21.2.10 访问权限

标识符	http://spec.ckcest.cn/core/access_authority
名称	access_authority
出处	中国工程科技知识中心元数据规范
定义	技术工具的访问权限
频次范围	[0,1]
最大长度	
描述规则	描述技术工具的访问权限
数据样例	

10.21.2.11 网址信息

标识符	http://spec.ckcest.cn/core/website
名称	website
出处	中国工程科技知识中心元数据规范
定义	技术工具的网络访问地址
频次范围	[0,1]
最大长度	500
描述规则	描述技术工具的网络访问地址
数据样例	<website> http://www.ckcest.cn/dsp/app/details/getappInfo? serviceId = 8a213832598c99b8015c3301e41708ce&serviceVersionId=8a213832598c99b8015c3317e74f08cf </website>

10.21.2.12 许可协议

标识符	http://spec.ckcest.cn/core/license
名称	license
出处	中国工程科技知识中心元数据规范
定义	技术工具使用的许可协议
频次范围	[0,1]
最大长度	
描述规则	描述技术工具使用的许可协议
数据样例	

10.21.2.13 版本信息

标识符	http://spec.ckcest.cn/core/version
名称	version
出处	中国工程科技知识中心元数据规范
定义	技术工具的版本信息
频次范围	[0,∞)
最大长度	100
描述规则	描述技术工具的版本信息
数据样例	<version>1.0 版</version>

10. 21. 2. 14 详情地址

标识符	http://spec.ckcest.cn/core/detail_URI
名称	detail_URI
出处	中国工程科技知识中心元数据规范
定义	可获取技术工具更多详情的 URI，如技术工具来源地址，或者知识中心详情页面网址
频次范围	[1，∞)
最大长度	1000
描述规则	
数据样例	

10. 21. 2. 15 管理信息

标识符	http://spec.ckcest.cn/core/admin_meta
名称	admin_meta
出处	中国工程科技知识中心元数据规范
定义	在知识中心范围内与技术工具相关的各类管理信息
频次范围	[1,1]
最大长度	
描述规则	容器类元素，包括技术工具的系统唯一标识符，提供数据的分中心等机构代码，以及数据的创建时间、修改时间、删除标识、使用权限等，参见 8. 1 管理通用容器描述规范
数据样例	

10. 21. 2. 16 空间信息

标识符	http://spec.ckcest.cn/core/spatial_list
名称	spatial_list
出处	中国工程科技知识中心元数据规范
定义	描述资源中涉及的空间信息
频次范围	[0,1]
最大长度	
描述规则	容器类元素，参见 8. 13 空间信息通用容器描述规范
数据样例	

10.21.2.17 附　件

标识符	http：//spec．ckcest．cn/core/file_list
名称	file_list
出处	中国工程科技知识中心元数据规范
定义	对技术工具元素集中所有附件信息进行封装
频次范围	[0,1]
最大长度	
描述规则	容器类元素，具体参考 8.11 附件通用容器描述规范
数据样例	

10.21.2.18 扩展元素

标识符	http://spec.ckcest.cn/core/extension_meta
名称	extension_meta
出处	中国工程科技知识中心元数据规范
定义	容器类元素，封装技术工具元素集中未涉及的元素描述及定义的扩展信息，具体参见 8.12 扩展通用容器描述规范
频次范围	[0,1]
最大长度	
描述规则	本元素无需描述
数据样例	

10.22 知识应用元素集描述规范

10.22.1 内容结构

知识应用元素集描述规范元素简表见表 37。

表 37 知识应用元素集元素简表

序号	中文名称	名称	数据类型	频次范围	最大长度	复用标准
1	知识应用元素集	knowledgeApplication_meta	容器类元素	[1,∞)		

（续表）

序号	中文名称	名称	数据类型	频次范围	最大长度	复用标准
2	唯一标识	identifier	String	[0,∞)	100	
3	名称	title	String	[1,1]	1000	
4	其他名称	alternative	String	[0,∞)	1000	
5	主题	subject_list	容器类元素	[1,1]		参见主题通用容器
6	简介	abstract	Text	[1,1]		
7	其他语种简介	abstract_alternative	Text	[0,∞)		
8	版本信息	version	String	[0,∞)	100	
9	语种	language	String	[0,1]	50	
10	来源机构代码	institute_code	String	[1,∞)	50	
11	所属分类	classification	String	[0,∞)	50	
12	发布日期	release_date	Date	[0,1]		
13	安全级别	security_level	String	[0,1]	50	
14	计费标识	charging	String	[0,1]	50	
15	网址信息	website	String	[0,1]	500	
16	详情地址	detail_URI	String	[0,∞) 1000		
17	管理信息	admin_meta	容器类元素	[1,1]		参见管理通用容器
18	空间信息	spatial_list	容器类元素	[0,1]		参见空间信息通用容器
19	附件	file_list	容器类元素	[0,1]		参见附件通用容器
20	扩展元素	extension_meta	容器类元素	[0,1]		参见扩展通用容器

10.22.2 描述细则

10.22.2.1 知识应用元素集

标识符	http://spec.ckcest.cn/core/knowledgeApplication_meta
名称	knowledgeApplication_meta
出处	中国工程科技知识中心元数据规范

（续表）

定义	用来对知识应用元素集进行封装
频次范围	[1,∞)
最大长度	
描述规则	容器类元素
数据样例	

10.22.2.2 唯一标识

标识符	http://spec.ckcest.cn/core/identifier
名称	identifier
出处	中国工程科技知识中心元数据规范
定义	知识应用的唯一标识
频次范围	[0,∞)
最大长度	100
描述规则	用于描述知识应用的唯一标识，需要与由属性 type 配合使用，属性 type 具体取值参见“附录：表 45 唯一标识符编码表”。如 URI 等
数据样例	<identifier type="URI">http://box.zhangmen.baidu.com/m?word=wma</identifier>

10.22.2.3 知识应用名称

标识符	http://spec.ckcest.cn/core/title
名称	title
出处	中国工程科技知识中心元数据规范
定义	知识应用的正文语种名称
频次范围	[1,1]
最大长度	1000
描述规则	通常指知识应用的名称。题名元素可与属性 language 配合使用，属性 language 具体取值参见“附录：表 44 语言代码编码表”
数据样例	<title language="chi">百科知识库</title>

10.22.2.4 其他名称

标识符	http://spec.ckcest.cn/core/alternative
名称	alternative

（续表）

出处	中国工程科技知识中心元数据规范
定义	知识应用中正题名的其他表现形式，以及与正题名相关的其他题名形式
频次范围	[0,∞)
最大长度	1000
描述规则	描述知识应用中正题名的其他表现形式，以及与正题名相关的其他题名形式。其他题名元素与属性 type 及属性 language 配合使用，属性 type 具体取值参见“附录：表 46 其他题名类型编码表”；属性 language 具体取值参见“附录：表 44 语言代码编码表”
数据样例	

10.22.2.5 主　题

标识符	http://spec.ckcest.cn/core/subject_list
名称	subject_list
出处	中国工程科技知识中心元数据规范
定义	容器类元素，引用主题容器
频次范围	[1,1]
最大长度	
描述规则	用于描知识应用的主题信息，一般包括主题词、关键词、分类号等内容。其中主题信息需要通过主题类型属性 type 及主题来源属性 source 配合使用，知识应用的主题类型 type 可取值：Keyword（关键词），且必备，其必备性通过汇交工具控制，相关元素参见 8.2 主题通用容器描述规范
数据样例	

10.22.2.6 知识应用简介

标识符	http://spec.ckcest.cn/core/abstract
名称	abstract
出处	中国工程科技知识中心元数据规范
定义	知识应用的概要
频次范围	[1,1]
最大长度	
描述规则	采用正文语种描述知识应用简介，是对知识应用简介内容的概括，按实际著录。语种信息用元素属性 language 定义，具体取值参见“附录：表 44 语言代码编码表”
数据样例	<abstract language="chi">知识百科是基于战略性新兴产业覆盖范围广，行业分类复杂产品类别繁多等特点建立，旨在为广大科研工作者，企业和社会公众提供专业化的，覆盖各领域和重点发展方向的战略性产业知识百科类知识服务。</abstract>

10.22.2.7 其他语种简介

标识符	http://spec.ckcest.cn/core/abstract_alternative
名称	abstract_alternative
出处	中国工程科技知识中心元数据规范
定义	技术工具简介，与正文语种摘要对应的其他语种摘要
频次范围	[0,∞)
最大长度	
描述规则	用于描述非正文语种的知识应用简介，是对知识应用简介的概括，按实际著录。其他语种信息用元素属性 language 定义，具体取值参见“附录：表 44 语言代码编码表”
数据样例	

10.22.2.8 版本信息

标识符	http://spec.ckcest.cn/core/version
名称	version
出处	中国工程科技知识中心元数据规范
定义	知识应用的版本信息
频次范围	[0,∞)
最大长度	100
描述规则	描述知识应用的版本信息
数据样例	<version>1.0 版</version>

10.22.2.9 语　种

标识符	http://spec.ckcest.cn/core/language
名称	language
出处	中国工程科技知识中心元数据规范
定义	知识应用的语种信息
频次范围	[0,1]
最大长度	50
描述规则	描述知识应用的语种信息
数据样例	<language>中文</language>

10.22.2.10 来源机构代码

标识符	http://spec.ckcest.cn/core/institute_code
名称	institute_code
出处	中国工程科技知识中心元数据规范
定义	开发知识应用的专业分中心或组织机构
频次范围	[1,∞)
最大长度	50
描述规则	知识中心统一分配给承担分中心建设的来源机构的稳定唯一的代码。单位代码参见“附录：表 41 来源机构编码表”，一个数据集可由多个来源机构提供数据
数据样例	<institute_code>011</institute_code>

10.22.2.11 所属分类

标识符	http://spec.ckcest.cn/core/classification
名称	classification
出处	中国工程科技知识中心元数据规范
定义	知识应用的所属分类信息
频次范围	[0,∞)
最大长度	50
描述规则	描述知识应用的所属分类信息
数据样例	<classification>综合</classification>

10.22.2.12 发布日期

标识符	http://spec.ckcest.cn/core/release_date
名称	release_date
出处	中国工程科技知识中心元数据规范
定义	知识应用发布的日期
频次范围	[0,1]
最大长度	
描述规则	描述知识应用发布的日期，需符合 W3C 的 DTF 标准（YYYY-MM-DD）
数据样例	<release_date>2015-12-02</release_date>

10.22.2.13 安全级别

标识符	http://spec.ckcest.cn/core/security_level
名称	security_level
出处	中国工程科技知识中心元数据规范
定义	知识应用的安全级别
频次范围	[0,∞)
最大长度	100
描述规则	描述技术工具的安全级别，如：公开等
数据样例	<security_level>公开</security_level>

10.22.2.14 计费标识

标识符	http://spec.ckcest.cn/core/charging
名称	charging
出处	中国工程科技知识中心元数据规范
定义	使用知识应用的收费方式
频次范围	[0,1]
最大长度	50
描述规则	描述使用知识应用的收费方式
数据样例	<charging>免费</charging>

10.22.2.15 网址信息

标识符	http://spec.ckcest.cn/core/website
名称	website
出处	中国工程科技知识中心元数据规范
定义	知识应用的网络访问地址
频次范围	[0,1]
最大长度	500
描述规则	描述知识应用的网络访问地址
数据样例	<website>http://www.ckcest.cn/dsp/app/details/getappInfo?serviceId=8a213832598c99b8015c3301e41708ce&serviceVersionId=8a213832598c99b8015c3317e74f08cf</website>

10.22.2.16 详情地址

标识符	http://spec.ckcest.cn/core/detail_URI
名称	detail_URI
出处	中国工程科技知识中心元数据规范
定义	可获取知识应用更多详情的 URI，如知识应用来源地址，或者知识中心详情页面网址
频次范围	[0,∞)
最大长度	1000
描述规则	
数据样例	

10.22.2.17 管理信息

标识符	http://spec.ckcest.cn/core/admin_meta
名称	admin_meta
出处	中国工程科技知识中心元数据规范
定义	在知识中心范围内与知识应用相关的各类管理信息
频次范围	[1,1]
最大长度	
描述规则	容器类元素，包括知识应用的系统唯一标识符，提供数据的分中心等机构代码，以及数据的创建时间、修改时间、删除标识、使用权限等，参见 8.1 管理通用容器描述规范
数据样例	

10.22.2.18 空间信息

标识符	http://spec.ckcest.cn/core/spatial_list
名称	spatial_list
出处	中国工程科技知识中心元数据规范
定义	描述资源中涉及的空间信息
频次范围	[0,1]
最大长度	
描述规则	容器类元素，参见 8.13 空间信息通用容器描述规范
数据样例	

10.22.2.19 附 件

标识符	http://spec.ckcest.cn/core/file_list
名称	file_list
出处	中国工程科技知识中心元数据规范
定义	对知识应用元素集中所有附件信息进行封装，如：应用展示图片等信息
频次范围	[0,1]
最大长度	
描述规则	容器类元素，具体参考 8.11 附件通用容器描述规范
数据样例	

10.22.2.20 扩展元素

标识符	http://spec.ckcest.cn/core/extension_meta
名称	extension_meta
出处	中国工程科技知识中心元数据规范
定义	容器类元素，封装知识应用元素集中未涉及的元素描述及定义的扩展信息，具体参见 8.12 扩展通用容器描述规范
频次范围	[0,1]
最大长度	
描述规则	本元素无需描述
数据样例	

10.23 百科元素集描述规范

10.23.1 内容结构

百科元素集元素简表见表 38。

表 38 百科元素集元素简表

序号	中文名称	名称	数据类型	频次范围	最大长度	复用标准
1	百科元素集	encyclopedias_meta	容器类元素	[1,1]		
2	唯一标识	identifier	String	[0,∞)	100	
3	名称	title	String	[1,1]	1000	

（续表）

序号	中文名称	名称	数据类型	频次范围	最大长度	复用标准
4	其他名称	alternative	String	[0,∞)	1000	
5	简介	introduction	Text	[1,1]		
6	主题	subject_list	容器类元素	[0,1]		参见主题通用容器
7	属性列表	attribute_list	容器类元素	[0,1]		
8	属性元素	attribute_meta	容器类元素	[1,∞)		
9	属性名称	attribute_title	String	[1,1]	500	
10	属性内容	value	Text	[0,1]		
11	数据来源	data_source	String	[1,∞)	500	
12	详情地址	detail_URI	String	[1,∞)	1000	
13	管理信息	admin_meta	容器类元素	[1,1]		参见管理通用容器
14	附件	file_list	容器类元素	[0,1]		参见附件通用容器
15	扩展元素	extension_meta	容器类元素	[0,1]		参见扩展通用容器

10.23.2 描述细则

10.23.2.1 百科元素集

标识符	http://spec.ckcest.cn/core/encyclopedias_meta
名称	encyclopedias_meta
出处	中国工程科技知识中心元数据规范
定义	容器类元素，用来对百科元素进行封装
频次范围	[1,1]
最大长度	
描述规则	本元素为容器类元素，按数据模型描述
数据样例	

10.23.2.2 唯一标识

标识符	http://spec.ckcest.cn/core/identifier
名称	identifier

（续表）

出处	中国工程科技知识中心元数据规范
定义	百科的唯一标识符
频次范围	[0,∞)
最大长度	100
描述规则	描述百科的唯一标识符，唯一标识元素需要与属性 type 配合使用，属性 type 具体取值参见“附录：表 45 唯一标识符编码表”
数据样例	

10.23.2.3 名　称

标识符	http://spec.ckcest.cn/core/title
名称	title
出处	中国工程科技知识中心元数据规范
定义	百科的名称
频次范围	[1,1]
最大长度	1000
描述规则	指百科的名称。名称可与属性 language 配合使用，属性 language 具体取值参见“附录：表 44 语言代码编码表”
数据样例	<title language=“chi“>材料基因组计划</title>

10.23.2.4 其他名称

标识符	http://spec.ckcest.cn/core/alternative
名称	alternative
出处	中国工程科技知识中心元数据规范
定义	指百科的其他语种名称，以及与名称相关的其他形式的名称，如：缩写，别名等
频次范围	[0,∞)
最大长度	1000
描述规则	指百科的其他语种名称，以及与名称相关的其他形式的名称，如：缩写，别名等。其他题名元素与属性 type 及属性 language 配合使用，属性 type 具体取值参见“附录：表 46 其他题名类型编码表”；属性 language 具体取值参见“附录：表 44 语言代码编码表”
数据样例	

10.23.2.5 简　介

标识符	http://spec.ckcest.cn/core/introduction
名称	introduction
出处	中国工程科技知识中心元数据规范

（续表）

定义	百科的内容提要
频次范围	[0,1]
最大长度	
描述规则	简介元素可与属性 language 配合使用，属性 language 具体参见“附录：表 44 语言代码编码表”
数据样例	<introduction language="chi">材料基因组计划（又名 Materials Genome Institute），简称 MGI。2011 年 6 月 24 日，美国总统奥巴马宣布启动一项价值超过 5 亿美元的"先进制造业伙伴关系"（Advanced Manufacturing Partnership，AMP）计划，呼吁美国政府、高校及企业之间应加强合作，以强化美国制造业领先地位，而"材料基因组计划"（Materials Genome Initiative，MGI）作为 AMP 计划中的重要组成部分，投资将超过 1 亿美元。 "材料基因组计划"是美国经过信息技术革命后，充分认识到材料革新对技术进步和产业发展的重要作用，以及在复兴制造业的战略背景下提出来的。数据共享与计算工具开发对 MGI 的成功至关重要。先进材料复杂的物理与化学特性可以因不同的应用需要而相应调整，并可以在合成、生产和使用过程中改变。对这些特性的跟踪是一项非常艰巨的任务，MGI 的努力还包括将术语、数据归档格式和指南报告标准化。</introduction>

10.23.2.6 主 题

标识符	http://spec.ckcest.cn/core/subject_list
名称	subject_list
出处	中国工程科技知识中心元数据规范
定义	容器类元素，引用主题容器。其内容包括主题词、关键词、分类号等内容
频次范围	[0,1]
最大长度	
描述规则	用于描述与百科相关的主题词、关键词、分类号等内容。其中主题信息需要通过主题类型属性 type 及主题来源属性 source 配合使用，百科的主题类型 type 可取值：SubjectConcept 主题概念（叙词表、术语表等）；Classification（分类表、范畴体系等）；Keyword（关键词），不必备，相关元素参见 8.2 主题通用容器描述规范
数据样例	<subject_list> <subject_meta type ="Keyword"> <subject_title>材料基因组</ subject_title> </subject_meta> <subject_meta type ="Keyword"> <subject_title>高通量</ subject_title> </subject_meta> <subject_meta type ="Keyword"> <subject_title>多尺度</ subject_title> </subject_meta> <subject_meta type ="Keyword"> <subject_title>集成计算</ subject_title> </subject_meta> <subject_meta type ="Keyword"> <subject_title>材料数据库</ subject_title> </subject_meta> <subject_meta type ="Keyword"> <subject_title>计算材料</ subject_title> </subject_meta> </subject_list>

10.23.2.7 属性列表

标识符	http: //spec.ckcest.cn/core/attribute_list
名称	attribute_list
出处	中国工程科技知识中心元数据规范
定义	用来对百科的属性元素进行封装
频次范围	[1,1]
最大长度	
描述规则	容器类元素
数据样例	<attribute_list> <attribute_meta> <attribute_title>就诊科室</attribute_title> <value>传染科</value> </attribute_meta> <attribute_meta> <attribute_title>常见病因</attribute_title> <value>由狂犬病毒通过动物传播给人而致</value> </attribute_meta> <attribute_meta> <attribute_title>常见症状</attribute_title> <value>恐水、怕风、发作性咽肌痉挛、呼吸困难等</value> </attribute_meta> <attribute_meta> <attribute_title>传染性</attribute_title> <value>有</value> </attribute_meta> <attribute_meta> <attribute_title>传播途径</attribute_title> <value>病犬、病猫、病狼等</value> </attribute_meta> <attribute_meta> <attribute_title>病因</attribute_title> <value>主要是由狂犬病毒通过动物传播给人而致.</value> </attribute_meta> <attribute_meta> <attribute_title>临床表现</attribute_title> <value>潜伏期长短不一，多数在 3 个月以内，潜伏期的长短与年龄(儿童较短)、伤口部位(头面部咬伤的发病较早)、伤口深浅(伤口深者潜伏期短)、入侵病毒的数量及毒力等因素有关.</value> </attribute_meta> </attribute_list>

10.23.2.8 属性元素

标识符	http://spec.ckcest.cn/core/attribute_meta
名称	attribute_meta
出处	中国工程科技知识中心元数据规范
定义	用来对各类属性进行封装
频次范围	[1,∞)
最大长度	
描述规则	容器类元素，描述一条百科数据多个属性的集合
数据样例	<attribute_meta> <attribute_title>就诊科室</attribute_title> <value>传染科</value> </attribute_meta>

10.23.2.9 属性名称

标识符	http://spec.ckcest.cn/core/attribute_title
名称	attribute_title
出处	中国工程科技知识中心元数据规范
定义	百科数据中的属性名称
频次范围	[1,1]
最大长度	500
描述规则	描述百科数据中的属性名称，即百科数据中的表头字段名称
数据样例	<attribute_title>就诊科室</attribute_title>

10.23.2.10 属性内容

标识符	http://spec.ckcest.cn/core/value
名称	value
出处	中国工程科技知识中心元数据规范
定义	是指属性的具体取值内容
频次范围	[0,1]
最大长度	
描述规则	是指属性的具体取值内容
数据样例	<value>传染科</value>

10.23.2.11　数据来源

标识符	http://spec.ckcest.cn/core/data_source
名称	data_source
出处	中国工程科技知识中心元数据规范
定义	是指百科的数据来源
频次范围	[1,∞)
最大长度	
描述规则	是指百科的数据来源
数据样例	<data_source>百度百科</data_source>

10.23.2.12　详情地址

标识符	http://spec.ckcest.cn/core/detail_URI
名称	detail_URI
出处	中国工程科技知识中心元数据规范
定义	可获取百科更多详情的 URI，如百科来源地址，或者知识中心详情页面网址
频次范围	[1,∞)
最大长度	1000
描述规则	
数据样例	

10.23.2.13　管理信息

标识符	http://spec.ckcest.cn/core/admin_meta
名称	admin_meta
出处	中国工程科技知识中心元数据规范
定义	在知识中心范围内与百科相关的各类管理信息
频次范围	[1,1]
最大长度	
描述规则	容器类元素，包括期刊的系统唯一标识符，提供数据的分中心等机构代码，以及数据的创建时间、修改时间、删除标识、使用权限等，参见 8.1 管理通用容器描述规范
数据样例	

10.23.2.14 附 件

标识符	http://spec.ckcest.cn/core/ file_list
名称	file_list
出处	中国工程科技知识中心元数据规范
定义	对百科元素集中所有附件信息进行封装
频次范围	[0,1]
最大长度	
描述规则	容器类元素，描述与百科数据内容相关的图片等资料信息，可通过附件进行上传提交，具体参考 8.11 附件通用容器描述规范
数据样例	

10.23.2.15 扩展元素

标识符	http://spec.ckcest.cn/core/ extension_meta
名称	extension_meta
出处	中国工程科技知识中心元数据规范
定义	容器类元素，封装百科元素集中未涉及的元素描述及定义的扩展信息，具体参见 8.12 扩展通用容器描述规范
频次范围	[0,1]
最大长度	
描述规则	本元素无需描述
数据样例	

10.24 学术活动元素集描述规范

10.24.1 内容结构

学术活动元素集元素简表见表 19。

表 39 学术活动元素集元素简表

序号	中文名称	名称	数据类型	频次范围	最大长度	复用标准
1	学术活动元素	academic_activities_meta	容器类元素	[1,1]		

（续表）

序号	中文名称	名称	数据类型	频次范围	最大长度	复用标准
2	唯一标识	identifier	String	[0,∞)	100	
3	名称	title	String	[1,1]	1000	
4	其他名称	alternative	String	[0,∞)	1000	
5	活动类型	academic_activities_type	String	[1,∞)	100	
6	主题	subject_list	容器类元素	[0,1]		参见主题通用容器
7	简介	introduction	Text	[1,1]		
8	其他语种简介	introduction _ alternative	Text	[0,∞)		
9	机构信息	organization_list	容器类元素	[1,1]		参见责任机构通用容器
10	活动所在国家	country_meta	容器类元素	[0,1]		参见国家/地区/组织通用容器
11	活动所在城市	city	String	[0,1]	20	
12	活动举办地址	activities_address	String	[1,∞)	500	
13	活动日期	activities_date	String	[1,1]	50	
14	联系人	contacts	String	[1,∞)	500	
15	联系电话	telephone	String	[1,∞)	50	
16	电子邮箱	email	String	[1,∞)	200	
17	报名截止日期	deadline	Date	[0,1]	20	
18	征文信息	solicit_articles_info	Text	[0,1]		
19	详情地址	detail_URI	String	[1,∞)	1000	
20	管理信息	admin_meta	容器类元素	[1,1]		参见管理通用容器
21	附件	file_list	容器类元素	[0,1]		参见附件通用容器
22	扩展元素	extension_meta	容器类元素	[0,1]		参见扩展通用容器

10.24.2 描述细则

10.24.2.1 学术活动元素

标识符	http://spec.ckcest.cn/core/academic_activities_meta
名称	academic_activities_meta

（续表）

出处	中国工程科技知识中心元数据规范
定义	容器类元素，用来对学术活动元素进行封装
频次范围	[1,1]
最大长度	
描述规则	本元素为容器类元素，按数据模型描述
数据样例	

10.24.2.2 唯一标识

标识符	http://spec.ckcest.cn/core/identifier
名称	identifier
出处	中国工程科技知识中心元数据规范
定义	学术活动的唯一标识符
频次范围	[0,∞)
最大长度	100
描述规则	唯一标识用元素属性 type 定义，其类型编码参见“附录：表 45 唯一标识符编码表”
数据样例	

10.24.2.3 名 称

标识符	http://spec.ckcest.cn/core/title
名称	title
出处	中国工程科技知识中心元数据规范
定义	学术活动的名称
频次范围	[1,1]
最大长度	1000
描述规则	指学术活动的名称。名称可与属性 language 配合使用，属性 language 具体取值参见“附录：表 44 语言代码编码表”
数据样例	<title language= “chi“>2018 中国(大连)第九届国际基因节(WDD-2018)</title>

10.24.2.4 其他名称

标识符	http://spec.ckcest.cn/core/alternative
名称	alternative

（续表）

出处	中国工程科技知识中心元数据规范
定义	指学术活动的其他语种名称，以及与名称相关的其他形式的名称，如：缩写，别名等
频次范围	[0,∞)
最大长度	1000
描述规则	指学术活动的其他语种名称，以及与名称相关的其他形式的名称，如：缩写，别名等。其他题名元素与属性 type 及属性 language 配合使用，属性 type 具体取值参见“附录：表 46 其他题名类型编码表”；属性 language 具体取值参见“附录：表 44 语言代码编码表”
数据样例	

10.24.2.5 活动类型

标识符	http://spec.ckcest.cn/core/academic_activities_type
名称	academic_activities_type
出处	中国工程科技知识中心元数据规范
定义	描述学术活动的类型
频次范围	[1,∞)
最大长度	100
描述规则	用于描述学术活动的类型，其取值参见表 67 学术活动类型编码表
数据样例	<academic_activities_type>01</academic_activities_type>

10.24.2.6 主　题

标识符	http://spec.ckcest.cn/core/subject_list
名称	subject_list
出处	中国工程科技知识中心元数据规范
定义	容器类元素，引用主题容器。其内容包括主题词、关键词、分类号、研究领域等内容，
频次范围	[0,1]
最大长度	
描述规则	用于描述与学术活动相关的主题词、关键词、分类号、研究领域等内容。其中主题信息需要通过主题类型属性 type 及主题来源属性 source 配合使用，学术活动的主题类型 type 可取值：SubjectConcept 主题概念（叙词表、术语表等）；Classification（分类表、范畴体系等）；Keyword（关键词），不必备，相关元素参见 8.2 主题通用容器描述规范
数据样例	

10. 24. 2. 7 简 介

标识符	http: //spec.ckcest.cn/core/introduction
名称	introduction
出处	中国工程科技知识中心元数据规范
定义	学术活动的内容提要
频次范围	[1,1]
最大长度	
描述规则	简介元素可与属性 language 配合使用，属性 language 具体参见“附录：表 44 语言代码编码表”
数据样例	<introduction language="chi"> 为庆祝 DNA 双螺旋结构发现 65 周年，为生命科学领域的全球科技工作者、研究机构和相关企业搭建一个自由交流的平台，促进国际交流与合作，由百奥泰国际会议（大连）有限公司承办的中国（大连）第九届国际基因节将于 2018 年 4 月 25-27 日在中国大连国际会议中心隆重举行，主题是：加速“一带一路”生物界的大合作。 组委会将邀请 3 位诺贝尔奖大师莅临并做主题报告。同时，还将邀请来自各国的科学院院士，国际顶级专家以及世界各地的著名专家、学者、500 强企业高管、海外华人科学家、投资人、政府机构代表等，预计参会规模逾 2000 人。本届大会将举办诺奖大师论坛、丝绸之路生物科技合作驿站、生物科学家互动活动、生物技术创新者空间、超级思维生物实验室、年轻生物科学家联谊会、生物专业海外学子千叟村、100 场关于未来生命科学研究的技术轮坛、项目对接洽谈会以及生物产品和设备展览会等精彩活动。 </introduction>

10. 24. 2. 8 其他语种简介

标识符	http: //spec.ckcest.cn/core/ introduction_alternative
名称	introduction_alternative
出处	中国工程科技知识中心元数据规范
定义	与正文语种摘要对应的其他语种简介
频次范围	[0,∞)
最大长度	
描述规则	用于描述非正文语种的其他语种简介，其他语种信息用元素属性 language 定义，具体取值参见“附录：表 44 语言代码编码表”
数据样例	

10. 24. 2. 9 机构信息

标识符	http: //spec.ckcest.cn/core/ organization_list
名称	organization_list
出处	中国工程科技知识中心元数据规范

（续表）

定义	容器类元素，学术活动的主办单位、承办单位、协办单位等信息
频次范围	[1,1]
最大长度	
描述规则	封装学术活动的主办单位（HostingInstitution）、承办单位（SponsoringUnit）、协办单位（Co-Organizer）等的信息，其中主办单位必备，必备性通过汇交工具控制，相关元素参见“8.4 责任机构通用容器描述规范”，单位角色取值参见“附录：表 56 人员（机构）角色编码表”
数据样例	<organization_list> <organization_metasequence =“1” role =“HostingInstitution”> <name> 中国农业科学院 </name> <alternative_name type =“abbreviated” language =“eng”> CAAS </alternative_name> <organization _URI> http: //agri. ckcest. cn/searchResult. jsp? id = 5305B25A - 185A - 4C71 - 8FDD - 348E36B60F75 &classtype = 13 </organization _URI> <country_meta> <country_name language =“eng”>China</country_name> <country_code>CN</country_code> </ country_meta> <city>北京</city> <address>北京市海淀区中关村南大街 12 号</address> <postal_code>100081</postal_code> </organization_meta> </organization_list>

10. 24. 2. 10　活动所在国家

标识符	http: //spec.ckcest.cn/core/ country_meta
名称	country_meta
出处	中国工程科技知识中心元数据规范
定义	容器类元素，描述学术活动举办所在的国家或地区的信息
频次范围	[0,1]
最大长度	
描述规则	描述学术活动举办所在的国家或地区的信息，可以包括国家/地区/组织名称，缩写等，参照“8.5 国家/地区/组织通用容器描述规范”
数据样例	<country_meta> <country_name　language =”eng”> United Kingdom </country_name> <country_code> UK </country_code> </country_meta>

10. 24. 2. 11 活动所在城市

标识符	http: //spec.ckcest.cn/core/city
名称	city
出处	中国工程科技知识中心元数据规范
定义	该学术活动举办所在城市的名称
频次范围	[0,1]
最大长度	20
描述规则	用于描述该学术活动举办所在城市的名称
数据样例	<city>武汉</city>

10. 24. 2. 12 活动举办地址

标识符	http: //spec.ckcest.cn/core/activities_address
名称	activities_address
出处	中国工程科技知识中心元数据规范
定义	活动举办的地址
频次范围	[1,∞)
最大长度	500
描述规则	描述活动举办的地址，按照实际著录
数据样例	<activities_address>中国大连国际会议中心</activities_address>

10. 24. 2. 13 活动日期

标识符	http: //spec.ckcest.cn/core/activities_date
名称	activities_date
出处	中国工程科技知识中心元数据规范
定义	活动举办的日期
频次范围	[1,1]
最大长度	50
描述规则	描述活动举办的日期，按实际录入
数据样例	<conference_date>2018-04-25~28</conference_date> <conference_date>2015. 12. 02</conference_date>

10. 24. 2. 14　联系人

标识符	http: //spec.ckcest.cn/core/contacts
名称	contacts
出处	中国工程科技知识中心元数据规范
定义	活动的联系人姓名
频次范围	[1,∞)
最大长度	500
描述规则	描述活动的联系人姓名，按照实际著录
数据样例	<contacts>张三</contacts>

10. 24. 2. 15　联系电话

标识符	http: //spec.ckcest.cn/core/telephone
名称	telephone
出处	中国工程科技知识中心元数据规范
定义	活动的联系人电话
频次范围	[1,∞)
最大长度	50
描述规则	描述活动的联系人电话，按照实际著录
数据样例	

10. 24. 2. 16　电子邮箱

标识符	http: //spec.ckcest.cn/core/email
名称	email
出处	中国工程科技知识中心元数据规范
定义	活动联系人的电子邮箱
频次范围	[1,∞)
最大长度	200
描述规则	描述活动联系人的电子邮箱，按照实际著录
数据样例	<email> example@ caas. cn</email>

10.24.2.17 报名截止日期

标识符	http：//spec. ckcest. cn/core/deadline
名称	deadline
出处	中国工程科技知识中心元数据规范
定义	活动报名的截止日期
频次范围	[0,1]
最大长度	20
描述规则	描述活动报名的截止日期，需符合 W3C 的 DTF 标准（YYYY-MM-DD）
数据样例	<deadline>2015-12-02</deadline>

10.24.2.18 征文信息

标识符	http://spec.ckcest.cn/core/solicit_articles_info
名称	solicit_articles_info
出处	中国工程科技知识中心元数据规范
定义	活动的征文信息
频次范围	[0,1]
最大长度	20
描述规则	描述活动的征文信息，按实际著录
数据样例	

10.24.2.19 详情地址

标识符	http://spec.ckcest.cn/core/detail_URI
名称	detail_URI
出处	中国工程科技知识中心元数据规范
定义	描述学术活动更多的详情 URI，如全文地址等详情页面
频次范围	[1,∞)
最大长度	1000
描述规则	描述学术活动更多的详情 URI，如全文地址等详情页面
数据样例	<detail_URI>http://www. cnki. com. cn/Article/CJFDTotal-ZNYK201208002. htm</detail_URI>

10.24.2.20 管理信息

标识符	http://spec.ckcest.cn/core/admin_meta
名称	admin_meta
出处	中国工程科技知识中心元数据规范
定义	在知识中心范围内与学术活动相关的各类管理信息
频次范围	[1,1]
最大长度	
描述规则	容器类元素，包括学术活动的系统唯一标识符，提供数据的分中心等机构代码，以及数据的创建时间、修改时间、删除标识、使用权限等，参见 8.1 管理通用容器描述规范
数据样例	

10.24.2.21 附　件

标识符	http://spec.ckcest.cn/core/ file_list
名称	file_list
出处	中国工程科技知识中心元数据规范
定义	对学术活动元素集中所有附件信息进行封装
频次范围	[0,1]
最大长度	
描述规则	对学术活动元素集中所有附件信息进行封装，具体参见 8.11 附件通用容器描述规范
数据样例	

10.24.2.22 扩展元素

标识符	http://spec.ckcest.cn/core/ extension_meta
名称	extension_meta
出处	中国工程科技知识中心元数据规范
定义	容器类元素，封装学术活动元素集中未涉及的元素描述及定义的扩展信息，具体参见 8.12 扩展通用容器描述规范
频次范围	[0,1]
最大长度	
描述规则	本元素无需描述
数据样例	

附　录

附录 1　元数据规范编码体系

1　资源类型编码表

表 40　资源类型编码表

序号	代码	中文名称
1	Dataset	数据集
2	Journal	期刊
3	Book	图书
4	JournalArticle	期刊论文
5	ProceedingArticle	会议论文
6	Thesis	学位论文
7	Scientist	专家学者
8	Organization	科技机构
9	FundingProject	科研项目
10	Achievement	科技成果
11	Patent	专利
12	Standard	标准
13	Policy	产业政策
14	News	新闻资讯
15	Image	图片
16	GeographicalData	地理信息数据
17	Reports	科技（咨询、行业）报告
18	Audio	音频
19	Video	视频
20	Series	统计数据
21	Courseware	课件
22	Software	技术工具
23	KnowledgeApplication	知识应用

（续表）

序号	代码	中文名称
24	Encyclopedias	百科
25	AcademicActivities	学术活动
26	Others	其他资源类型，可根据实际情况动态扩展编码

2　来源机构编码表

表41　来源机构编码表

序号	代码	中文名称
1	001	中国工程院
2	002	浙江大学
3	003	中国科学院地理科学与资源研究所
4	004	中国化工信息中心
5	005	钢铁研究总院
6	006	中国农业科学院农业信息研究所
7	007	北京中实国金国际实验室能力验证研究有限公司
8	008	水利部水利信息中心
9	009	中国工程院战略咨询中心
10	010	高等教育出版社有限公司
11	011	冶金工业信息标准研究院
12	012	中国医学科学院医学信息研究所
13	013	中国科学技术信息研究所
14	014	国家基础地理信息中心
15	015	中国地震台网中心
16	016	中国地质图书馆
17	017	国家海洋信息中心
18	018	北京信息控制研究所
19	019	中国环境科学研究院
20	020	中国林业科学研究院林业科技信息研究所
21	021	太原理工大学
22	022	国家气象信息中心
23	023	工业和信息化部电子第一研究所
24	024	中国水产科学研究院

（续表）

序号	代码	中文名称
25	025	中国机械工程学会
26	026	清华大学
27	027	西安交通大学
28	028	同济大学
29	029	中国水利水电科学研究院
30	030	浙江理工大学
31	031	国土资源实物地质资料中心
32	032	北京低碳清洁能源研究所
33	033	华中科技大学
34	034	中国地质科学院岩溶地质研究所
35	035	湖南大学
36	036	国家地质实验测试中心
37	037	中国航天系统科学与工程研究院
38	Others	其他来源机构，可根据需要扩展编码

3 分类主题词来源编码表

表 42 分类主题词来源编码表

序号	代码	中文名称
1	CCT	中国分类主题词表
2	CT	汉语主题词表
3	MeSH	医学主题词表
4	LCSH	美国国会图书馆主题词表
5	CAT	农业科学叙词表
6	CLC	中国图书馆分类法
7	DDC	杜威十进分类法
8	LCC	美国国会图书馆分类法
9	UDC	国际十进分类法
10	CAE	知识中心自建分类体系
11	CCS	中国标准文献分类法
12	ICS	国际标准文献分类法
13	Others	其他分类体系，可根据需要扩展编码

4　专利分类号类型编码表

表 43　专利分类号类型编码表

序号	代码	中文名称
1	IPC	国际专利分类
2	EPC	欧洲专利分类
3	USPC/UPC	美国专利分类
4	FI/Fterm	日本的分类法
5	CPC	联合专利分类
6	Others	其他专利分类类型，可根据需要扩展编码

5　语言代码编码表

表 44　语言代码编码表

序号	ISO639-2 代码	中文名称	英文名称
1	chi	汉语（中文）	Chinese
2	eng	英语	English
3	fre	法语	French
4	ger	德语	German
5	jpn	日语	Japanese
6	rus	俄语	Russian
7	spa	西班牙	Spanish
8	ita	意大利	Italian
9	kor	朝鲜语	Korean
10	dut	荷兰语	Dutch
11	nno	挪威语	Norwegian
12	por	葡萄牙语	Portuguese
13	oth	其他语言	Other Languages

6　唯一标识符编码表

表 45　唯一标识符编码表

序号	代码	中文名称
1	DOI	数字对象唯一标识符

（续表）

序号	代码	中文名称
2	ISSN	国际标准连续出版物编号
3	EISSN	国际标准电子连续出版物编号
4	ISBN	国际标准图书编号
5	CN	国内统一刊号
6	ProjectCode	项目编号
7	AchievementCode	科技成果编号
8	SICI	ANSI/NISO standard Z39. 56 连续出版物及其文章、卷期等独立描述单元编码
9	BICI	Book Item and Component Identifier，图书及其组成单元唯一标识符
10	PII	Publication Item Identifier，出版物唯一标识符
11	ISNI	国际标准名称标识
12	NACAO	全国组织机构代码
13	RP-ID	报告号
14	URI	统一资源标识符
15	KID	浙大专家注册系统唯一标识
16	Others	其他类型标识符，可根据需要扩展编码

7　其他题名类型编码表

表 46　其他题名类型编码表

序号	代码	中文名称
1	translate	翻译题名
2	subtitle	副题名
3	trans-subtitle	副题名译名
4	abbreviated	缩略题名
5	alt-title	交替题名
6	used-name	曾用名

8　资源更新频率编码表

表 47　资源更新频率编码表

序号	代码	中文名称
1	Daily	每天更新

（续表）

序号	代码	中文名称
2	Weekly	每周更新
3	Monthly	每月更新
4	Quarterly	每个季度更新
5	Annuals	每年更新
6	NO	更新周期不详
7	Irregular	更新不定期、不规则
8	Closed	停止发布、更新

9　学历学位编码表

表 48　学历学位编码表

序号	代码	中文名称
1	Doctor	博士学位
2	Master	硕士学位
3	Bachelor	学士学位
4	JuniorCollege	大专学位
5	Others	其他

10　职称编码表

表 49　职称编码表

序号	代码	中文名称
1	Academician	院士
2	SeniorTitle	高级职称
3	IntermediateTitle	中级职称
4	PrimaryTitle	初级职称
5	Others	其他

11　学术成果类型编码表

表 50　学术成果类型编码表

序号	代码	中文名称
1	Article	学术论文

（续表）

序号	代码	中文名称
2	Book	著作
3	Achievement	科技成果
4	Standard	标准
5	Pantent	专利
6	Others	其他成果类型，可根据需要扩展编码

12 国家/地区/组织代码表

表 51 国家/地区/组织代码表

代码	国家/地区/组织英文用名	国家/地区/组织中文名称
AD	Andorra	安道尔
AE	United Arab Emirates	阿联酋
AF	Afghanistan	阿富汗
AG	Antigua & Barbuda	安提瓜和巴布达
AI	Anguilla	安圭拉
AL	Albania	阿尔巴尼亚
AM	Armenia	亚美尼亚
AO	Angola	安哥拉
AQ	Antarctica	南极洲
AR	Argentina	阿根廷
AS	American Samoa	美属萨摩亚
AT	Austria	奥地利
AU	Australia	澳大利亚
AW	Aruba	阿鲁巴
AX	Åland Island	奥兰群岛
AZ	Azerbaijan	阿塞拜疆
BA	Bosnia & Herzegovina	波黑
BB	Barbados	巴巴多斯
BD	Bangladesh	孟加拉
BE	Belgium	比利时
BF	Burkina	布基纳法索
BG	Bulgaria	保加利亚

（续表）

代码	国家/地区/组织英文用名	国家/地区/组织中文名称
BH	Bahrain	巴林
BI	Burundi	布隆迪
BJ	Benin	贝宁
BL	Saint Barthélemy	圣巴泰勒米岛
BM	Bermuda	百慕大
BN	Brunei	文莱
BO	Bolivia	玻利维亚
BQ	Caribbean Netherlands	荷兰加勒比区
BR	Brazil	巴西
BS	The Bahamas	巴哈马
BT	Bhutan	不丹
BV	Bouvet Island	布韦岛
BW	Botswana	博茨瓦纳
BY	Belarus	白俄罗斯
BZ	Belize	伯利兹
CA	Canada	加拿大
CC	Cocos（Keeling）Islands	科科斯群岛
CF	Central African Republic	中非
CH	Switzerland	瑞士
CL	Chile	智利
CM	Cameroon	喀麦隆
CO	Colombia	哥伦比亚
CR	Costa Rica	哥斯达黎加
CU	Cuba	古巴
CV	Cape Verde	佛得角
CX	Christmas Island	圣诞岛
CY	Cyprus	塞浦路斯
CZ	Czech Republic	捷克
DE	Germany	德国
DJ	Djibouti	吉布提
DK	Denmark	丹麦
DM	Dominica	多米尼克

（续表）

代码	国家/地区/组织英文用名	国家/地区/组织中文名称
DO	Dominican Republic	多米尼加
DZ	Algeria	阿尔及利亚
EC	Ecuador	厄瓜多尔
EE	Estonia	爱沙尼亚
EG	Egypt	埃及
EH	Western Sahara	西撒哈拉
ER	Eritrea	厄立特里亚
ES	Spain	西班牙
FI	Finland	芬兰
FJ	Fiji	斐济群岛
FK	Falkland Islands	马尔维纳斯群岛（福克兰）
FM	Federated States of Micronesia	密克罗尼西亚联邦
FO	Faroe Islands	法罗群岛
FR	France	法国
GA	Gabon	加蓬
GD	Grenada	格林纳达
GE	Georgia	格鲁吉亚
GF	French Guiana	法属圭亚那
GH	Ghana	加纳
GI	Gibraltar	直布罗陀
GL	Greenland	格陵兰
GN	Guinea	几内亚
GP	Guadeloupe	瓜德罗普
GQ	Equatorial Guinea	赤道几内亚
GR	Greece	希腊
GS	South Georgia and the South Sandwich Islands	南乔治亚岛和南桑威奇群岛
GT	Guatemala	危地马拉
GU	Guam	关岛
GW	Guinea-Bissau	几内亚比绍
GY	Guyana	圭亚那
HK	Hong Kong	中国香港
HM	Heard Island and McDonald Islands	赫德岛和麦克唐纳群岛

（续表）

代码	国家/地区/组织英文用名	国家/地区/组织中文名称
HN	Honduras	洪都拉斯
HR	Croatia	克罗地亚
HT	Haiti	海地
HU	Hungary	匈牙利
ID	Indonesia	印度尼西亚
IE	Ireland	爱尔兰
IL	Israel	以色列
IM	Isle of Man	马恩岛
IN	India	印度
IO	British Indian Ocean Territory	英属印度洋领地
IQ	Iraq	伊拉克
IR	Iran	伊朗
IS	Iceland	冰岛
IT	Italy	意大利
JE	Jersey	泽西岛
JM	Jamaica	牙买加
JO	Jordan	约旦
JP	Japan	日本
KH	Cambodia	柬埔寨
KI	Kiribati	基里巴斯
KM	The Comoros	科摩罗
KW	Kuwait	科威特
KY	Cayman Islands	开曼群岛
LB	Lebanon	黎巴嫩
LI	Liechtenstein	列支敦士登
LK	Sri Lanka	斯里兰卡
LR	Liberia	利比里亚
LS	Lesotho	莱索托
LT	Lithuania	立陶宛
LU	Luxembourg	卢森堡
LV	Latvia	拉脱维亚
LY	Libya	利比亚

（续表）

代码	国家/地区/组织英文用名	国家/地区/组织中文名称
MA	Morocco	摩洛哥
MC	Monaco	摩纳哥
MD	Moldova	摩尔多瓦
ME	Montenegro	黑山
MF	Saint Martin（France）	法属圣马丁
MG	Madagascar	马达加斯加
MH	Marshall islands	马绍尔群岛
MK	Republic of Macedonia（FYROM）	马其顿
ML	Mali	马里
MM	Myanmar（Burma）	缅甸
MO	Macao	中国澳门
MQ	Martinique	马提尼克
MR	Mauritania	毛里塔尼亚
MS	Montserrat	蒙塞拉特岛
MT	Malta	马耳他
MV	Maldives	马尔代夫
MW	Malawi	马拉维
MX	Mexico	墨西哥
MY	Malaysia	马来西亚
NA	Namibia	纳米比亚
NE	Niger	尼日尔
NF	Norfolk Island	诺福克岛
NG	Nigeria	尼日利亚
NI	Nicaragua	尼加拉瓜
NL	Netherlands	荷兰
NO	Norway	挪威
NP	Nepal	尼泊尔
NR	Nauru	瑙鲁
OM	Oman	阿曼
PA	Panama	巴拿马
PE	Peru	秘鲁
PF	French polynesia	法属波利尼西亚

（续表）

代码	国家/地区/组织英文用名	国家/地区/组织中文名称
PG	Papua New Guinea	巴布亚新几内亚
PH	The Philippines	菲律宾
PK	Pakistan	巴基斯坦
PL	Poland	波兰
PN	Pitcairn Islands	皮特凯恩群岛
PR	Puerto Rico	波多黎各
PS	Palestinian territories	巴勒斯坦
PW	Palau	帕劳
PY	Paraguay	巴拉圭
QA	Qatar	卡塔尔
RE	Réunion	留尼汪
RO	Romania	罗马尼亚
RS	Serbia	塞尔维亚
RU	Russian Federation	俄罗斯
RW	Rwanda	卢旺达
SB	Solomon Islands	所罗门群岛
SC	Seychelles	塞舌尔
SD	Sudan	苏丹
SE	Sweden	瑞典
SG	Singapore	新加坡
SI	Slovenia	斯洛文尼亚
SJ	Svalbard and Jan Mayen	斯瓦尔巴群岛和扬马延岛
SK	Slovakia	斯洛伐克
SL	Sierra Leone	塞拉利昂
SM	San Marino	圣马力诺
SN	Senegal	塞内加尔
SO	Somalia	索马里
SR	Suriname	苏里南
SS	South Sudan	南苏丹
ST	Sao Tome & Principe	圣多美和普林西比
SV	El Salvador	萨尔瓦多
SY	Syria	叙利亚

（续表）

代码	国家/地区/组织英文用名	国家/地区/组织中文名称
SZ	Swaziland	斯威士兰
TC	Turks & Caicos Islands	特克斯和凯科斯群岛
TD	Chad	乍得
TG	Togo	多哥
TH	Thailand	泰国
TK	Tokelau	托克劳
TL	Timor-Leste（East Timor）	东帝汶
TN	Tunisia	突尼斯
TO	Tonga	汤加
TR	Turkey	土耳其
TV	Tuvalu	图瓦卢
TZ	Tanzania	坦桑尼亚
UA	Ukraine	乌克兰
UG	Uganda	乌干达
US	United States of America（USA）	美国
UY	Uruguay	乌拉圭
VA	Vatican City（The Holy See）	梵蒂冈
VE	Venezuela	委内瑞拉
VG	British Virgin Islands	英属维尔京群岛
VI	United States Virgin Islands	美属维尔京群岛
VN	Vietnam	越南
WF	Wallis and Futuna	瓦利斯和富图纳
WS	Samoa	萨摩亚
YE	Yemen	也门
YT	Mayotte	马约特
ZA	South Africa	南非
ZM	Zambia	赞比亚
ZW	Zimbabwe	津巴布韦
CN	China	中国内地
CG	Republic of the Congo	刚果（布）
CD	Democratic Republic of the Congo	刚果（金）
MZ	Mozambique	莫桑比克

(续表)

代码	国家/地区/组织英文用名	国家/地区/组织中文名称
GG	Guernsey	根西岛
GM	Gambia	冈比亚
MP	Northern Mariana Islands	北马里亚纳群岛
ET	Ethiopia	埃塞俄比亚
NC	New Caledonia	新喀里多尼亚
VU	Vanuatu	瓦努阿图
TF	French Southern Territories	法属南部领地
NU	Niue	纽埃
UM	United States Minor Outlying Islands	美国本土外小岛屿
CK	Cook Islands	库克群岛
GB	Great Britain (United Kingdom; England)	英国
TT	Trinidad & Tobago	特立尼达和多巴哥
VC	St. Vincent & the Grenadines	圣文森特和格林纳丁斯
TW	Taiwan	中国台湾
NZ	New Zealand	新西兰
SA	Saudi Arabia	沙特阿拉伯
LA	Laos	老挝
KP	North Korea	朝鲜北朝鲜
KR	South Korea	韩国南朝鲜
PT	Portugal	葡萄牙
KG	Kyrgyzstan	吉尔吉斯斯坦
KZ	Kazakhstan	哈萨克斯坦
TJ	Tajikistan	塔吉克斯坦
TM	Turkmenistan	土库曼斯坦
UZ	Uzbekistan	乌兹别克斯坦
KN	St. Kitts & Nevis	圣基茨和尼维斯
PM	Saint-Pierre and Miquelon	圣皮埃尔和密克隆
SH	St. Helena & Dependencies	圣赫勒拿
LC	St. Lucia	圣卢西亚
MU	Mauritius	毛里求斯
CI	Cite d'Ivoire	科特迪瓦
KE	Kenya	肯尼亚

（续表）

代码	国家/地区/组织英文用名	国家/地区/组织中文名称
MN	Mongolia	蒙古国蒙古
CIS	Commonwealth of Independent States	独立国家联合体
AU	African Union	非洲联盟
OECD	Organization for Economic Co-operation and Development	经济合作与发展组织
EU	European Union	欧洲联盟
ASEAN	Association of Southeast Asian Nations	东南亚国家联盟
USAN	Union of South American Nations	南美洲国家联盟
LAS	League of Arab States	阿拉伯国家联盟
BRICS	BRICS	金砖国家
NATO	North Atlantic Treaty Organization	北大西洋公约组织
G20	Group 20	20 国集团
OBOR	The Silk Road Economic Belt and the 21st-Century Maritime Silk Road; One Belt One Road; The Belt and Road Initiative	“丝绸之路经济带”和“21 世纪海上丝绸之路”
APEC	Asia-Pacific Economic Cooperation	亚洲太平洋经济合作组织
SCO	Shanghai Cooperation Organization	上海合作组织

13　机构类型代码表

表 52　机构类型代码表

序号	代码	中文名称
1	UniversityAndSchool	高等院校
2	Association	学（协）会组织
3	Company	公司企业
4	Government	政府部门
5	ResearchInstitute	科研机构
6	Others	其他

14　作者标识符类型代码表

表 53　作者标识符类型代码表

序号	代码	中文名称
1	ORCID	Open Researcher and Contributor ID，开放研究人员及责任者唯一标识符

（续表）

序号	代码	中文名称
2	ResearchID	研究人员唯一标识符，Thomson Reuters 标准
3	ScopusID	Scopus Author ID
4	ACID	Author Claim ID
5	CKCEST	知识中心内部 ID
6	KID	浙大专家注册系统唯一标识
7	ISNI	国际标准名称标识
8	Others	其他类型标识符

15　使用许可类型编码表

表 54　使用许可类型编码表

序号	代码	中文名称
1	open-access	开放获取
2	CC BY	署名（BY）
3	CC BY-SA	署名（BY）-相同方式共享（SA）
4	CC BY-ND	署名（BY）-禁止演绎（ND）
5	CC BY-NC	署名（BY）-非商业性使用（NC）
6	CC BY-NC-SA	署名（BY）-非商业性使用（NC）-相同方式共享（SA）
7	CC BY-NC-ND	署名（BY）-非商业性使用（NC）-禁止演绎（ND）
8	CC0	作者放弃所有权利，作品进入公有领域，并明确声明为 CC0
9	PublicDomain	作者放弃所有权利，作品进入公有领域，无明确声明
10	CA	仅限教学、科研目的使用，其他使用需获得授权
11	Free	仅限个人免费下载使用，保留作品传播、演绎、再利用等权利
12	All Rights reserved	保留所有权利
13	Others	其他类型
14	Unknown	无使用许可声明

16　收录类别编码表

表 55　收录类别编码表

序号	代码	中文名称
1	SCI	美国《科学引文索引》

（续表）

序号	代码	中文名称
2	SCIE	SCI 的核心刊及扩展刊
3	SSCI	社会科学引文索引
4	Peking	《中文核心期刊要目总览》，四年一版
5	ISTIC	《中国科技期刊引证报告》，一年一版
6	CSCD	中国科学引文数据库来源期刊
7	EI	供查阅工程技术领域文献的综合性情报检索刊物
8	ISTP	科技会议录索引
9	CSSCI	中文社会科学引文索引
10	A&HCI	A&HCI 检索系统
11	Others	其他类型编码

17　人员（机构）角色编码表

表 56　人员（机构）角色编码表

序号	代码	中文名称
1	Leader	项目主持人或主持单位
2	Participant	项目参与人员或参与单位
3	Author	作者
4	CorrespondingAuthor	通讯作者
5	Creator	创建者
6	Editor	编辑
7	Supervisor	论文指导老师
8	Student	学生
9	Sponsor	主办者
10	Group	团体责任者
11	Reviser	校订者、修正者
12	ContactPerson	联系人
13	Producer	制作者
14	Researcher	研究者
15	RightsHolder	版权所有者
16	HostingInstitution	主办机构
17	SponsoringUnit	承办单位
18	Co-Organizer	协办单位
19	Instructor	授课教师
20	Organizer	组织者

（续表）

序号	代码	中文名称
21	Funder	资助者（机构、学协会等）
22	Publisher	出版者
23	Datamanager	数据管理者
24	SuperiorUnit	上级单位
25	Inventor	发明人（专利）
26	Applicant	申请人（专利）
27	Patentee	专利权人
28	DraftingUnit	起草单位（标准）
29	ReleaseUnit	发布单位
30	ProposedUnit	提出单位（标准）
31	CentralizedManageUnit	归口单位（标准）
32	CompetentUnit	主管单位（标准）
33	GrantingOrganization	学位授予单位
34	Others	其他角色

18　主题容器类型编码表

表 57　主题容器类型编码表

序号	代码	中文名称
1	SubjectConcept	主题概念（叙词表、术语表等）
2	Classification	学科分类（分类表、范畴体系等）
3	ResearchTopic	研究方向
4	ResearchDomain	专业领域
5	PatentClassification	专利分类
6	Keyword	关键词
7	Others	其他类型

19　参考文献类型编码表

表 58　参考文献类型编码表

序号	代码	中文名称
1	M	普通图书
2	C	会议录

（续表）

序号	代码	中文名称
3	G	汇编
4	N	报纸
5	J	期刊
6	D	学位论文
7	R	报告
8	S	标准
9	P	专利
10	DB	数据库
11	CP	计算机程序
12	EB	电子公告
13	A	档案
14	DS	数据集
15	Z	其他

20 开放用户类型编码表

表 59 开放用户类型编码表

序号	代码	中文名称
1	01	所有用户
2	02	所有注册用户
3	03	院士、工程院机关人员及分中心用户
4	04	院士及工程院机关人员
5	05	其他

21 附件存放路径编码表

表 60 附件存放路径编码表

序号	代码	中文名称
1	Physical	物理存放路径
2	Relative	相对存放路径
3	Web	网络访问路径

22　数据集类型编码表

表 61　数据集类型编码表

序号	代码	中文名称
1	01	通用数据集
2	02	专有数据集
3	Others	其他

23　分中心编码表

表 62　分中心编码表

序号	代码	中文名称
1	001	知识中心总平台
2	002	材料专业知识服务系统
3	003	战略性新兴产业专业知识服务系统
4	004	咨询研究知识服务系统
5	005	中草药专业知识服务系统
6	006	工程科教图书专业知识服务系统
7	007	化工专业知识服务系统
8	008	农业专业知识服务系统
9	009	学术活动知识服务系统
10	010	制造业专业知识服务系统
11	011	医药卫生专业知识服务系统
12	012	海洋工程专业知识服务系统
13	013	能源专业知识服务系统
14	014	学术期刊知识服务系统
15	015	信息技术专业知识服务系统
16	016	环境专业知识服务系统
17	017	创新设计知识服务系统
18	018	地质专业知识服务系统
19	019	林业工程专业知识服务系统
20	020	冶金工程专业知识服务系统
21	021	气象科学专业知识服务系统
22	022	地理资源与生态专业知识服务系统
23	023	地理信息专业知识服务系统
24	024	水利专业知识服务系统
25	025	航天工程专业知识服务系统

（续表）

序号	代码	中文名称
26	026	试验技术服务系统
27	027	地震科学专业知识服务系统
28	028	渔业专业知识服务系统
29	Others	其他

24 地理信息成果类型编码表

表 63 地理信息成果类型编码表

序号	代码	中文名称
1	A01	矢量地图数据
2	A02	数字高程模型（DEM）
3	A03	分幅正射影像（DOM）
4	A04	航空影像
5	A05	卫星影像
6	A06	数字栅格地图数据
7	A07	专题地理数据
8	Others	其他地理信息成果，可根据需要扩展编码

25 科技成果类别编码表

表 64 科技成果类别编码表

序号	代码	中文名称
1	AppliedTechnology	应用技术
2	SoftScience	软科学
3	TheoreticalBasis	基础理论

26 标准类型编码表

表 65 标准类型编码表

序号	代码	中文名称
1	InternationalStandard	国际标准
2	NationalStandard	国家标准

（续表）

序号	代码	中文名称
3	BranchStandard	行业标准
4	ProvincialStandard	地方标准
5	CompanyStandard	企业标准
6	GroupStandard	团体标准
7	Others	其他

27　专利类型编码表

表 66　专利类型编码表

序号	代码	中文名称
1	InventionPatent	发明专利
2	UtilityModelPatent	实用新型专利
3	DesignPatent	外观设计专利

28　学术活动类型编码表

表 67　学术活动类型编码表

序号	代码	中文名称
1	01	学术年会
2	02	国际学术会议
3	03	学术报告会
4	04	学术沙龙
5	05	圆桌学术会议和学术座谈会
6	06	头脑风暴学术会
7	07	小组学术讨论会与专题讨论会
8	08	学术论坛与学术讨论会
9	09	学术讲座与学术研修会
10	10	学术辩论会
11	11	视频学术会议
12	12	学术墙报
13	13	发明比赛
14	14	其他

附录 2　XML Schema 典型示例

1　通用容器 XML Schema 典型示例

1.1　管理通用容器 XML Schema

```
<?xml version="1.0" encoding="UTF-8"?>
<xs:schema xmlns:xs="http://www.w3.org/2001/XMLSchema" elementFormDefault="qualified" version="2.0">
    <xs:include schemaLocation="CAE_Common.xsd"/>
    <xs:complexType name="admin_meta_type">
        <xs:annotation>
            <xs:documentation>“管理通用容器”是指各类资源的管理性通用信息，侧重于对数据唯一标识、追踪溯源和增量更新，如：资源类型、来源机构、唯一标识符、创建时间和修改时间等。</xs:documentation>
        </xs:annotation>
        <xs:sequence>
            <xs:element name="dataset_id">
                <xs:annotation>
                    <xs:documentation>数据集唯一标识符</xs:documentation>
                </xs:annotation>
                <xs:simpleType>
                    <xs:restriction base="xs:string">
                        <xs:maxLength value="100"/>
                    </xs:restriction>
                </xs:simpleType>
            </xs:element>
            <xs:element name="guid">
                <xs:annotation>
                    <xs:documentation>系统唯一标识符</xs:documentation>
                </xs:annotation>
                <xs:simpleType>
                    <xs:restriction base="xs:string">
                        <xs:maxLength value="100"/>
```

```
                </xs: restriction>
            </xs: simpleType>
        </xs: element>
        <xs: element name="resource_type" type="resourceType"/>
        <xs: element name="cae_classification_no" minOccurs="0">
            <xs: annotation>
                <xs: documentation>知识中心分类号</xs: documentation>
            </xs: annotation>
            <xs: simpleType>
                <xs: restriction base="xs: string">
                    <xs: maxLength value="1000"/>
                </xs: restriction>
            </xs: simpleType>
        </xs: element>
        <xs: element name="is_delete" minOccurs="0">
            <xs: annotation>
                <xs: documentation>是否删除标识</xs: documentation>
            </xs: annotation>
            <xs: simpleType>
                <xs: restriction base="xs: string">
                    <xs: maxLength value="2"/>
                    <xs: enumeration value="Y"/>
                    <xs: enumeration value="N"/>
                </xs: restriction>
            </xs: simpleType>
        </xs: element>
        <xs: element name="created_time" type="xs: dateTime">
            <xs: annotation>
                <xs: documentation>初始创建时间</xs: documentation>
            </xs: annotation>
        </xs: element>
        <xs: element name="updated_time" type="xs: dateTime">
            <xs: annotation>
                <xs: documentation>最新修改时间</xs: documentation>
            </xs: annotation>
        </xs: element>
    </xs: sequence>
  </xs: complexType>
</xs: schema>
```

1.2　主题通用容器 XML Schema

```
<?xml version="1.0" encoding="UTF-8"?>
```

```
<xs: schema xmlns: xs="http: //www. w3. org/2001/XMLSchema" elementFormDefault="qualified" version="2. 0">
    <xs: include schemaLocation="CAE_Common. xsd"/>
    <xs: complexType name="subject_list_type">
        <xs: annotation>
            <xs: documentation>“主题通用容器”用于描述各类资源中涉及的自由关键词，或经过知识标引和组织后的范畴、学科分类、主题、概念及对应编号，以及描述专家学者、科技机构的研究方向、专业领域和专利的分类号等。</xs: documentation>
        </xs: annotation>
        <xs: sequence>
            <xs: element name="subject_meta" maxOccurs="unbounded">
                <xs: complexType mixed="true">
                    <xs: sequence>
                        <xs: element name="subject_title" minOccurs="0" maxOccurs="1">
                            <xs: annotation>
                                <xs: documentation>主题名称</xs: documentation>
                            </xs: annotation>
                            <xs: complexType>
                                <xs: simpleContent>
                                    <xs: extension base="string1000"/>
                                </xs: simpleContent>
                            </xs: complexType>
                        </xs: element>
                        <xs: element name="subject_code" minOccurs="0" maxOccurs="1">
                            <xs: annotation>
                                <xs: documentation>主题号</xs: documentation>
                            </xs: annotation>
                            <xs: complexType>
                                <xs: simpleContent>
                                    <xs: extension base="string50"/>
                                </xs: simpleContent>
                            </xs: complexType>
                        </xs: element>
                    </xs: sequence>
                    <xs: attribute name="type" type="subjectType" use="optional"/>
                    <xs: attribute name="source" type="subjectSourceType" use="optional"/>
                </xs: complexType>
            </xs: element>
        </xs: sequence>
    </xs: complexType>
</xs: schema>
```

1.3　责任者通用容器 XML Schema

```
<?xml version="1.0" encoding="UTF-8"?>
<!-- edited with XMLSpy v2017 rel. 3 sp1 (http://www.altova.com) by Altova XMLSpy 2017
Professional XML Editor, Installed for 5 users (Agricultural Information Institute of CAAS) -->
<xs:schema xmlns:xs="http://www.w3.org/2001/XMLSchema" elementFormDefault="qualified"
version="2.0">
    <xs:include schemaLocation="CAE_Common.xsd"/>
    <xs:include schemaLocation="CAE_Subject.xsd"/>
    <xs:include schemaLocation="CAE_Organization.xsd"/>
    <xs:complexType name="contributor_list_type">
        <xs:annotation>
            <xs:documentation>“责任者通用容器”主要用于描述图书、期刊论文、会议论文、学位
论文、标准、专利等各类资源中涉及到的作者、著者、编者、导师，以及项目参与者和成果完成人等。</
xs:documentation>
        </xs:annotation>
        <xs:sequence>
            <xs:element name="contributor_meta" maxOccurs="unbounded">
                <xs:complexType mixed="true">
                    <xs:sequence>
                        <xs:element name="full_name">
                            <xs:annotation>
                                <xs:documentation>责任者姓名</xs:documentation>
                            </xs:annotation>
                            <xs:simpleType>
                                <xs:restriction base="xs:string">
                                    <xs:maxLength value="1000"/>
                                </xs:restriction>
                            </xs:simpleType>
                        </xs:element>
                        <xs:element name="surname" minOccurs="0">
                            <xs:annotation>
                                <xs:documentation>责任者姓</xs:documentation>
                            </xs:annotation>
                            <xs:simpleType>
                                <xs:restriction base="xs:string">
                                    <xs:maxLength value="50"/>
                                </xs:restriction>
                            </xs:simpleType>
                        </xs:element>
                        <xs:element name="given_name" minOccurs="0">
```

```
                    <xs: annotation>
                        <xs: documentation>责任者名</xs: documentation>
                    </xs: annotation>
                    <xs: simpleType>
                        <xs: restriction base="xs: string">
                            <xs: maxLength value="100"/>
                        </xs: restriction>
                    </xs: simpleType>
                </xs: element>
                <xs: element name="alternative_name" minOccurs="0"
maxOccurs="unbounded">
                    <xs: annotation>
                        <xs: documentation>责任者其他姓名
</xs: documentation>
                    </xs: annotation>
                    <xs: complexType>
                        <xs: simpleContent>
                            <xs: extension base="string1000">
                                <xs: attribute name="language" type="lang"
use="optional"/>
                            </xs: extension>
                        </xs: simpleContent>
                    </xs: complexType>
                </xs: element>
                <xs: element name="email" minOccurs="0"
maxOccurs="unbounded">
                    <xs: annotation>
                        <xs: documentation>电子邮箱</xs: documentation>
                    </xs: annotation>
                    <xs: simpleType>
                        <xs: restriction base="xs: string">
                            <xs: maxLength value="200"/>
                        </xs: restriction>
                    </xs: simpleType>
                </xs: element>
                <xs: element name="contributor_URI" minOccurs="0"
maxOccurs="unbounded">
                    <xs: annotation>
                        <xs: documentation>规范责任者 URI</xs: documentation>
                    </xs: annotation>
                    <xs: complexType>
                        <xs: simpleContent>
```

```
                                        <xs: extension base="string1000">
                                            <xs: attribute name="type"
type="contributorURIType" use="optional"/>
                                    </xs: extension>
                                </xs: simpleContent>
                            </xs: complexType>
                        </xs: element>
                        <xs: element name="organization_list"
type="organization_list_type" minOccurs="0" maxOccurs="unbounded"/>
                    </xs: sequence>
                    <xs: attribute name="sequence" type="xs: int" use="optional"/>
                    <xs: attribute name="role" type="roleType" use="optional"/>
                </xs: complexType>
            </xs: element>
        </xs: sequence>
    </xs: complexType>
</xs: schema>
```

1.4 责任机构通用容器 XML Schema

```
<?xml version="1. 0" encoding="UTF-8"?>
<xs: schema xmlns: xs="http: //www. w3. org/2001/XMLSchema" elementFormDefault="qualified" version="2. 0">
    <xs: include schemaLocation="CAE_Common. xsd"/>
    <xs: include schemaLocation="CAE_Country. xsd"/>
    <xs: complexType name="organization_list_type">
        <xs: annotation>
            <xs: documentation>“责任机构通用容器”主要用于描述图书、期刊论文、会议论文、学位
论文、标准、专利等资源中涉及的出版商、论文作者机构、专家学者工作单位、科技机构上级部门、科研
项目资助机构、科技成果完成机构等。</xs：documentation>
        </xs: annotation>
        <xs: sequence>
            <xs: element name="organization_meta" maxOccurs="unbounded">
                <xs: complexType mixed="true">
                    <xs: sequence>
                        <xs: element name="name">
                            <xs: annotation>
                                <xs: documentation>责任机构名称</xs: documentation>
                            </xs: annotation>
                            <xs: simpleType>
                                <xs: restriction base="xs: string">
                                    <xs: maxLength value="1000"/>
                                </xs: restriction>
```

```
            </xs: simpleType>
        </xs: element>
        <xs: element name="alternative_name" minOccurs="0"
maxOccurs="unbounded">
            <xs: annotation>
                <xs: documentation>责任机构其他名称
</xs: documentation>
            </xs: annotation>
            <xs: complexType>
                <xs: simpleContent>
                    <xs: extension base="string1000">
                        <xs: attribute name="type" type="titleType"
use="optional"/>
                        <xs: attribute name="language" type="lang"
use="optional"/>
                    </xs: extension>
                </xs: simpleContent>
            </xs: complexType>
        </xs: element>
        <xs: element name="organization_URI" minOccurs="0"
maxOccurs="unbounded">
            <xs: annotation>
                <xs: documentation>规范机构 URI</xs: documentation>
            </xs: annotation>
            <xs: complexType>
                <xs: simpleContent>
                    <xs: extension base="string1000"/>
                </xs: simpleContent>
            </xs: complexType>
        </xs: element>
        <xs: element name="country_meta" type="country_meta_type"
minOccurs="0"/>
        <xs: element name="state" minOccurs="0">
            <xs: annotation>
                <xs: documentation>所在省(州)</xs: documentation>
            </xs: annotation>
            <xs: simpleType>
                <xs: restriction base="xs: string">
                    <xs: maxLength value="100"/>
                </xs: restriction>
            </xs: simpleType>
        </xs: element>
```

```
                        <xs: element name="city" minOccurs="0">
                            <xs: annotation>
                                <xs: documentation>所在市</xs: documentation>
                            </xs: annotation>
                            <xs: simpleType>
                                <xs: restriction base="xs: string">
                                    <xs: maxLength value="100"/>
                                </xs: restriction>
                            </xs: simpleType>
                        </xs: element>
                        <xs: element name="address" minOccurs="0">
                            <xs: annotation>
                                <xs: documentation>通讯地址</xs: documentation>
                            </xs: annotation>
                            <xs: simpleType>
                                <xs: restriction base="xs: string">
                                    <xs: maxLength value="500"/>
                                </xs: restriction>
                            </xs: simpleType>
                        </xs: element>
                        <xs: element name="postal_code" minOccurs="0">
                            <xs: annotation>
                                <xs: documentation>邮政编码</xs: documentation>
                            </xs: annotation>
                            <xs: simpleType>
                                <xs: restriction base="xs: string">
                                    <xs: maxLength value="20"/>
                                </xs: restriction>
                            </xs: simpleType>
                        </xs: element>
                    </xs: sequence>
                    <xs: attribute name="sequence" type="xs: int" use="optional"/>
                    <xs: attribute name="role" type="roleType" use="optional"/>
                </xs: complexType>
            </xs: element>
        </xs: sequence>
    </xs: complexType>
</xs: schema>
```

1.5 空间信息通用容器 XML Schema

```
<?xml version="1.0" encoding="UTF-8"?>
```

```
<xs: schema xmlns: xs="http: //www. w3. org/2001/XMLSchema" elementFormDefault="qualified" version="2. 0">
    <xs: include schemaLocation="CAE_Common. xsd"/>
    <xs: include schemaLocation="CAE_Organization. xsd"/>
    <xs: complexType name="spatial_list_type">
        <xs: annotation>
            <xs：documentation>“空间信息通用容器”主要描述资源的空间位置信息，包含空间名称、所属行政区域（省、市、县）、坐标范围等。</xs：documentation>
        </xs: annotation>
        <xs: sequence>
            <xs: element name="spatial_meta" maxOccurs="unbounded">
                <xs: complexType mixed="true">
                    <xs: sequence>
                        <xs: element name="spatial_name" minOccurs="0" maxOccurs="1">
                            <xs: annotation>
                                <xs: documentation>空间信息名称</xs: documentation>
                            </xs: annotation>
                            <xs: simpleType>
                                <xs: restriction base="xs: string">
                                    <xs: maxLength value="1000"/>
                                </xs: restriction>
                            </xs: simpleType>
                        </xs: element>
                    <xs: element name="coordinates" minOccurs="0" maxOccurs="1">
                        <xs: annotation>
                            <xs: documentation>坐标范围</xs: documentation>
                        </xs: annotation>
                        <xs: complexType>
                            <xs: simpleContent>
                                <xs: extension base="string1000"/>
                            </xs: simpleContent>
                        </xs: complexType>
                    </xs: element>
                    <xs: element name="mdCoRefSys" minOccurs="0">
                        <xs: annotation>
                            <xs: documentation>坐标参照系</xs: documentation>
                        </xs: annotation>
                        <xs: complexType>
                            <xs: sequence>
                                <xs: element name="crsDatum" minOccurs="0">
                                    <xs: annotation>
                                        <xs: documentation>大地基准
```

```
</xs: documentation>
                    </xs: annotation>
                    <xs: complexType>
                        <xs: simpleContent>
                            <xs: extension base="string100"/>
                        </xs: simpleContent>
                    </xs: complexType>
                </xs: element>
                <xs: element name="crsVertCRS" minOccurs="0">
                    <xs: annotation>
                        <xs: documentation>高程基准
</xs: documentation>
                    </xs: annotation>
                    <xs: complexType>
                        <xs: simpleContent>
                            <xs: extension base="string100"/>
                        </xs: simpleContent>
                    </xs: complexType>
                </xs: element>
                <xs: element name="crsProjection" minOccurs="0">
                    <xs: annotation>
                        <xs: documentation>投影
</xs: documentation>
                        </xs: annotation>
                        <xs: complexType>
                            <xs: simpleContent>
                                <xs: extension base="string100"/>
                            </xs: simpleContent>
                        </xs: complexType>
                    </xs: element>
                </xs: sequence>
            </xs: complexType>
        </xs: element>
        <xs: element name="area_code" minOccurs="0"
maxOccurs="unbounded">
            <xs: annotation>
                <xs: documentation>行政区划代码</xs: documentation>
            </xs: annotation>
            <xs: simpleType>
                <xs: restriction base="xs: string">
                    <xs: maxLength value="100"/>
                </xs: restriction>
```

```
                        </xs: simpleType>
                    </xs: element>
                    <xs: element name="country_meta" type="country_meta_type"
minOccurs="0"/>
                    <xs: element name="province" minOccurs="0"
maxOccurs="unbounded">
                        <xs: annotation>
                            <xs: documentation>所属省</xs: documentation>
                        </xs: annotation>
                        <xs: simpleType>
                            <xs: restriction base="xs: string">
                                <xs: maxLength value="500"/>
                            </xs: restriction>
                        </xs: simpleType>
                    </xs: element>
                    <xs: element name="city" minOccurs="0"
maxOccurs="unbounded">
                        <xs: annotation>
                            <xs: documentation>所属市</xs: documentation>
                        </xs: annotation>
                        <xs: simpleType>
                            <xs: restriction base="xs: string">
                                <xs: maxLength value="500"/>
                            </xs: restriction>
                        </xs: simpleType>
                    </xs: element>
                    <xs: element name="county" minOccurs="0"
maxOccurs="unbounded">
                        <xs: annotation>
                            <xs: documentation>所属县</xs: documentation>
                        </xs: annotation>
                        <xs: simpleType>
                            <xs: restriction base="xs: string">
                                <xs: maxLength value="500"/>
                            </xs: restriction>
                        </xs: simpleType>
                    </xs: element>
                </xs: sequence>
            </xs: complexType>
        </xs: element>
    </xs: sequence>
</xs: complexType>
```

```
</xs: schema>
```

2　数据集元素集 XML Schema 典型示例

```
<?xml version="1.0" encoding="UTF-8"?>
<xs: schema xmlns: xs="http://www.w3.org/2001/XMLSchema" xmlns="http://spec.ckcest.cn/core" targetNamespace="http://spec.ckcest.cn/core" elementFormDefault="qualified" version="2.0">
    <xs: include schemaLocation="CommonSchema/CAE_Common.xsd"/>
    <xs: include schemaLocation="CommonSchema/CAE_Subject.xsd"/>
    <xs: include schemaLocation="CommonSchema/CAE_Organization.xsd"/>
    <xs: include schemaLocation="CommonSchema/CAE_File.xsd"/>
    <xs: include schemaLocation="CommonSchema/CAE_Extension.xsd"/>
    <xs: element name="datasets">
        <xs: annotation>
            <xs：documentation>“数据集”是指具有相同或相似数据结构的同类资源元数据集合，可以是数据库，也可以是数据库的一个（逻辑）部分。本规范中的数据集是指知识中心中同类资源的数据集合，包括期刊、图书、期刊论文、专家学者、科技机构、基金项目等 14 类资源以及其他暂时未制定元数据标准规范的资源类型。来自于不同分中心的同类型资源属于不同数据集。</xs：documentation>
        </xs: annotation>
        <xs: complexType>
            <xs: sequence maxOccurs="unbounded">
                <xs: element ref="dataset_meta"/>
            </xs: sequence>
            <xs: attribute name="schema_version" default="2.0">
                <xs: simpleType>
                    <xs: restriction base="xs: string">
                        <xs: enumeration value="2.0">
                            <xs: annotation>
                                <xs: documentation>元数据规范版本, 2.0 即 2017 版
</xs: documentation>
                            </xs: annotation>
                        </xs: enumeration>
                    </xs: restriction>
                </xs: simpleType>
            </xs: attribute>
        </xs: complexType>
    </xs: element>
    <xs: element name="dataset_meta">
        <xs: complexType>
            <xs: sequence>
                <xs: element name="identifier" minOccurs="0" maxOccurs="unbounded">
```

```
                <xs: annotation>
                    <xs: documentation>唯一标识</xs: documentation>
                </xs: annotation>
                <xs: complexType>
                    <xs: simpleContent>
                        <xs: extension base="string100">
                            <xs: attribute name="type" type="identifierType" use="optional"/>
                        </xs: extension>
                    </xs: simpleContent>
                </xs: complexType>
            </xs: element>
            <xs: element name="title">
                <xs: annotation>
                    <xs: documentation>数据集名称</xs: documentation>
                </xs: annotation>
                <xs: complexType>
                    <xs: simpleContent>
                        <xs: extension base="string1000">
                            <xs: attribute name="language" type="lang" use="optional"/>
                        </xs: extension>
                    </xs: simpleContent>
                </xs: complexType>
            </xs: element>
            <xs: element name="alternative" minOccurs="0" maxOccurs="unbounded">
                <xs: annotation>
                    <xs: documentation>数据集其他名称</xs: documentation>
                </xs: annotation>
                <xs: complexType>
                    <xs: simpleContent>
                        <xs: extension base="string1000">
                            <xs: attribute name="type" type="titleType" use="optional"/>
                            <xs: attribute name="language" type="lang" use="optional"/>
                        </xs: extension>
                    </xs: simpleContent>
                </xs: complexType>
            </xs: element>
            <xs: element name="dataset_type" type="datasetType"/>
            <xs: element name="subject_list" type="subject_list_type" minOccurs="0"/>
```

```
<xs: element name="resource_type" type="resourceType"/>
<xs: element name="format_type" minOccurs="0" maxOccurs="unbounded">
    <xs: annotation>
        <xs: documentation>格式类型</xs: documentation>
    </xs: annotation>
    <xs: simpleType>
        <xs: restriction base="xs: string">
            <xs: maxLength value="100"/>
        </xs: restriction>
    </xs: simpleType>
</xs: element>
<xs: element name="metadata_description">
    <xs: annotation>
        <xs: documentation>元数据描述</xs: documentation>
    </xs: annotation>
    <xs: simpleType>
        <xs: restriction base="xs: string"/>
    </xs: simpleType>
</xs: element>
<xs: element name="storage" minOccurs="0" maxOccurs="unbounded">
    <xs: annotation>
        <xs: documentation>存储方式</xs: documentation>
    </xs: annotation>
    <xs: simpleType>
        <xs: restriction base="xs: string">
            <xs: maxLength value="100"/>
        </xs: restriction>
    </xs: simpleType>
</xs: element>
<xs: element name="start_date" minOccurs="0">
    <xs: annotation>
        <xs: documentation>起始日期</xs: documentation>
    </xs: annotation>
    <xs: simpleType>
        <xs: restriction base="xs: string">
            <xs: maxLength value="20"/>
        </xs: restriction>
    </xs: simpleType>
</xs: element>
<xs: element name="end_date" minOccurs="0">
    <xs: annotation>
        <xs: documentation>结束日期</xs: documentation>
```

```
            </xs: annotation>
            <xs: simpleType>
                <xs: restriction base="xs: string">
                    <xs: maxLength value="20"/>
                </xs: restriction>
            </xs: simpleType>
        </xs: element>
        <xs: element name="construction_methods" minOccurs="0">
            <xs: annotation>
                <xs: documentation>建设方式</xs: documentation>
            </xs: annotation>
            <xs: simpleType>
                <xs: restriction base="xs: string">
                    <xs: maxLength value="100"/>
                </xs: restriction>
            </xs: simpleType>
        </xs: element>
        <xs: element name="access" minOccurs="0" maxOccurs="unbounded">
            <xs: annotation>
                <xs: documentation>接入方式</xs: documentation>
            </xs: annotation>
            <xs: simpleType>
                <xs: restriction base="xs: string">
                    <xs: maxLength value="100"/>
                </xs: restriction>
            </xs: simpleType>
        </xs: element>
        <xs: element name="service_mode" minOccurs="0"
maxOccurs="unbounded">
            <xs: annotation>
                <xs: documentation>服务模式</xs: documentation>
            </xs: annotation>
            <xs: simpleType>
                <xs: restriction base="xs: string">
                    <xs: maxLength value="100"/>
                </xs: restriction>
            </xs: simpleType>
        </xs: element>
        <xs: element name="abstract" minOccurs="0">
            <xs: annotation>
                <xs: documentation>摘要</xs: documentation>
            </xs: annotation>
```

```
                    <xs: simpleType>
                        <xs: restriction base="xs: string"/>
                    </xs: simpleType>
                </xs: element>
                <xs: element name="abstract_alternative" minOccurs="0"
maxOccurs="unbounded">
                    <xs: annotation>
                        <xs: documentation>其他语种摘要</xs: documentation>
                    </xs: annotation>
                    <xs: complexType>
                        <xs: simpleContent>
                            <xs: extension base="xs: string">
                                <xs: attribute name="language" type="lang"
use="optional"/>
                            </xs: extension>
                        </xs: simpleContent>
                    </xs: complexType>
                </xs: element>
                <xs: element name="release_date" minOccurs="0">
                    <xs: annotation>
                        <xs: documentation>发布日期</xs: documentation>
                    </xs: annotation>
                    <xs: simpleType>
                        <xs: restriction base="xs: string">
                            <xs: maxLength value="20"/>
                        </xs: restriction>
                    </xs: simpleType>
                </xs: element>
                <xs: element name="update_date" minOccurs="0">
                    <xs: annotation>
                        <xs: documentation>最新更新时间</xs: documentation>
                    </xs: annotation>
                    <xs: simpleType>
                        <xs: restriction base="xs: dateTime"/>
                    </xs: simpleType>
                </xs: element>
                <xs: element name="spatial_scope" minOccurs="0"
maxOccurs="unbounded">
                    <xs: annotation>
                        <xs: documentation>空间范围</xs: documentation>
                    </xs: annotation>
                    <xs: simpleType>
```

```
                        <xs: restriction base="xs: string"/>
                    </xs: simpleType>
                </xs: element>
                <xs: element name="organization_list" type="organization_list_type"/>
                <xs: element name="institute_code" type="instituteCodeType"
minOccurs="1" maxOccurs="unbounded"/>
                <xs: element name="subcenter_code" type="subcenterCodeType"/>
                <xs: element name="contacts" minOccurs="0" maxOccurs="unbounded">
                    <xs: annotation>
                        <xs: documentation>联系人</xs: documentation>
                    </xs: annotation>
                    <xs: simpleType>
                        <xs: restriction base="xs: string">
                            <xs: maxLength value="100"/>
                        </xs: restriction>
                    </xs: simpleType>
                </xs: element>
                <xs: element name="telephone" minOccurs="0" maxOccurs="unbounded">
                    <xs: annotation>
                        <xs: documentation>联系电话</xs: documentation>
                    </xs: annotation>
                    <xs: simpleType>
                        <xs: restriction base="xs: string">
                            <xs: maxLength value="20"/>
                        </xs: restriction>
                    </xs: simpleType>
                </xs: element>
                <xs: element name="email" minOccurs="0" maxOccurs="unbounded">
                    <xs: annotation>
                        <xs: documentation>电子邮箱</xs: documentation>
                    </xs: annotation>
                    <xs: simpleType>
                        <xs: restriction base="xs: string">
                            <xs: maxLength value="200"/>
                        </xs: restriction>
                    </xs: simpleType>
                </xs: element>
                <xs: element name="record_number" minOccurs="0">
                    <xs: annotation>
                        <xs: documentation>记录条数</xs: documentation>
                    </xs: annotation>
                    <xs: simpleType>
```

```
            <xs: restriction base="xs: integer"/>
        </xs: simpleType>
    </xs: element>
    <xs: element name="data_volume" minOccurs="0">
        <xs: annotation>
            <xs: documentation>数据体量</xs: documentation>
        </xs: annotation>
        <xs: simpleType>
            <xs: restriction base="xs: string">
                <xs: maxLength value="100"/>
            </xs: restriction>
        </xs: simpleType>
    </xs: element>
    <xs: element name="update_frequency" minOccurs="0">
        <xs: annotation>
            <xs: documentation>更新频率</xs: documentation>
        </xs: annotation>
        <xs: simpleType>
            <xs: restriction base="xs: string">
                <xs: maxLength value="50"/>
            </xs: restriction>
        </xs: simpleType>
    </xs: element>
    <xs: element name="update_note" minOccurs="0">
        <xs: annotation>
            <xs: documentation>更新情况说明</xs: documentation>
        </xs: annotation>
        <xs: simpleType>
            <xs: restriction base="xs: string"/>
        </xs: simpleType>
    </xs: element>
    <xs: element name="rights" minOccurs="0">
        <xs: annotation>
            <xs: documentation>使用权限申明</xs: documentation>
        </xs: annotation>
        <xs: simpleType>
            <xs: restriction base="xs: string">
                <xs: maxLength value="2000"/>
            </xs: restriction>
        </xs: simpleType>
    </xs: element>
    <xs: element name="single_metadata_detail_URI">
```

```
                    <xs: annotation>
                        <xs: documentation>单条元数据详情地址</xs: documentation>
                    </xs: annotation>
                    <xs: simpleType>
                        <xs: restriction base="xs: string">
                            <xs: maxLength value="1000"/>
                        </xs: restriction>
                    </xs: simpleType>
                </xs: element>
                <xs: element name="detail_URI" minOccurs="0" maxOccurs="unbounded">
                    <xs: annotation>
                        <xs: documentation>详情地址</xs: documentation>
                    </xs: annotation>
                    <xs: simpleType>
                        <xs: restriction base="xs: string">
                            <xs: maxLength value="1000"/>
                        </xs: restriction>
                    </xs: simpleType>
                </xs: element>
                <xs: element name="license" minOccurs="0">
                    <xs: annotation>
                        <xs: documentation>使用许可</xs: documentation>
                    </xs: annotation>
                    <xs: complexType>
                        <xs: simpleContent>
                            <xs: extension base="string1000">
                                <xs: attribute name="type" type="licenseType"
use="optional"/>
                            </xs: extension>
                        </xs: simpleContent>
                    </xs: complexType>
                </xs: element>
                <xs: element name="open_user_type_list" minOccurs="0">
                    <xs: complexType mixed="true">
                        <xs: sequence>
                            <xs: element name="open_user_type" type="openUserType"
minOccurs="0" maxOccurs="unbounded"/>
                        </xs: sequence>
                    </xs: complexType>
                </xs: element>
                <xs: element name="open_organization_list" minOccurs="0">
                    <xs: complexType mixed="true">
```

```
<xs: sequence>
    <xs: element name="open_organization_meta"
maxOccurs="unbounded">
        <xs: complexType mixed="true">
            <xs: sequence>
                <xs: element name="open_organization_name">
                    <xs: annotation>
                        <xs: documentation>开放机构名称
</xs: documentation>
                    </xs: annotation>
                    <xs: complexType>
                        <xs: simpleContent>
                            <xs: extension
base="string1000"/>
                        </xs: simpleContent>
                    </xs: complexType>
                </xs: element>
                <xs: element name="open_organization_ip">
                    <xs: annotation>
                        <xs: documentation>开放机构 IP 地址段
</xs: documentation>
                    </xs: annotation>
                    <xs: complexType>
                        <xs: simpleContent>
                            <xs: extension
base="string4000"/>
                        </xs: simpleContent>
                    </xs: complexType>
                </xs: element>
            </xs: sequence>
        </xs: complexType>
    </xs: element>
</xs: sequence>
</xs: complexType>
</xs: element>
<xs: element name="file_list" type="file_list_type" minOccurs="0"/>
<xs: element name="extension_meta" type="extension_meta_type"
minOccurs="0"/>
</xs: sequence>
</xs: complexType>
</xs: element>
</xs: schema>
```

3 期刊论文元素集 XML Schema 典型示例

```
<?xml version="1.0" encoding="UTF-8"?>
<xs: schema xmlns: xs="http: //www. w3. org/2001/XMLSchema"
xmlns="http: //spec.ckcest.cn/core" targetNamespace="http: //spec.ckcest.cn/core"
elementFormDefault="qualified" version="2. 0">
    <xs: include schemaLocation="CommonSchema/CAE_Common. xsd"/>
    <xs: include schemaLocation="CommonSchema/CAE_Admin. xsd"/>
    <xs: include schemaLocation="CommonSchema/CAE_Subject. xsd"/>
    <xs: include schemaLocation="CommonSchema/CAE_Contributor. xsd"/>
    <xs: include schemaLocation="CommonSchema/CAE_Conference. xsd"/>
    <xs: include schemaLocation="CommonSchema/CAE_Holding. xsd"/>
    <xs: include schemaLocation="CommonSchema/CAE_Funding. xsd"/>
    <xs: include schemaLocation="CommonSchema/CAE_Reference. xsd"/>
    <xs: include schemaLocation="CommonSchema/CAE_File. xsd"/>
    <xs: include schemaLocation="CommonSchema/CAE_Extension. xsd"/>
    <xs: element name="journal_articles">
        <xs: annotation>
            <xs: documentation>“期刊论文”是发表在期刊文献上的学术文章（通常不含简介、致谢、
编者按、广告等）。除论文内容以外，期刊论文还包含作者姓名、作者所属机构等信息。</xs:
documentation>
        </xs: annotation>
        <xs: complexType>
            <xs: sequence maxOccurs="unbounded">
                <xs: element ref="journal_article_meta"/>
            </xs: sequence>
            <xs: attribute name="schema_version" default="2. 0">
                <xs: simpleType>
                    <xs: restriction base="xs: string">
                        <xs: enumeration value="2. 0">
                            <xs: annotation>
                                <xs: documentation>元数据规范版本, 2. 0 即 2017 版
</xs: documentation>
                            </xs: annotation>
                        </xs: enumeration>
                    </xs: restriction>
                </xs: simpleType>
            </xs: attribute>
        </xs: complexType>
    </xs: element>
```

```
        <xs: element name="journal_article_meta">
            <xs: complexType>
                <xs: sequence>
                    <xs: element name="identifier" minOccurs="0" maxOccurs="unbounded">
                        <xs: annotation>
                            <xs: documentation>唯一标识</xs: documentation>
                        </xs: annotation>
                        <xs: complexType>
                            <xs: simpleContent>
                                <xs: extension base="string100">
                                    <xs: attribute name="type" type="identifierType"
use="optional"/>
                                </xs: extension>
                            </xs: simpleContent>
                        </xs: complexType>
                    </xs: element>
                    <xs: element name="title">
                        <xs: annotation>
                            <xs: documentation>题名</xs: documentation>
                        </xs: annotation>
                        <xs: complexType>
                            <xs: simpleContent>
                                <xs: extension base="string1000">
                                    <xs: attribute name="language" type="lang"
use="optional"/>
                                </xs: extension>
                            </xs: simpleContent>
                        </xs: complexType>
                    </xs: element>
                    <xs: element name="alternative" minOccurs="0" maxOccurs="unbounded">
                        <xs: annotation>
                            <xs: documentation>其他题名</xs: documentation>
                        </xs: annotation>
                        <xs: complexType>
                            <xs: simpleContent>
                                <xs: extension base="string1000">
                                    <xs: attribute name="type" type="titleType"
use="optional"/>
                                    <xs: attribute name="language" type="lang"
use="optional"/>
                                </xs: extension>
                            </xs: simpleContent>
```

```
            </xs: complexType>
        </xs: element>
        <xs: element name="language" type="lang">
            <xs: annotation>
                <xs: documentation>正文语种</xs: documentation>
            </xs: annotation>
        </xs: element>
        <xs: element name="alternative_language" type="lang" minOccurs="0">
            <xs: annotation>
                <xs: documentation>其他语种</xs: documentation>
            </xs: annotation>
        </xs: element>
        <xs: element name="contributor_list" type="contributor_list_type"
minOccurs="0"/>
        <xs: element name="subject_list" type="subject_list_type"/>
        <xs: element name="abstract">
            <xs: annotation>
                <xs: documentation>摘要</xs: documentation>
            </xs: annotation>
            <xs: complexType>
                <xs: simpleContent>
                    <xs: extension base="xs: string">
                        <xs: attribute name="language" type="lang"
use="optional"/>
                    </xs: extension>
                </xs: simpleContent>
            </xs: complexType>
        </xs: element>
        <xs: element name="abstract_alternative" minOccurs="0"
maxOccurs="unbounded">
            <xs: annotation>
                <xs: documentation>其他语种摘要</xs: documentation>
            </xs: annotation>
            <xs: complexType>
                <xs: simpleContent>
                    <xs: extension base="xs: string">
                        <xs: attribute name="language" type="lang"
use="optional"/>
                    </xs: extension>
                </xs: simpleContent>
            </xs: complexType>
        </xs: element>
```

```
<xs: element name="funding_list" type="funding_list_type" minOccurs="0"/>
<xs: element name="journal_title">
    <xs: annotation>
        <xs: documentation>期刊名称</xs: documentation>
    </xs: annotation>
    <xs: complexType>
        <xs: simpleContent>
            <xs: extension base="string1000"/>
        </xs: simpleContent>
    </xs: complexType>
</xs: element>
<xs: element name="publication_date" minOccurs="0">
    <xs: annotation>
        <xs: documentation>出版日期</xs: documentation>
    </xs: annotation>
    <xs: simpleType>
        <xs: restriction base="xs: date"/>
    </xs: simpleType>
</xs: element>
<xs: element name="publication_year">
    <xs: annotation>
        <xs: documentation>出版年</xs: documentation>
    </xs: annotation>
    <xs: simpleType>
        <xs: restriction base="xs: string">
            <xs: maxLength value="10"/>
        </xs: restriction>
    </xs: simpleType>
</xs: element>
<xs: element name="volume" minOccurs="0">
    <xs: annotation>
        <xs: documentation>卷</xs: documentation>
    </xs: annotation>
    <xs: simpleType>
        <xs: restriction base="xs: string">
            <xs: maxLength value="20"/>
        </xs: restriction>
    </xs: simpleType>
</xs: element>
<xs: element name="issue" minOccurs="0">
    <xs: annotation>
        <xs: documentation>期</xs: documentation>
```

```
        </xs: annotation>
        <xs: simpleType>
            <xs: restriction base="xs: string">
                <xs: maxLength value="20"/>
            </xs: restriction>
        </xs: simpleType>
    </xs: element>
    <xs: element name="journal_URI" minOccurs="0">
        <xs: annotation>
            <xs: documentation>规范期刊 URI</xs: documentation>
        </xs: annotation>
        <xs: simpleType>
            <xs: restriction base="xs: string">
                <xs: maxLength value="1000"/>
            </xs: restriction>
        </xs: simpleType>
    </xs: element>
    <xs: element name="pages" minOccurs="0">
        <xs: annotation>
            <xs: documentation>页码</xs: documentation>
        </xs: annotation>
        <xs: simpleType>
            <xs: restriction base="xs: string">
                <xs: maxLength value="100"/>
            </xs: restriction>
        </xs: simpleType>
    </xs: element>
    <xs: element name="page_count" minOccurs="0">
        <xs: annotation>
            <xs: documentation>总页数</xs: documentation>
        </xs: annotation>
        <xs: simpleType>
            <xs: restriction base="xs: int"/>
        </xs: simpleType>
    </xs: element>
    <xs: element name="page_start" minOccurs="0">
        <xs: annotation>
            <xs: documentation>起始页码</xs: documentation>
        </xs: annotation>
        <xs: simpleType>
            <xs: restriction base="xs: string">
                <xs: maxLength value="20"/>
```

```
                    </xs: restriction>
                </xs: simpleType>
            </xs: element>
            <xs: element name="page_end" minOccurs="0">
                <xs: annotation>
                    <xs: documentation>结束页码</xs: documentation>
                </xs: annotation>
                <xs: simpleType>
                    <xs: restriction base="xs: string">
                        <xs: maxLength value="20"/>
                    </xs: restriction>
                </xs: simpleType>
            </xs: element>
            <xs: element name="reference_list" type="reference_list_type"
minOccurs="0"/>
            <xs: element name="detail_URI" minOccurs="0" maxOccurs="unbounded">
                <xs: annotation>
                    <xs: documentation>详情地址</xs: documentation>
                </xs: annotation>
                <xs: simpleType>
                    <xs: restriction base="xs: string">
                        <xs: maxLength value="1000"/>
                    </xs: restriction>
                </xs: simpleType>
            </xs: element>
            <xs: element name="holding_meta" type="holding_meta_type"
minOccurs="0"/>
            <xs: element name="conference_meta" type="conference_meta_type"
minOccurs="0"/>
            <xs: element name="admin_meta" type="admin_meta_type"/>
            <xs: element name="file_list" type="file_list_type" minOccurs="0"/>
            <xs: element name="extension_meta" type="extension_meta_type"
minOccurs="0"/>
        </xs: sequence>
    </xs: complexType>
  </xs: element>
</xs: schema>
```

4　统计数据元素集 XML Schema 典型示例

```
<?xml version="1.0" encoding="UTF-8"?>
```

```
<xs: schema xmlns: xs = "http: //www. w3. org/2001/XMLSchema"
xmlns = "http: //spec.ckcest.cn/core" targetNamespace = "http: //spec.ckcest.cn/core"
elementFormDefault = "qualified" version = "2. 0">
    <xs: include schemaLocation = "CommonSchema/CAE_Common. xsd"/>
    <xs: include schemaLocation = "CommonSchema/CAE_Admin. xsd"/>
    <xs: include schemaLocation = "CommonSchema/CAE_Spatial. xsd"/>
    <xs: include schemaLocation = "CommonSchema/CAE_File. xsd"/>
    <xs: include schemaLocation = "CommonSchema/CAE_Extension. xsd"/>
    <xs: include schemaLocation = "CommonSchema/CAE_Organization. xsd"/>
    <xs: element name = "series">
        <xs: annotation>
            <xs：documentation>“统计数据”是表示某一地理区域自然经济要素特征、规模，结构、
水平等指标的数据，是定性、定位和定量统计分析的基础数据。比如我们通常所说的统计年鉴等。</xs：
documentation>
        </xs: annotation>
        <xs: complexType>
            <xs: sequence maxOccurs = "unbounded">
                <xs: element ref = "series_meta"/>
            </xs: sequence>
            <xs: attribute name = "schema_version" default = "2. 0">
                <xs: simpleType>
                    <xs: restriction base = "xs: string">
                        <xs: enumeration value = "2. 0">
                            <xs: annotation>
                                <xs: documentation>元数据规范版本, 2. 0 即 2017 版
</xs: documentation>
                            </xs: annotation>
                        </xs: enumeration>
                    </xs: restriction>
                </xs: simpleType>
            </xs: attribute>
        </xs: complexType>
    </xs: element>
    <xs: element name = "series_meta">
        <xs: complexType>
            <xs: sequence>
                <xs: element name = "identifier" minOccurs = "0" maxOccurs = "unbounded">
                    <xs: annotation>
                        <xs: documentation>唯一标识</xs: documentation>
                    </xs: annotation>
                    <xs: complexType>
                        <xs: simpleContent>
```

```
                    <xs: extension base="string100">
                        <xs: attribute name="type" type="identifierType"
use="optional"/>
                    </xs: extension>
                </xs: simpleContent>
            </xs: complexType>
        </xs: element>
        <xs: element name="frequency" minOccurs="0">
            <xs: annotation>
                <xs: documentation>统计频次</xs: documentation>
            </xs: annotation>
            <xs: simpleType>
                <xs: restriction base="xs: string">
                    <xs: maxLength value="100"/>
                </xs: restriction>
            </xs: simpleType>
        </xs: element>
        <xs: element name="unit" minOccurs="0">
            <xs: annotation>
                <xs: documentation>计量单位</xs: documentation>
            </xs: annotation>
            <xs: simpleType>
                <xs: restriction base="xs: string">
                    <xs: maxLength value="100"/>
                </xs: restriction>
            </xs: simpleType>
        </xs: element>
        <xs: element name="data_source" minOccurs="0" maxOccurs="unbounded">
            <xs: annotation>
                <xs: documentation>数据来源</xs: documentation>
            </xs: annotation>
            <xs: simpleType>
                <xs: restriction base="xs: string">
                    <xs: maxLength value="500"/>
                </xs: restriction>
            </xs: simpleType>
        </xs: element>
        <xs: element name="indicator_list">
            <xs: complexType>
                <xs: sequence>
                    <xs: element name="indicator_meta" minOccurs="1"
maxOccurs="unbounded">
```

```
                <xs: annotation>
                    <xs: documentation>指标元素</xs: documentation>
                </xs: annotation>
                <xs: complexType mixed="true">
                    <xs: sequence>
                        <xs: element name="indicator_title"
minOccurs="1" maxOccurs="unbounded">
                            <xs: annotation>
                                <xs: documentation>指标名称
</xs: documentation>
                            </xs: annotation>
                            <xs: complexType>
                                <xs: simpleContent>
                                    <xs: extension base="string500">
                                        <xs: attribute
name="source_column_name" type="string200" use="optional"/>
                                        <xs: attribute
name="language" type="lang" use="optional"/>
                                    </xs: extension>
                                </xs: simpleContent>
                            </xs: complexType>
                        </xs: element>
                        <xs: element name="indicator_code"
minOccurs="0">
                            <xs: annotation>
                                <xs: documentation>指标代码
</xs: documentation>
                            </xs: annotation>
                            <xs: complexType>
                                <xs: simpleContent>
                                    <xs: extension base="string500">
                                        <xs: attribute
name="source_column_name" type="string200" use="optional"/>
                                    </xs: extension>
                                </xs: simpleContent>
                            </xs: complexType>
                        </xs: element>
                        <xs: element name="parent_indicator_title"
minOccurs="0">
                            <xs: annotation>
                                <xs: documentation>父指标名称
</xs: documentation>
```

```
                                                    </xs: annotation>
                                                    <xs: complexType>
                                                        <xs: simpleContent>
                                                            <xs: extension base="string500">
                                                                <xs: attribute
name="source_column_name" type="string200" use="optional"/>
                                                                <xs: attribute
name="language" type="lang" use="optional"/>
                                                            </xs: extension>
                                                        </xs: simpleContent>
                                                    </xs: complexType>
                                                </xs: element>
                                                <xs: element name="parent_indicator_code"
minOccurs="0">
                                                    <xs: annotation>
                                                        <xs: documentation>父指标代码
</xs: documentation>
                                                    </xs: annotation>
                                                    <xs: complexType>
                                                        <xs: simpleContent>
                                                            <xs: extension
base="string500"/>
                                                        </xs: simpleContent>
                                                    </xs: complexType>
                                                </xs: element>
                                            </xs: sequence>
                                        </xs: complexType>
                                    </xs: element>
                                </xs: sequence>
                            </xs: complexType>
                        </xs: element>
                        <xs: element name="observer_meta" minOccurs="1"
maxOccurs="unbounded">
                            <xs: annotation>
                                <xs: documentation>数据值元素</xs: documentation>
                            </xs: annotation>
                            <xs: complexType>
                                <xs: sequence>
                                    <xs: element name="time">
                                        <xs: annotation>
                                            <xs: documentation>统计时间</xs: documentation>
                                        </xs: annotation>
```

```
                                        <xs: complexType>
                                            <xs: simpleContent>
                                                <xs: extension base="string100"/>
                                            </xs: simpleContent>
                                        </xs: complexType>
                                    </xs: element>
                                    <xs: element name="value">
                                        <xs: annotation>
                                            <xs: documentation>数据值</xs: documentation>
                                        </xs: annotation>
                                        <xs: complexType>
                                            <xs: simpleContent>
                                                <xs: extension base="string100"/>
                                            </xs: simpleContent>
                                        </xs: complexType>
                                    </xs: element>
                                    <xs: element name="status" minOccurs="0">
                                        <xs: annotation>
                                            <xs: documentation>数据状态</xs: documentation>
                                        </xs: annotation>
                                        <xs: complexType>
                                            <xs: simpleContent>
                                                <xs: extension base="string100"/>
                                            </xs: simpleContent>
                                        </xs: complexType>
                                    </xs: element>
                                </xs: sequence>
                            </xs: complexType>
                        </xs: element>
                        <xs: element name="admin_meta" type="admin_meta_type"/>
                        <xs: element name="spatial_list" type="spatial_list_type" minOccurs="0"/>
                        <xs: element name="file_list" type="file_list_type" minOccurs="0"/>
                        <xs: element name="extension_meta" type="extension_meta_type"
minOccurs="0"/>
                </xs: sequence>
            </xs: complexType>
        </xs: element>
</xs: schema>
```

5 数据集元素集样例数据

```
<?xml version="1.0" encoding="UTF-8"?>
```

```
<datasets xmlns="http: //spec.ckcest.cn/core"
xmlns: xsi="http: //www. w3. org/2001/XMLSchema-instance"
xsi: schemaLocation="http: //spec.ckcest.cn/core CAE_Dataset_V2. 0. xsd" schema_version="2. 0">
    <dataset_meta>
        <identifier
type="URI">http: //agri. ckcest. cn/searchResult. jsp? id=5305B25A-185A-4C71-8FDD-348E36B60F75amp;
classtype=13</identifier>
        <title language="chi">期刊论文数据库</title>
        <alternative type="translate" language="eng">Database of Journal
Articles</alternative>
        <dataset_type>01</dataset_type>
        <subject_list>
            <subject_meta type="Keyword">
                <subject_title>林业</subject_title>
            </subject_meta>
        </subject_list>
        <resource_type>Dataset</resource_type>
        <format_type>文本</format_type>
        <metadata_description>期刊论文数据库共 15 个元素，包括：Abstract（摘要）、Author（作者）、AuthorADD（作者单位）、Classification（分类号）、GUID（标识符）、ISSN、JournalName（期刊名称）、Keywords（中文关键词）、Language（语种）、LastModified（更新时间）、Page（页码）、Period（期）、Title（题名）等。</metadata_description>
        <storage>结构化</storage>
        <start_date>2015. 12</start_date>
        <end_date>2017. 12</end_date>
        <construction_methods>自建（非本项目资助）</construction_methods>
        <access>元数据+整体数据</access>
        <service_mode>在线获取</service_mode>
        <abstract>系统收集 1939 年以来世界各国与林业行业相关的林业核心论文数据，主要用于林业及相关行业的管理、科研、生产和教学人员了解国外的林业科技进展。</abstract>
        <abstract_alternative language="eng">The navigating database of agricultural scientific data, provides a collection of crops, livestock, fisheries, agricultural zoning, grass, heat for other disciplines have successfully integrated the agricultural scientific data set of resource information. </abstract_alternative>
        <release_date>2015-02-20</release_date>
        <update_date>2015-09-21T14: 30: 26</update_date>
        <organization_list>
            <organization_meta>
                <name>中国农业科学院农业信息研究所</name>
            </organization_meta>
        </organization_list>
        <institute_code>006</institute_code>
        <institute_code>007</institute_code>
```

<subcenter_code>008</subcenter_code>
<contacts>张三</contacts>
<telephone>13987628690</telephone>
<email>example@ caas. cn</email>
<record_number>30000</record_number>
<data_volume>8GB</data_volume>
<update_frequency>Daily</update_frequency>
<update_note> 2015 年期刊论文新增 1000 篇；2016 年期刊论文新增 1100 篇。</update_note>
<rights>中国农业科学院农业信息研究所</rights>
<single_metadata_detail_URI>http://agri. ckcest. cn/expertdetails/6CBD0008 - 7265 - 4B53 - 86A1 - C6D1571DE9E0/list-4-1. html</single_metadata_detail_URI>
<detail_URI>http://agri. ckcest. cn/searchResult. jsp? id = 5305B25A - 185A - 4C71 - 8FDD - 348E36B60F75amp; classtype = 13</detail_URI>
<license type="CC BY">This is an open access article distributed under the Creative Commons Attribution License</license>
<open_user_type_list>
<open_user_type>01</open_user_type>
<open_user_type>02</open_user_type>
</open_user_type_list>
<open_organization_list>
<open_organization_meta>
<open_organization_name>中国医科院</open_organization_name>
<open_organization_ip>192. 168. 1. 1-192. 168. 1. 255; ; 10. 168. 1. 1-10. 168. 1. 255</open_organization_ip>
</open_organization_meta>
<open_organization_meta>
<open_organization_name>中国化工信息中心</open_organization_name>
<open_organization_ip>11. 168. 1. 11</open_organization_ip>
</open_organization_meta>
</open_organization_list>
<file_list>
<file_meta>
<file_name>CAE_Dataset_Sample_001. xlsx</file_name>
<title>全国主要城市空气质量小时监测数据 . xlsx</title>
<file_type>Excel</file_type>
<file_size>10KB</file_size>
<suffix_name>. xlsx</suffix_name>
<file_date>2017-07-21 17: 52: 00</file_date>
<path type="Relative">附件样例 \ CAE_Dataset_Sample_001. xlsx</path>
</file_meta>
<file_meta>
<file_name>CAE_Dataset_Sample_002. xlsx</file_name>

```
                <title>地质图件元数据 . xlsx</title>
                <file_type>Excel</file_type>
                <file_size>11KB</file_size>
                <suffix_name>. xlsx</suffix_name>
                <file_date>2017-07-21 17: 58: 00</file_date>
                <path type="Relative">附件样例 \ CAE_Dataset_Sample_002. xlsx</path>
            </file_meta>
        </file_list>
    </dataset_meta>
</datasets>
```

6　期刊论文元素集样例数据

```
<?xml version="1. 0" encoding="UTF-8"?>
<journal_articles xmlns="http: //spec.ckcest.cn/core"
xmlns: xsi="http: //www. w3. org/2001/XMLSchema-instance"
xsi: schemaLocation="http: //spec.ckcest.cn/core CAE_JournalArticle_V2. 0. xsd"
schema_version="2. 0">
    <journal_article_meta>
        <identifier type="DOI">10. 13530/j. cnki. jlis. 170009</identifier>
        <title>农民数字化贫困的结构性成因分析</title>
        <alternative type="translate" language="eng">Structural Origins of Digital Poverty in Rural China</alternative>
        <language>chi</language>
        <contributor_list>
            <contributor_meta>
                <full_name>闫慧</full_name>
                <surname>闫</surname>
                <given_name>慧</given_name>
                <alternative_name language="eng">YAN Hui</alternative_name>
                <email>hyanpku@ ruc. edu. cn</email>
                <organization_list>
                    <organization_meta>
                        <name>中国人民大学</name>
                        <alternative_name type="translate">RENMIN UNIVERSITY of CHINA</alternative_name>
                        <alternative_name type="abbreviated">RUC</alternative_name>
                        <organization_URI/>
                        <country_meta>
                            <country_name>中国</country_name>
                            <country_code>CH</country_code>
```

```
                    </country_meta>
                    <state>北京</state>
                    <address>北京市海淀区中关村大街 59 号</address>
                    <postal_code>100872</postal_code>
                </organization_meta>
            </organization_list>
        </contributor_meta>
    </contributor_list>
    <subject_list>
        <subject_meta type="Keyword">
            <subject_title>数字化贫困</subject_title>
            <subject_code>G252. 0</subject_code>
        </subject_meta>
        <subject_meta type="Classification">
            <subject_code>G252. 0</subject_code>
        </subject_meta>
    </subject_list>
    <abstract>本文基于丰富的田野研究数据、经验和理论，界定了数字化贫困的范畴，提炼出数字化贫困的八个核心要素，即数字化物质实体、数字化服务、数字化心理、数字化能力、数字化努力、数字化社会规范、数字化社会支持和数字化影响．根据数字化贫困现象的典型特征，以八个核心要素为维度识别并描述了中国农村
社会中常见的数字化贫困人群：物质匮乏者、数字化文盲、脆弱的贫困者、孤独的贫困者、懒惰的贫困者、抵触的贫困者、徒劳无益者以及数字化赤贫者等．在界定结构性贫困的前提下，将经济资本、文化资本、社会资本和政治资本作为四个结构性强的成因，并依据田野数据论证其存在的事实，分析它们对上述常见的不同数字化贫困类型的多重作用机理．本研究强调数字化贫困的个体性成因不容忽视，但更需要关注结构性成因，并对如何更好地实现数字化脱贫提出战略思考。
</abstract>
    <abstract_alternative language="eng">The paper proposes three research questions: 1) What is the essence of digital poverty? 2) What are the typical categories of digital poverty phenomena? 3) What are thestructural factors and how do they determine the different sorts of digital poverty?The author finished a large scale of and long time field studies on digital poverty in rural China, including four provinces, and two municipalities. Three hundred and thirty seven rural residents participated in our in-depth interviews, focus groups and action research. Moreover, questionnaire, ethnographic future interview, and participant observation were employed in the fields. Grounded theory and case study are the data analyzing methods to construct definitions of digital poverty and structural poverty, categories of digital poverty, and structural origins. The paper defines digital poverty as a multi-dimensional phenomena and status of social individuals on eight digital elements, including digitally physical tools, digital services, digital abilities, digital efforts, digital social norms, digital social support and digital social impacts. Based on the eight core digital elements, I recognize and describe the following typical categories of digital poverty: physically poor individuals, digitally illiterate individuals, psychologically vulnerable individuals, socially lonely individuals, digitally lazy individuals, resistant individuals, ineffectual individuals, and the digitally extremely poor. In essence, digital poverty is structural rather than the results of demographic factors, personal behaviors and abilities. Furthermore, structural poverty is defined in comparison with individual and cultural poverty, and structural origins of digital poverty are distinguished and
```

```
proved by field evidences. Four structural factors covering economic capital, cultural capital, social capital and political capital are impacting typical sorts of digital poverty separately and comprehensively. The author insists that digital poverty tends to attribute to structural factors instead of individual and cultural factors. The definition, core elements, typical categories, and structural attribute of digital poverty, and furthermore the structural origins of digital poverty are all created and proved by the author ground theory research based on field studies. 3 tabs. 29 refs.
</abstract_alternative>
        <funding_list>
            <funding_description>本文系中国人民大学科学研究基金（中央高校基本科研业务费专项资金）资助项目"社群信息学视角的数字化扶贫社会实验研究"的研究成果之一。</funding_description>
            <funding_meta>
                <title>社群信息学视角的数字化扶贫社会实验研究</title>
            </funding_meta>
        </funding_list>
        <journal_title>中国图书馆学报</journal_title>
        <publication_date>2017-02-10</publication_date>
        <publication_year>2017</publication_year>
        <issue>2</issue>
        <journal_URI/>
        <pages>p. 1-20</pages>
        <page_count>20</page_count>
        <page_start>1</page_start>
        <page_end>20</page_end>
        <reference_list>
            <reference_description>
[1]闫慧．数字鸿沟研究的未来: 境外数字不平等研究进展 [J].中国图书馆学报, 2011(4): 82-94.
[2]周向红．从数字鸿沟到数字贫困: 基本概念和研究框架[J].学海, 2016(4): 154-157.
</reference_description>
            <reference_meta sequence="1">
                <original_reference>
[1]闫慧．数字鸿沟研究的未来: 境外数字不平等研究进展 [J].中国图书馆学报, 2011(4): 82-94.
</original_reference>
                <contib_list>
                    <contributor_list>
                        <contributor_meta sequence="1" role="Author">
                            <full_name>闫慧</full_name>
                            <surname>闫</surname>
                            <given_name>慧</given_name>
                        </contributor_meta>
                    </contributor_list>
                </contib_list>
                <reference_type>J</reference_type>
                <title>数字鸿沟研究的未来: 境外数字不平等研究进展</title>
```

```
                    <source_title>中国图书馆学报</source_title>
                    <year>2011</year>
                    <issue>4</issue>
                    <page_start>82</page_start>
                    <page_end>94</page_end>
                    <page_range>82-94</page_range>
                </reference_meta>
                <reference_meta sequence="2">
                    <original_reference>
[2]周向红．从数字鸿沟到数字贫困：基本概念和研究框架[J].学海, 2016(4)：154-157.
</original_reference>
                    <contib_list>
                        <contributor_list>
                            <contributor_meta sequence="1" role="Author">
                                <full_name>周向红</full_name>
                                <surname>周</surname>
                                <given_name>向红</given_name>
                            </contributor_meta>
                        </contributor_list>
                    </contib_list>
                    <reference_type> J </reference_type>
                    <title>从数字鸿沟到数字贫困：基本概念和研究框架</title>
                    <source_title>学海</source_title>
                    <year>2016</year>
                    <issue>4</issue>
                    <page_start>154</page_start>
                    <page_end>157</page_end>
                    <page_range>154-157</page_range>
                </reference_meta>
            </reference_list>
        <detail_URI>http://www.cnki.net/kcms/detail/11.2746.G2.20170210.2112.002.html</detail_URI>
            <holding_meta>
                <holding_code>SCI</holding_code>
            </holding_meta>
            <admin_meta>
                <dataset_id>001</dataset_id>
                <guid>001</guid>
                <resource_type>JournalArticle</resource_type>
                <created_time>2008-09-21T14:30:26</created_time>
                <updated_time>2008-09-21T14:30:26</updated_time>
            </admin_meta>
            <file_list>
```

```
                <file_meta>
                        <file_name>CAE_JournalArticle_Sample_001. pdf</file_name>
                        <title>农民数字化贫困的结构性成因分析</title>
                        <file_type>pdf</file_type>
                        <file_size>1. 68MB</file_size>
                        <suffix_name>. pdf</suffix_name>
                        <file_date>2017-07-21 17: 43: 00</file_date>
                        <path type="Relative">附件样例
\ CAE_JournalArticle_Sample_001. pdf</path>
                </file_meta>
            </file_list>
        </journal_article_meta>
</journal_articles>
```


7　统计数据元素集样例数据


```
<?xml version="1. 0" encoding="UTF-8"?>
<series xmlns="http: //spec.ckcest.cn/core"
xmlns: xsi="http: //www. w3. org/2001/XMLSchema-instance"
xsi: schemaLocation="http: //spec.ckcest.cn/core CAE_Series_V2. 0. xsd" schema_version="2. 0">
        <series_meta>
            <frequency>每年</frequency>
            <unit>tonnes</unit>
            <data_source>联合国粮食及农业组织( FAO) </data_source>
            <indicator_list>
                <indicator_meta>
                    <indicator_title source_column_name="nationalEnglishName"
language="eng">Afghanistan</indicator_title>
                    <indicator_title source_column_name="nationalChineseName"
language="chi">阿富汗</indicator_title>
                    <indicator_code
source_column_name="nationaDigitlCode">2</indicator_code>
                    <parent_indicator_title source_column_name="area" language="chi">亚洲
</parent_indicator_title>
                </indicator_meta>
                <indicator_meta>
                        <indicator_title source_column_name="forestProductEN"
language="eng">Bleached Sulphate Pulp</indicator_title>
                        <indicator_title source_column_name="forestProductName" language="chi">漂白硫酸盐浆
</indicator_title>
                        <indicator_code
```

```
source_column_name="forestProductCode">1663</indicator_code>
            </indicator_meta>
            <indicator_meta>
                <indicator_title source_column_name="forestProductType">进口量
</indicator_title>
            </indicator_meta>
        </indicator_list>
        <observer_meta>
            <time>1996</time>
            <value>294</value>
        </observer_meta>
        <observer_meta>
            <time>1997</time>
            <value>294</value>
            <status>F</status>
        </observer_meta>
        <observer_meta>
            <time>1998</time>
            <value>294</value>
            <status>F</status>
        </observer_meta>
        <observer_meta>
            <time>1999</time>
            <value>294</value>
            <status>F</status>
        </observer_meta>
        <observer_meta>
            <time>2000</time>
            <value>294</value>
            <status>F</status>
        </observer_meta>
        <observer_meta>
            <time>2001</time>
            <value>294</value>
            <status>F</status>
        </observer_meta>
        <observer_meta>
            <time>2002</time>
            <value>400</value>
        </observer_meta>
        <observer_meta>
            <time>2003</time>
```

```
        <value>400</value>
        <status>F</status>
    </observer_meta>
    <observer_meta>
        <time>2004</time>
        <value>400</value>
        <status>F</status>
    </observer_meta>
    <observer_meta>
        <time>2005</time>
        <value>400</value>
        <status>F</status>
    </observer_meta>
    <observer_meta>
        <time>2006</time>
        <value>400</value>
        <status>F</status>
    </observer_meta>
    <observer_meta>
        <time>2007</time>
        <value>26</value>
        <status> * </status>
    </observer_meta>
    <observer_meta>
        <time>2008</time>
        <value>61</value>
        <status> * </status>
    </observer_meta>
    <observer_meta>
        <time>2009</time>
        <value>122</value>
        <status> * </status>
    </observer_meta>
    <observer_meta>
        <time>2010</time>
        <value>170</value>
    </observer_meta>
    <observer_meta>
        <time>2011</time>
        <value>143</value>
    </observer_meta>
    <observer_meta>
```

```
            <time>2012</time>
            <value>315</value>
        </observer_meta>
        <observer_meta>
            <time>2013</time>
            <value>275</value>
        </observer_meta>
        <observer_meta>
            <time>2014</time>
            <value>196</value>
        </observer_meta>
        <admin_meta>
            <dataset_id>001</dataset_id>
            <guid></guid>
            <resource_type>Series</resource_type>
            <created_time>2017-09-21T14: 30: 26</created_time>
            <updated_time>2017-09-21T14: 30: 26</updated_time>
        </admin_meta>
    </series_meta>
</series>
```